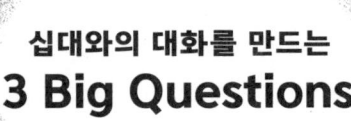

십대와의 대화를 만드는 3 Big Questions

1쇄 발행	2025년 6월 6일
지은이	카라 파월 · 브래드 그리핀
옮긴이	정성묵
펴낸이	고종율
펴낸곳	(주)도서출판 디모데 〈파이디온선교회 출판 사역 기관〉
등록	2005년 6월 16일 제319-2005-24호
주소	서울특별시 서초구 서초대로 141-25(방배동, 세일빌딩)
전화	마케팅실 070) 4018-4141
팩스	마케팅실 02) 6919-2381
홈페이지	www.timothybook.com
ISBN	978-89-388-1718-1 (03230)

ⓒ 2025 도서출판 디모데 All rights reserved. 〈Printed in Korea〉

3 Big Questions That Change Every Teenager
© 2021 by Kara E. Powell
Originally published in English under the title
3 Big Questions That Change Every Teenager by Baker Books,
a division of Baker Publishing Group,
Grand Rapids, Michigan 49516, USA.
All rights reserved.

This Korean translation edition © 2025 by Timothy Publishing House, Inc.,
Seoul, Republic of Korea
Used and translated by the permission of Baker Publishing Group, USA.

이 한국어판의 저작권은 Baker Publishing Group과 독점 계약한
(주)도서출판 디모데에 있습니다.
신저작권법에 따라 한국 내에서 보호받는 저작물이므로
무단 전재와 무단 복제를 금합니다.

십대와의 대화를 만드는 —— **3 빅 퀘스천**

3 BIG QUEST- IONS

카라 파월,
브래드 그리핀
지음

정성묵
옮김

십대의 마음과 연결되는 경청과 대화

더 나은 답을

찾아 헤매는 세상의 모든

십대에게

이 책을 바칩니다.

추천사

카라 파월과 브래드 그리핀은 오늘날의 십대와 소통하지 못하게 방해해온 수많은 편견과 잘못된 대화를 바로잡는다. 탄탄한 연구를 바탕으로 실용성과 학문적 객관성을 갖춘 이 책은 청소년 사역자들이 당장 읽어야 할 지침서다.

　_캐리 뉴호프(Carey Nieuwhof), 저자, 강연자, 팟캐스트 진행자

카라와 브래드는 오늘날 십대들이 직면한 독특한 난관과 그들의 가장 큰 바람을 이해하도록 도와준다. 궁극적으로는 대화와 연결을 통해 그들을 예수님께로 더 가까이 이끌기 위한 실질적인 방법을 제시한다. 십대들을 사랑하고 아낀다면 이 책을 읽으라!

　_크리스틴 케인(Christine Caine), A21과 프로펠 위민(Propel Women) 설립자

두 십대의 부모인 나는 우리 아이들을 잘 이해하는 데 필요한 자료를 항상 찾아 헤맨다. 복음 전도를 가르치는 교수로서는 예수 그리스도의 복음을 잘 전하는 데 필요한 자료를 찾고 있다. 이 책은 복음 이야기 전체를 십대들의 특정한 배경에 적용한 귀중한 자료다. 교회에 실제로 도움을 주는 이 자료가 고맙기 그지없다.

_라승찬, 풀러 신학교 로버트 멍어 전도학 교수, 『차세대 복음전도』(The Next Evangelicalism), 『선지자적 애통』(Prophetic Lament) 저자

오랫동안 나는 카라 파월과 브래드 그리핀의 연구와 지혜에 큰 도움을 받아왔다. 십대의 영적 삶을 이들보다 더 잘 이해하는 사람은 없다. 이들은 급변하는 시대와 문화 속에서 청소년들이 마주하고 있는 독특한 딜레마를 솜씨 좋게 풀어낸다. 또한 우리가 좋은 의도로 청소년들을 좋은 길로 이끌려고 할 때 자주 저지르는 실수를 피하도록 도와준다. 두 저자를 쭉 지켜봐온 나는 두 사람이 이런 훌륭한 책을 집필한 것이 놀랍지 않다. 어른의 믿음도 강하게 다져줄 이 책은 오늘날의 청소년에게 시의적절한 내용뿐만 아니라 시대를 초월하는 영원한 진리로 가득하다.

_스카이 제서니(Skye Jethani), WithGodDaily.com의 수상 작가이자 팟캐스트 '홀리 포스트'(Holy Post) 공동 진행자

이 책은 한 세대에 더 담대하고, 더 밝으며, 더 용감한 믿음을
불어넣도록 도와준다. 카라 파월과 브래드 그리핀은 이 세대와
대화하는 방식을 완전히 바꿔놓을 논의로 당신을 안내할 것이다.

　　_레지 조이너(Reggie Joiner), 리싱크 그룹(reThink Group) 설립자, 『싱크
　　오렌지』(Think Orange, 디모데) 저자

목사로서 나는 우리 교회 십대들과 더 깊이 연결될 방법을 늘
고민한다. 두 아이의 아버지로서도 이것은 늘 고민거리다. 이 책은
아이들과 깊게 연결되는 일을 현실로 이루어줄 길을 제시한다. 카라
파월과 브래드 그리핀이 우리에게 놀라운 선물을 주었다. 그들이
제시하는 세 가지 큰 질문을 붙들고 온 힘을 다해 씨름하면, 교회와
가정이 큰 변화를 경험하게 될 것이다.

　　_리치 빌로다스(Rich Villodas), 뉴 라이프 펠로십 교회 담임목사, 『하나님의
　　사랑, 우리를 빚다』(Good and Beautiful and Kind, IVP) 저자

모든 청소년 사역자와 부모는 사랑하는 십대들이 무엇 때문에
괴로워하는지 제대로 알고 싶어 한다. 이 책은 그로 인해 고민하는
어른들에게 나침반이 되어줄 것이다. 더 중요하게는 어떤 말과
행동으로 청소년들이 예수님을 더 온전히 경험하도록 인도할 수
있을지 구체적으로 알려준다. 이 책은 십대를 올바른 길로 이끌고자
하는 부모와 리더에게 유용하게 쓰일 것이다.

　　_덕 필즈(Doug Fields), DownloadYouthMinistry.com 공동 설립자

오늘날 가장 복음을 모르는 세대인 Z세대에 다가가는 열쇠는
그들에게 필요한 질문을 던지는 것이다. 감사하게도 카라와 브래드,
나아가 풀러 청소년 연구소 팀은 오늘날 십대에게 가장 중요한 세
가지 질문을 연구하여 귀한 책을 만들어냈다. 이 질문들을 이해하고
그리스도 중심의 답을 찾기 위한 탐구의 여정으로 당신을 초대한다.
이 책이 Z세대와 연결되고 그들을 신앙으로 이끌기 위한 중요한
도구가 되기를 소망한다.
　　　_에드 스테저(Ed Stetzer), 휘튼 대학교

카라와 브래드는 청소년을 아끼는 우리를 오늘날 십대들이 무엇에
영향을 받는지 알아보는 여행으로 이끈다. 그 여행에서 우리는
인생을 변화시키는 주제에 대한 예수님의 말씀뿐만 아니라 청소년과
동행하는 법을 배운다. 그들과 올바로 동행하기 위해서는 그들이
던지는 질문에 귀를 기울이면서 그들을 더 큰 이야기 속으로
초대하시는 사랑의 하나님을 가리켜 보여주어야 한다.
　　　_뉴트 크렌쇼(Newt Crenshaw), 영 라이프(Young Life) 대표

이 책은 십대들과 오랫동안 함께하며 얻은 지혜와 그들의 말을
경청하면서 얻은 새로운 통찰을 하나로 버무린 결과물이다. 두
저자는 청소년이 하는 말과 하나님이 그들에게 하시는 말씀에 모두
진심으로 귀를 기울인다. 이 책은 흔한 청소년 사역 서적과 다르다.
이 책에 나오는 십대의 질문을 보면, 때로는 눈물이 쏟아질 것이고
때로는 당신이 사랑하는 청소년들과 더 깊이 대화를 나누고 싶은
열정이 솟아날 것이다.
　　　_알메다 M. 라이트(Almeda M. Wright), 예일 신학교, 『아프리카계 미국인
　　　청소년의 영적 삶』(The Spiritual Lives of Young African Americans) 저자

중고등부 전도사로서 오랫동안 사역하고, 그 뒤에는 자녀를 키우면서 사역자들을 훈련시켜온 내게 이 간단한 세 가지 질문과 예수님의 답은 영혼에 새살을 돋게 해주는 연고 같다. 카라 파월과 브래드 그리핀은 십대가 정체성, 소속감, 목적에 대한 질문과 홀로 씨름하는 것이 아니라 그들에게 이름을 주시고, 그들을 받아주시며, 그들에게 참된 소명을 제시하시는 그리스도의 안전한 품 안에서 씨름한다는 사실을 보여준다.

_대니얼 해럴(Daniel Harrell), 「크리스채너티 투데이」(Christianity Today) 편집장

카라 파월과 브래드 그리핀은 부모, 교육자, 목회자에게 평생 도움을 줄 지혜와 통찰을 제공한다. 또한 이 책에는 역사상 십대들이 살아가기에 가장 힘든 이 시대의 청소년들을 도울 때 바로 활용할 수 있는 실용적인 팁도 풍부하게 담겨 있다. 이 책은 그야말로 값진 보석이요 선물이다. 자녀들이 예수님을 만나게 하기 위해 사투를 벌이고 있는 모든 부모는 꼭 이 책을 읽으라.

_케이티 프레진 맥그레이디(Katie Prejean McGrady), 강연자이자 저자, 라디오 방송사 Sirius XM의 '케이티 맥그레이디 쇼'(The Katie McGrady Show) 진행자

이 책은 우리 시대에 널리 퍼져 있는 긴장을 다룬다. 카라와 브래드는 젊은 세대의 가장 중대한 고민거리와 그들이 교회 및 그리스도와 맺고 있는 관계를 보여준다. 아울러 그들이 복음대로 살도록 인도하기 위한 실용적인 방법을 제시한다. 이 책은 십대에게만 도움을 주는 가이드가 아니다. 마음을 열고 이 책을 읽는다면 당신과 그리스도의 관계도 변화될 것이다. 다음 세대를 제자로 세우기를 갈망하고, 하나님 나라를 진지하게 여기는 사람이라면 누구나 반드시 읽어야 할 책이다.

_토미 닉슨(Tommy Nixon), 도시 청소년 사역자 연구소(Urban Youth Workers Institute) CEO

이 책은 우리와 십대의 관계에서 가장 어렵게 느껴지는 부분을 풀어낸다. 그것은 바로 그들이 정체성을 찾도록 돕는 일이다. 카라와 브래드는 십대들이 잠재력을 발휘하도록 돕는 안내서를 선물했다. 아무리 감사해도 모자라다.

_카를로스 위테커(Carlos Whittaker), 『야생으로 들어가라』(Enter Wild), 『거미를 죽이라』(Kill the Spider), 『순간의 조물주』(Moment Maker) 저자

카라는 오래전부터 다음 세대를 위한 새로운 아이디어를 한발 앞서 제안하는 리더였고, 풀러 청소년 연구소는 청소년 사역을 도울 해법을 찾기 위해 끊임없이 연구해왔다. 이번에도 카라와 브래드는 변화를 낳는 중요한 질문을 통해 우리를 돕고 격려한다.

_샘 콜리어(Sam Collier), 힐송 애틀랜타(Hillsong Atlanta)의 담임목사이자 더 위대한 이야기(A Greater Story) 설립자

이 책은 흥미진진하다. 깊은 통찰과 민감함으로 가장 핵심적이고도 가장 불가사의한 질문을 파헤친다. 무엇보다도 이 책은 교회에게 십대들이 이 중대한 질문에 뭐라고 답하는지 보고 배우라고 촉구한다. 여기서 끝이 아니다. 이 책은 부모, 청소년 사역자, 목사, 십대를 아끼는 모든 사람에게 이 질문들을 숙고하고 그들과 동행할 것을 촉구한다.

_앤드류 루트(Andrew Root), 루터 신학교, 『세속 시대의 기독교 신앙 형성』(Faith Formation in a Secular Age, 비전북), 『청소년 사역의 끝?』(The End of Youth Ministry?) 저자

청소년에게 좋은 영향을 미치고 싶은 부모, 청소년 사역자, 교회 리더라면 이 책을 반드시 읽어야 한다. 우리는 대개 '어떻게 하면 십대들에게 영향을 미칠 수 있을까'를 고민한다. 하지만 그보다 더 좋은 질문이 있다. 바로 '어떻게 하면 우리가 십대에게 영향을 받을 수 있을까?'이다. 카라와 브래드는 그 출발점이 경청이라고 말한다. 이 책을 읽고 나면 만나는 모든 십대와 이야기를 나누고 싶어질 것이다. 이 책이 당신을 십대와의 대화에 능한 사람으로 만들어줄 것이다.

_가브리엘 자모라(Gabriel Zamora), 목사이자 강연자, 킹덤 글로벌 미니스트리(Kingdom Global Ministries) CEO

카라와 브래드의 통찰과 지혜와 연구가 집약된 이 책은 십대를 섬기고
그들과 동행하려는 모든 사람에게 큰 도움을 준다. 이 책을 읽고 나면
십대들에게 정답만 제시해주는 것이 아니라, 그들이 인생의 중대한
질문들을 잘 다루도록 도와줄 수 있다. 실용적인 지침과 그것을
숙고하고 적용할 기회로 가득한 이 책은 당신을 진정으로 경청하는
사람으로 만들어줄 것이다. 이 책은 십대의 내면세계를 탁월하게
소개하고, 당신이 사랑하는 십대들의 이야기와 가장 위대한 답을
제시하는 더 큰 이야기를 연결하는 방법을 제시한다.

_마틴 사운더스(Martin Saunders), 영국 청소년 사역 단체
유스스케이프(Youthscape) 혁신 책임자

카라 파월과 브래드 그리핀이 청소년을 제자로 세우는 새로운 길을
또 한 번 열었다. 이 책은 배경과 상관없이 누구나 사용할 수 있는
안내서다. 풀러 청소년 연구소에서 수집한 이야기들은 다양한
공동체가 모여 만들어내는 모자이크를 보여준다. 성경을 근거로
제시된 경청과 대화 방법들은 이해하기가 쉽고, 이 도구들을 잘
활용하면 십대들과 더 깊이 있는 대화로 들어갈 수 있다. 풀러 청소년
연구소의 또 다른 역작이 될 이 책은 세상 모든 청소년 사역자에게
환영받을 것이다.

_버지니아 워드(Virginia Ward), 고든콘웰 신학교

차례

6   추천사

16   감사의 말

1부 — 더 나은 답을 내놓아야 할 질문들

23   1장 — 모든 십대가 던지고 있는 큰 질문들

53   2장 — 답을 듣는 법 배우기

87   3장 — 예수님은 더 나은 답을 제시하신다

2부 — 나는 누구인가?

115 4장 — 정체성에 대한 큰 질문

143 5장 — 충분하다: 예수님의 더 나은 답

3부 — 나는 어디에 어울리는가?

179 6장 — 소속감에 대한 큰 질문

207 7장 — 함께: 예수님의 더 나은 답

4부 — 내가 어떤 변화를 만들 수 있는가?

245 8장 — 목적에 대한 큰 질문

271 9장 — 이야기: 예수님의 더 나은 답

5부 — 고난의 때를 위한 질문

305 10장 — 힘든 시기에 나누는 대화와 연결

329 부록 A — 인터뷰 참가자

331 부록 B — 십대에게 던질 수 있는 170개 질문

355 주

감사의 말

집필을 마치고 나서 이렇게 책의 형태로 나오기까지 기여한 목소리와 손길을 열거할 때가 되면 항상 고개가 숙여진다. 이 책에 도움을 준 사람을 전부 언급할 수 없지만, 최대한 많은 사람에게 감사를 전하고 싶다.

정체성, 소속감, 목적에 대한 개인적인 이야기를 솔직하게 말해준 27명의 십대 학생이 없었다면 이 책은 결코 세상에 나올 수 없었을 것이다. 이 학생들은 물론이고 그들을 추천해준 고마운 리더들의 프라이버시를 보호하기 위해 실명을 공개할 수 없지만, 본문 곳곳에서 그들의 가명을 볼 수 있을 것이다. 풀러 청소년 연구소(Fuller Youth Institute) 인터뷰 팀의 팀원들에게도 못지않게 감사한다. 십대의 이야기를 듣는 일에 100시간이 훌쩍 넘는 시간을 기꺼이 투자해준 캐트 아마스(Kat Armas), 메이시 데이비스(Macy Davis), 타일러 그린웨이(Tyler Greenway), 제니퍼 구에라 앨다나(Jennifer Guerra Aldana), 개리슨 헤이스(Garrison Hayes), 제인 홍 구즈먼 드 레온(Jane Hong-Guzmán de León), 헬렌 준(Helen Jun), 앤디 정(Andy Jung)에게 감사를 전하고 싶다. 특히 제인은 인터뷰 대상자를 찾고, 관리하며, 인터뷰 담당자와 스케줄을 짜는 어마어마한 일도 감당해주었다.

인터뷰를 분석할 수 있도록 녹취 작업을 해준 사람들에게도 감사한다. 스티븐 베이(Stephen Bay), 로사 칸디다 라미레즈(Rosa Cándida Ramírez), 세사르 구즈먼 드 레온(César Guzmán de León), 오운 허(Own Her), 헬렌 준, 리즈 젠킨스(Liz Jenkins), 소피아 강(Sophia Kang), 애덤 밀러(Adam Miller), 로런 멀더(Lauren Mulder), 리사 노파차이(Lisa Nopachai), 조이스 오(Joyce Oh), 아랜 새뮤얼(Ahren Samuel)이 그 작업을 완벽하게 해주었다.

애런 예니(Aaron Yenney)는 끈기와 끝없는 호기심으로 문서 검토를 진두지휘했다. 그녀는 인터뷰 담당자인 캐트 아마스, 헬렌 준, 로슬린 에르난데스(Roslyn Hernández), 카네샤 무어(Quanesha Moore), 가브리엘라 실바(Gabriella Silva), 샘 쳉 닝(Sam Zheng Ning)과 함께 관련 자료를 찾아주었다. 인터뷰 녹취록 데이터를 분석해준 가브리엘라에게 특별히 감사한다. 십대들의 표적집단을 관리하며 우리의 언어를 다듬어준 팀 갤러(Tim Galleher)와 지오바니 팽긴다(Giovanny Panginda)에게 감사한다.

스티브 아규(Steve Argue), 스콧 코모드(Scott Cormode), 조이 프리먼(Joi Freeman), 제니 팩(Jenny Pak), 몽태규 윌리엄스(Montague Williams), 알메다 라이트(Almeda Wright)를 비롯한 프로젝트 자문가들의 전문적인 지혜와 날카로운 통찰과 교정에 큰 빚을 지었다. 제이크 멀더(Jake Mulder)는 풀러 청소년 연구소의 '더 나은 이야기로 살기'(Living a Better Story) 프로젝트 전체를 이끄는 과정에서 이 책의 내용을 구성하는 데 도움을 주었다. 앞에 언급한 많은 팀원과 자문가뿐만 아니라 젠 브래드버리(Jen Bradbury), 레이철 도드(Rachel Dodd), 재크 앨리스(Zach Ellis), 리사 에반스 핸리(Lisa Evans Hanle), 에이미 팬턴 리(Amy Fenton Lee), 리제트 프레이저(Lisette Fraser), 니카 할룰라(Nica Halula), 제니퍼 하나노치(Jennifer Hananouchi), 척 헌트(Chuck Hunt), 한나 리(Hannah Lee), 율리 리(Yulee Lee), 제러미 모어록(Jeremy Morelock), 지오바니 팽긴다, 칼렙 루스(Caleb Roose), 애런 로살레스(Aaron Rosales), 데이지 로살레스(Daisy Rosales), 아랜 새뮤얼, 루비 바르게스(Ruby Varghese), 킴 조바크(Kim Zovak)가 초기에 준 피드백 덕분에 초고를 몰라보게 개선할 수 있었다. 미주를 담당해준 크리스틴 브루지(Kristin Brussee)에게도 감사를 전한다.

    프로젝트를 진행하는 동안 우리는 대화 파트너들과 함께 아이디어를 실험하고 개념을 탐구했다. 그들은 프로젝트 초창기부터 시작해서 출판사에 원고를 보내는 마지막 날까지 이 책을 더 완벽하게 다듬을 수 있도록 우리를 채찍질했다. 커피나 점심 식사를 앞에 두고 혹은 줌(ZOOM)을 통해 우리는 많은 이에게서 영감을 얻었다. 매니 아르테가(Manny Arteaga), 트레이 클라크(Trey Clark), 조이스 델 로사리오(Joyce del Rosario), 매슈 데프레(Matthew Deprez), 어맨다 드루어리(Amanda Drury), 에린 듀

폴트 헌터(Erin Dufault-Hunter), 벤저민 에스피노자(Benjamin Espinoza), 로라리 패러(Lauralee Farrer), 토미 기븐스(Tommy Givens), 티샤 해드라(Teesha Hadra), 크리스틴 아이비(Kristen Ivy), 레지 조이너(Reggie Joiner), 크리스 로페즈(Chris Lopez), 매건 룬드그렌(Megan Lundgren), 후안 마르티네즈(Juan Martinez), 크리스 닐(Chris Neal), 톰 페이츠먼(Tom Peitzman), 앤디 루트(Andy Root), 애비게일 루서트(Abigail Rusert), 매슈 러셀(Matthew Russell), 조시 스미스(Josh Smith), 타미샤 타일러(Tamisha Tyler), 버지니아 워드(Virginia Ward), 아모스 용(Amos Yong)에게 감사를 전한다.

우리가 진행한 견고한 신앙 혁신(Sticky Faith Innovation) 프로젝트에 참여하여 연민, 창의성, 용기의 3단계 과정을 통해 새로운 대화와 연결을 이룬 50개 이상의 교회에 특별히 감사한다. 수많은 개념과 활동의 실험실 역할을 기꺼이 맡아준 마운틴사이드 커뮤니언(Mountainside Communion), 특히 청소년 사역과 목회 팀에도 감사한다.

십대를 위해 일하는 우리의 사역을 믿고 지원을 아끼지 않는 릴리 인도우먼트사(Lilly Endowment Inc.), 틴데일 하우스 재단(Tyndale House Foundation), 세이크리드 하비스트 재단(Sacred Harvest Foundation)에 감사를 표한다.

베이커 북스(Baker Books) 출판 팀은 우리가 상상할 수 있는 최고의 협력을 제공해주었다. 브라이언 토머슨(Brian Thomasson), 지젤 믹스(Gisèle Mix), 마크 라이스(Mark Rice), 에일린 핸슨(Eileen Hanson)을 비롯한 팀 전체 그리고 그레그 존슨(Greg Johnson)과 워드서브 리터러리(WordServe Literary)의 지원과 관리에 깊이 감사한다.

무엇보다도 풀러 청소년 연구소 팀을 빼놓을 수 없다. 이 팀원들의 이름은 앞의 목록 곳곳에 등장한다. 이들은 모두 이 책의 수준을 한껏 높여주었다.

마지막으로 우리 가족은 우리에게 격려와 질책을 아끼지 않았고, 이 책을 위해 수많은 통찰을 나누어주었다. 각자 배우자와 함께 세 자녀를 키우면서 십대에 대한 책을 쓰는 것은 보통 힘든 일이 아니다. 우리 아이들은 우리가 이 책을 쓰느라 바빠 신경을 써주지 못하는 상황을 잘 참아주었다. 또한 우리 아이들이 여러 번 "저에게 시험해봐요"라고 말해주고, 저녁 식사 자리에서 이 연구 내용으로 함께 토론해준 것이 너무나 고맙다. 우리 아이들은 우리를 살아 있게 해주고, 또한 늘 겸손하게 해준다. 우리의 배우자인 데이브(Dave)와 미시(Missy)는 예기치 못한 (그리고 끝이 없어 보였던) 격리 기간에 이 책을 완성할 수 있도록 도와준 것으로 하늘에서 특별한 상을 받아 마땅하다. 가족에게 아무리 감사해도 모자랄 것이다.

1부

더 나은 답을 내놓아야 할 질문들

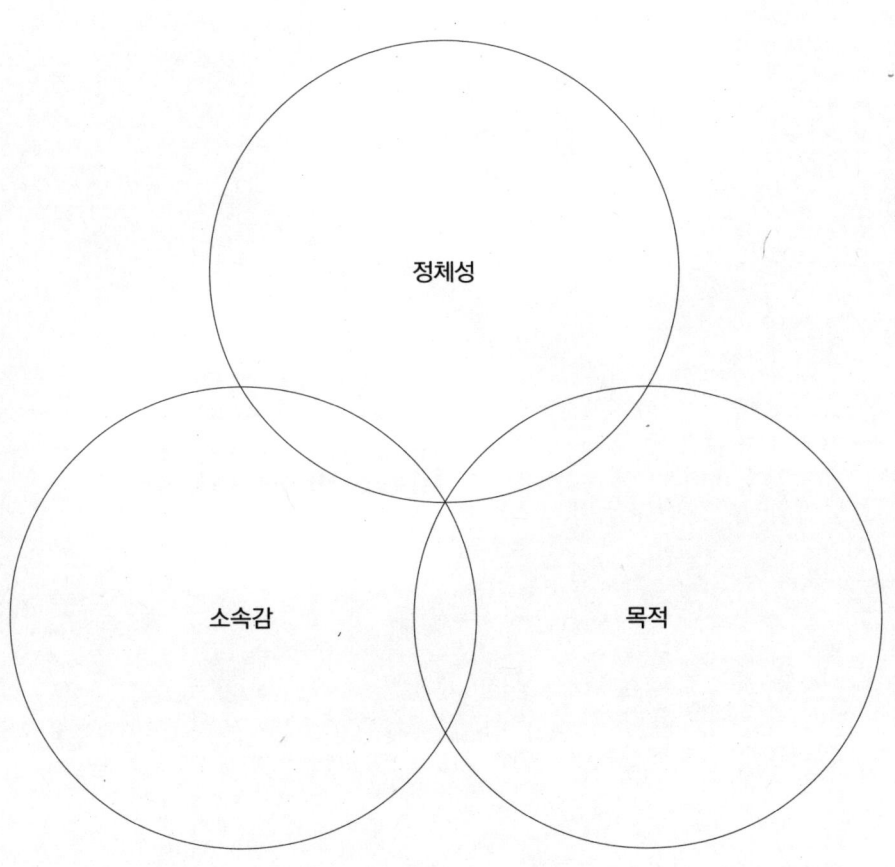

1장.
모든 십대가 던지고 있는 큰 질문들

그리스도인이 된다는 것이 무슨 의미인지 오랫동안 고민해왔어요. 하지만 아직도 정확한 답을 모르겠어요. 중학교 시절에는 아직 신앙의 기초를 배우고 있었기 때문에 모든 것을 흑백 논리로 봤어요. 하지만 고등학교에 가서 비판적인 사고를 배우면서 모호한 영역들을 탐구하기 시작했죠. 아직도 제 신앙의 의미를 알아내려고 노력하는 중이에요.
_릴리

한 고등학교 3학년 여학생은 여러 일을 겪으며 몇 가지 중요한 질문을 마주하게 되었다.

고등학교 신입생 때 이 여학생은 오직 한 가지 질문에 매달렸다. '2,500명의 아이들 사이에서 어떻게 새로운 고등학교 생활을 잘 헤쳐나갈 수 있을까?' 하는 것이었다. 수영부 감독이 급박한 상황에서 대회 막판에 갑자기 그 아이를 임시 부주장으로 임명했던 몇 번의 일만 제외하면, 자신이 리더가 되리라는 생각을 해본 적이 없었다. 전에 없이 많아진 숙제를 해치우고, 새로운 친구들을 사귀기에도 벅찼다.

1년간 학업과 친구 관계를 원활하게 해온 여학생은 이런 생각을 하기 시작했다. '어떻게 하면 선거에서 떨어지는 위험을 감수하지 않고 학교에서 리더가 될 수 있을까?' (공개적이든 아니든) 실패는 생각만 해도 끔찍했다. 다행히도 학급 서기에 지원했을 때 선생님이 바로 서기로 뽑아주었다.

이듬해에는 면접을 보고 학생회에 들어갔다. 그 뒤에는 영어 선생님이 교내 신문의 공동 편집자가 되어달라고 요청했다. 신문사 활동과 학생회 활동을 하다 보니 어느새 자연스럽게 친구들에게 얼굴이 알려지고, 명실상부 학교의 리더가 되었다.

선거를 한 번도 치르지 않고 리더십의 사다리를 이렇게 높이 올라간 학생은 교내에서 별로 없었다.

그런데 고등학교 마지막 해에 전교 학생회장 '선거'에 출마하기로 결심하면서 승승장구는 끝이 나고 말았다. 그 여학생은 선거 운동 팀과 함께 통통 튀는 슬로건을 온 몸에 붙이고 학생들에게 사탕을 나눠주었다. 선거에서 지는 굴욕을 당할지 모른다는 두려움이 계속 따라다녔지만, 많은 학생이 자신에게 투표해주리라 낙관했다.

하지만 결과가 나오자마자 그 기대는 산산조각이 났다. 당선되지 못했을 뿐만 아니라, 심지어 세 명의 후보 중에서 3위였다.

이 결과는 다른 사람들이 보지 않는 곳에서 면접을 본 뒤에 떨어진 것과 차원이 달랐다. 공개적으로 망신당한 것처럼 느껴졌다. 창피함에 얼굴이 새빨갛게 달아오르고, 머릿속에는 한 가지

질문만 맴돌았다. '어디에 숨어야 하지?'

그 여학생은 집으로 돌아가 자기 방 문을 쾅 닫고 이불을 푹 뒤집어썼다. 이토록 큰 실패를 경험하기는 난생 처음이었다. 친구들이 다가와 위로를 해주려고 했지만 너무 창피해서 도망쳤다.

아무리 이불 속에 숨어도 머릿속에 맴도는 자기 자신과 관계와 미래에 대한 온갖 질문은 사라지지 않았다.

더 이상 나는 리더가 아니다. 그렇다면 이제 나는 뭐지?

이렇게 창피한데, 다른 학생들은 몰라도 친구들의 얼굴을 어떻게 보지?

이런 망신을 당하고도 다시 리더가 되어서 친구들을 이끌 수 있을까?

모든 십대는 머릿속에 온갖 질문을 품고 있다

모든 십대는 머릿속이 온갖 질문으로 꽉 차 있다. 침대에 웅크리고 있던 여학생의 머릿속에 맴돌던 질문은 주로 리더십과 위험에 대한 것이었다. 당신 주변의 학생들의 머릿속을 차지하는 질문은 친구, 인종, 돈, 성적, 괴롭힘, 정의, 스포츠, 미래, 가족, 소셜미디어, 정신적 건강 등과 관련되어 있다.

때로 아이들의 질문은 입 밖으로 새어 나오곤 한다. 하지만 질문들은 대부분 십대의 호기심 많은 마음과 혼란스러운 영혼 속에 갇혀 있다. 어떤 경우든 십대들이 품고 있는 절박한 질문들을 이해하지 못하면 이 세대를 깨울 수 없다.

이 책을 펼쳐 든 당신은 십대를 이해하고, 그들과의 관계를 개선하며, 그들과 대화를 잘하기 위해 이 책을 읽고 있을 것이다. 당신은 십대, 특별히 당신 곁의 청소년들이 내놓는 질문을 함께 고민해주고 싶은 멘토, 교사, 청소년 사역자, 소그룹 리더, 부모, 양부모, 조부모, 목사, 교인, 이웃, 이모, 상사일 것이다.

풀러 청소년 연구소(Fuller Youth Institute)는 십대가 던지는 어려운 질문만이 아니라 교회, 사역자, 가족이 십대들에 '대해' 던지는 (역시 어려운) 질문들을 들으려고 노력한다. 지난 몇 년 동안 우리는 2,200명이 넘는 십대를 대상으로 설문 조사와 표적 집단 조사를 실시했고, 전국 27명의 중고등학생 그룹과 여러 차례에 걸쳐 심도 깊은 인터뷰를 진행했다(2장에서 더 자세히 설명하겠다). 모든 십대의 마음속에 항상 맴도는 질문 중 가장 일반적인 몇 가지를 함께 살펴보자.

어떻게 해야 불안과 스트레스를 더 잘 관리할 수 있을까?

우리 두 사람은 청소년들의 스트레스, 불안, 우울증에 대해 묻는 리더나 부모를 만나지 않고 지나가는 날이 거의 하루도 없을 정도다.

불안장애가 미국에서 가장 흔한 심리적 질병이니 그럴 만도하다. 미국 청소년과 성인 중 거의 3분의 1이 인생에서 한 번은 불안 장애를 경험한다.¹ 당신이 20명의 학생을 가르치는 리더라면, 그들 중 약 7명이 진단 가능한 불안장애를 경험하고 있다는 뜻이다.

> 불안장애의 원인과 증상, 최상의 대처법에 대해서는 4장과 5장에서 더 자세히 탐구할 것이다.

코로나 19 팬데믹 당시, 미국에서 정신 건강 문제는 극도로 심각해졌다. 미국 질병통제예방센터(Centers for Disease Control and Prevention)에 따르면 불안장애는 (8.1퍼센트에서 25.5퍼센트로) 약 세 배가 늘었고, 우울증은 (6.5퍼센트에서 24.3퍼센트로) 거의 네 배가 급증했다. 팬데믹 기간에 18-24세 사이의 청년 중 약 절반이 불안장애나 우울증과 씨름했다.²

현재 자살은 10-24세까지 미국 청년층의 사망 요인 중 2위를 차지한다. 무엇보다, 자살 충동을 느끼는 청년 3명 중 약 2명이 전혀 도움을 받지 못하고 있다.³

우리가 인터뷰한 27명의 학생 중 몇몇은 자살을 생각한 적이 있었다. 심지어 자살하기 위해 구체적인 단계를 밟은 학생들도 있었다. 교회에서 열심히 활동 중인 한 고등학교 2학년 학생은 극심한 학업적, 사회적 압박에 시달렸던 시절을 기억한다. "학창 시절에 10시, 11시가 되어도 공부를 끝낼 수 없었어요. 불안감에 미칠 것 같았어요. 그러다 보니 어느 순간부터 자살을 생각하게 되었어요. 그러다 자살 상담 센터에 전화를 걸었고, 병원에 입원하게 되

신경을 쓰지 않으려고 애쓰지만 스트레스가 너무 많아요. 음악 커리큘럼이 더 잘 갖춰진 학교로 전학도 가봤어요. 그런데 새로운 학교에서 잘해내지 못할 수 있다는 두려움 때문에 극심한 스트레스를 받고 있어요. 저 때문에 부모님도 스트레스를 받고 있죠. 저를 응원해주는 모든 사람이 스트레스에 시달리고 있어요. 잘해야 한다는 부담감이 저를 짓눌러요.

— 시몬

었어요. 제가 자해하지 못하도록 간호사 선생님들이 제 침대를 에워싸고 있었죠. 그때가 제 인생에서 가장 암울한 시기였어요."

이 학생은 병실에서 도움을 받으면서 자기 감정의 이면을 들여다볼 수 있었다. 그때 자신이 궁극적으로 갈망하는 것이 무엇인지를 발견했다. "제가 진정으로 원하는 것은 저 자신을 해치는 것이 아니라는 사실을 깨달았어요. 저는 단지 저를 도와줄 사람이 필요했던 거예요."

**전자 기기에 대해서는 빠삭하게 알고 있기 때문에
궁금한 것이 거의 없다**

당신이 우리와 같다면 전자 기기에 대해서 모르는 것이 있을 때마다 (기기를 창밖으로 던지고 싶은 마음을 억누르고) 가장 가까운 곳에 있는 십대에게 기기를 건넬 것이다. 요즘 십대는 전자 기기를 완벽히 터득해서 자유자재로 사용하고 있다.

최근 조사에 따르면, 미국의 거의 모든 십대(95퍼센트)가 스마트폰을 갖고 있고, 그중 약 절반은 "거의 항상" 인터넷에 접속하고 있다고 응답했다.[4]

그들 중 거의 4분의 3은 자주 혹은 가끔 아침에 눈을 뜨자마자 문자 메시지나 알림을 확인하며, 10명 중 약 4명은 스마트폰이 곁에 없으면 불안감을 느낀다.[5]

13-17세 청소년 중 절반은 자신이 스마트폰을 너무 많이 사용하는 것 같아 걱정하고 있다.[6]

소셜미디어를 활용하는 청소년 중 68퍼센트는 힘들 때 소셜미디어 플랫폼에서 도움을 받은 적이 있다.[7]

전자 기기가 우리 주변에 가득해지면서 새로운 유혹과 갈등이 발생했다. 십대를 대상으로 한 설문 조사에서 32퍼센트는 인터넷에서 포르노를 일부러 찾아 본다고 응답했다. 그들 중 43퍼센트는 매주 포르노를 봤다.[8] 인터뷰 중 한 고등학교 상급생은 6학년부터 중학교 3학년 때까지 포르노에 중독되었었다고 말했다. "저는 소셜미디어에 푹 빠져 포르노 같은 온갖 극악한 것들을 알게 되었어요. 가지각색의 더러운 것들에 빠졌었죠. 제가 하는 짓을 아무도 몰랐어요. 매번 인터넷 사용 기록을 삭제했거든요. 저는 봐서는 안 되는 것들을 보고 있었어요. 생각만 해도 끔찍해요."

전자 기기에는 또 다른 문제점이 있다. 우리가 인터뷰했던 한 고등학교 2학년 아이는 미국 고등학생의 15퍼센트가 겪는 사이버 폭력의 피해자였다.[9] 그 여학생은 소수인종인 아프리카계 흑

> 4장과 6장에서는 전자 기기가 십대들의 대화와 관계에 미치는 긍정적 면과 부정적인 면을 살펴볼 것이다. 또한 전자 기기를 통해 십대가 부모와 교사와 세상과 어떻게 연결되는지를 알아볼 것이다.

인이었고, 다른 아이들은 인종적 차이를 무기로 사용하여 괴롭혔다. 주먹질까지 하지는 않았지만, 그 아이는 다른 사람과 다르다는 이유로 학교와 디지털 세상에서 괴롭힘을 당했다.

이 아이는 삶의 다른 면은 자세히 이야기했지만, 고통스러운 부분은 자세히 말하고 싶어 하지 않았다. 나(카라)는 그 아이에게 괴롭힘당한 일을 더 자세히 말해달라고 했다. 아이는 잠시 가만히 있다가 모호한 답을 내놓았다. "왜 있잖아요. 놀리면서 비하하는 거요. 그리고 애들은 저와 있는 걸 싫어해요." 아이는 고개를 숙여 카페의 탁자를 응시했다. 그리고 한숨을 푹 쉬더니 마지막으로 이렇게 우물거렸다. "그냥 그런 일이 있었던 거죠."

우리 세대는 인종적으로 다양하다
우리 사회의 인종적 아픔을 어떻게 극복해야 할까?

미국 인구 조사 통계를 보면, 이 세대가 인종적, 문화적 다양성을 분명하게 인식하고 있는 이유와 그들 중 대다수가 인종적 갈등 사이에서 정의와 화해를 적극적으로 추구하는 이유를 이해하는 데 도움이 된다. 오늘날 미국에서는 18세 이하의 약 절반이 백인이고, 나머지 절반은 유색 인종이다.[10] 같은 연령대 그룹의 4분의 1은 1세대 혹은 2세대 이민자다.[11]

이 데이터를 바탕으로 볼 때, 당신이 사역자나 교사나 멘토라면 당신이 사랑하고 섬기는 어린이와 십대들의 약 50퍼센트는 백인이고, 약 50퍼센트는 한두 가지(때로는 셋 이상) 인종으로 구성되어 있을 것이다. 당신이 부모라면 십대 자녀의 친구들 중 약 절반은 백인이고, 나머지 절반은 유색 인종일 가능성이 크다.

하지만 동네와 학교와 교회에 인종 차별이 아직 남아 있는 것이 미국의 현실이다. 학교에서 여러 인종과 함께 공부하는 학생들도 집에 가면 단일 문화로 이루어진 동네에서 생활할 수 있다. 교회가 인종 차별이 가장 심한 곳인 경우도 있다. 생김새와 배경이 비슷한 사람들만 사는 환경에서 대부분의 시간을 보내는 아이들도 있다. 많은 십대들은 주변의 인종 차별과 불의를 새로운 눈으로 보고, 통합과 치유를 위해 노력한다.

청소년들이 다양한 인종과 살아가다 보니 문화적 경계들을 넘어 다리를 놓을 기회가 많다. 클라우디아는 멕시코 전통 음식을 좋아하지만 한국 음료와 음식도 좋아하는 17세의 라틴계 소녀다. 클라우디아는 라틴계 친구들에게 한국 음식을 소개하고, 한국 친구들을 자신의 집과 동네로 초대해서 멕시코 음식을 대접하곤 한다. 이런 문화적 교류는 클라우디아나 우리가 인터뷰했던 많은 학생에게 때로 긴장을 유발하기도 하지만, 클라우디아는 양쪽 친구들이 새로운 음식을 먹는 모습을 보며 즐거워한다. 클라우디

사회적 위치는 중요하다

문화적 배경과 상관없이 우리는 모두 사회적 위치에 영향을 받는다.

여기서 '사회적 위치'는 우리가 성, 인종, 사회적 계급, 나이, 능력, 종교, 성적 지향, 지리적 위치에 영향을 받아 형성된다는 뜻을 내포한다. 브래드는 남성이고 카라는 여성이며, 우리는 서로 다른 지역에서 자랐지만(카라는 캘리포니아주 남부의 교외, 브래드는 켄터키주 시골) 현재 우리의 사회적 위치는 매우 비슷하다. 우리는 둘 다 로스앤젤레스에 사는 백인이고, 고등 교육을 받았으며, 상위 중상층이고, 이성애자이며, 개신교도다.

우리가 팀을 이끌고, 연구를 진행하며, 이 책을 쓰는 방식은 모두 사회적 위치에 영향을 받는다. 노력을 통해 이런 영향을 인식하고 어느 정도 상쇄할 수 있지만, 특정한 사회적 위치가 인식에 미치는 영향에서 완전히 자유로운 사람은 아무도 없다. 실천신학자인 후안 마르티네스(Juan Martinez)와 마크 라우 브랜슨(Mark Lau Branson)은 이렇게 경고한다. "자기 인식 없이는 다른 사람들을 오해하고, 자신에게 있는 유산이 인식과 생각과 행동에 미치는 영향을 과소평가하기 쉽다."[a]

우리는 학생들의 문화적 경험이 가장 중요한 질문들에 대한 답을 찾기 위한 시도에 어떤 영향을 미치는지 규명하려 했다. 우리는 이 일을 홀로 하지 않았다. 다양한 연구가들(책 곳곳에서 그들의 목소리를 들을 수 있다) 덕분에 문화, 인종, 성별을 비롯한 사회적 위치의 다양한 요소의 교차점에 더 주의를 기울일 수 있었다.

인종과 문화에 대해 이야기하는 것은 결코 간단한 일이 아니다. 특별히 인터뷰에 참여한 각 학생의 독특한 관점을 보여주어야 할 때는 주로 그들의 인종적, 민족적 배경을 밝힐 것이다. 편견을 배제하기 위해 매번 특정 학생의 배경을 밝히지는 않을 것이다. 하지만 인종을 언급할 때나 그러지 않을 때나 똑같이 편견이 생길 수 있다. 특정한 학생의 인구통계학적 배경을 자세히 알고 싶다면 '부록 A'의 표를 참고하라.

---

[a] Juan Martinez and Mark Lau Branson, *Churches, Cultures, and Leadership* (Downers Grove, IL: InterVarsity, 2011), 19.

> **십대의 절반이 빈곤에 시달리고 있다**
>
> 오늘날 미국의 십대들은 2명 중 1명꼴로 가난한 환경 혹은 저소득층 집안에서 살고 있다.[a] 이런 소득 불균형은 그들이 중대한 질문들에 대한 답을 찾는 과정에 악영향을 미치고, 오늘날 세상을 헤쳐나가는 데 필요한 자원들을 얻지 못하게 방해한다.
>
> ---
>
> [a] 10-19세 청소년의 52퍼센트: 그중 16퍼센트는 빈곤선 이하, 36퍼센트는 저소득층 가정에 속함. United States Census Bureau, "Current Population Survey, Annual Social and Economic Supplement," 2018, http://www.census.gov/cps/data/cpstablecreator.html.

아는 마지막으로 이렇게 말했다. "우리는 서로의 문화를 배우고 받아들였어요. 다들 좋아해요. 정말 재미있어요."

성 정체성과 성적 지향을 어떻게 다루어야 할까?

2016년 미국 성인 인구의 4.1퍼센트인 약 1천만 명이 자신이 LGBTQ(레즈비언, 게이, 양성애자, 트랜스젠더, 퀴어)라고 밝혔다. 이 수치는 2012년에 자신이 LGBTQ라고 말한 830만 명(성인 인구의 3.5퍼센트)에서 크지는 않지만 어느 정도 증가한 것이다.[12] 전국의 여러 세대를 대상으로 실시한 설문 조사에 따르면, 가장 어린 집단(18-36세의 젊은층)이 자신을 LGBTQ로 칭하는 비율이 단연 가장 높았다(7.3퍼센트).[13] 아울러 미국 고등학생의 0.7-1.8퍼센트가 자신을 트랜스젠더로 보는 것으로 추정된다.[14]

최근에 졸업한 가브리엘은 자신을 범성애자로 여긴다. 그는

> LGBTQ 청소년들의 정체성 탐색에 대해서는 4장에서, 소속감을 찾으려는 그들의 노력에 대해서는 6장에서 더 자세히 살펴볼 것이다.

이렇게 말한다. "저는 상대방을 있는 그대로 받아들이면서 사귈 거예요." 테일러는 '그들'(they)이라는 대명사를 선호하는 고등학교 2학년 학생이다. 테일러는 자신이 속한 '그들'을 "논바이너리(nonbinary, 남녀로만 구분하는 생물학적 이분법을 벗어난 성 정체성 또는 그런 사람—역주), 기독교인, 채식주의자, 사랑이 많고 공감 능력이 뛰어난 사람, 진짜 게이, 그리고 조용한 사람"이라고 설명한다. 테일러가 중학교 시절에 커밍아웃했을 때, 많은 친구와 가족이 그와 멀어졌고 그를 두려워하는 것 같았다. "저와 제 남자 형제는 거의 6개월 동안 말을 섞지 않았어요. 그가 저를 받아들이지 못했거든요. 그때 정말 힘들었어요. 하지만 지금은 저의 이런 면을 이해해줘요. 친구들이 저를 그의 여동생이라고 부르면, 그건 잘못됐다고 지적해준다는 말을 전해 들었어요. 성 정체성에 대한 저의 기분을 배려해준 거죠."

오늘날 이성애자이며 트랜스젠더가 아닌 청소년들도 게이, 트랜스젠더, 논바이너리라고 주장하는 또래들 때문에 자신이 어떤 용어를 사용해야 하는지 혹은 그 의미가 무엇인지와 같은 새로운 질문과 씨름하고 있다. 노스캐롤라이나주에 사는 고등학교 3학년인 스티브는 친한 친구의 사례를 들며 이런 말을 했다. "제 친구의 여자 친구가 자신을 남성으로 생각하기 때문에 그 친구는 범성애자예요. 저는 그 친구들의 생각을 존중해요. 그래서 그들이 원하는 대명사를 사용해줘요. 판단하고 싶지 않아요. 그들을 비난하고 싶지도 않아요. 그 친구의 상황은 저와 다르니 존중해야죠."

성에 관련해서 무엇이 최선인지 어떻게 알 수 있을까?

"성관계를 해본 적이 있다"라고 대답하는 십대들의 비율은 48퍼센트에서 40퍼센트로 지난 10년 동안 꾸준히 줄어들었다. 그와 더불어 현재 성생활을 하고 있는 십대들의 비율도 줄어들었다(35퍼센트에서 29퍼센트로).[15]

이런 추세는 고무적이기는 하지만, 청소년들이 씨름해야 하는 성적 유혹과 위험과 실수는 여전하다. 전자 기기에 밝은 오늘날의 많은 청소년에게 나체 사진과 동영상을 공유하는 것은 고등학교 생활의 자연스러운 풍경이다.

인터뷰 중 우리 팀원은 당시 고등학교에서 남자 친구와 진지하게 사귀고 있던 16세 아이에게 이렇게 물었다. "그 친구를 사귀면서 너 자신에 대해서 무엇을 배웠니?"

그 아이는 이렇게 대답했다. "제가 더 자신감을 가져야 한다는 걸 배웠어요."

그래서 우리 팀원이 또 다른 질문을 던졌다. "어떤 상황에서 그렇게 느꼈니?"

"사귀는 사람이 요구하는 걸 거절하면, 그걸로 저를 불편하게 만들어요. 그래서 결국엔 그 요구를 들어주게 되죠. 저는 더 자신감을 가졌다면 좋았을 것 같아요. 그랬다면 '싫다'는 제 뜻을 굽히지 않고 밀고 나갈 수 있었을 거예요."

어떻게 해야 학교에서 안전하게 지낼 수 있을까?
왜 어른들은 이런 상황을 바꾸기 위해 더 노력하지 않을까?

(어릴 적 어느 지역에서 살았느냐에 따라 다르겠지만) 초등학교나 고등학교에서 매년 지진이나 태풍 같은 재난 대피 훈련을 받으며 책상 아래 웅크리고 있었던 기억이 나는가? 요즘 십대도 이런 훈련을 한다. 그런데 전국의 학교에 두 번째 안전 훈련이 추가되었다.

그것은 바로 총기 난사 대비 훈련이다.

2012년 샌디 훅 초등학교 총기 난사 사건, 2018년 플로리다주 파크랜드 총기 난사 사건 등을 떠올려보면, 초등학교 5학년부터 고등학교 3학년 학생 중 59퍼센트만이 학교에서 안전하다고 느끼는 것도 무리가 아니다.[16] 또한 비슷한 비율로 십대의 57퍼센트가 학교에서 총기 난사 사건이 벌어질까 봐 걱정하고, 그중 4분의 1은 "매우 불안하다"라고 응답한다. 이 두려움은 유색 인종 아이들 사이에서 더 높은 수치로 나타난다.[17]

십대들은 학교에서 마주할 위험에 더해 또 따른 걱정을 안고 살아간다. 그들은 어른들이 자신들을 폭력으로부터 보호할 수 없고, 그럴 생각도 없다는 불안감에 시달리고 있다. 그래서 최근 청소년들은 어른들이 행동할 때까지 기다리지 않고, 총기 규제법을 바꾸기 위해 전면에 나섰다.

> 10장에는 십대들과 함께 폭력의 문제를 다루도록 돕는 대화 가이드가 나온다.

마약, 술, 전자 담배 중 나는 어디까지 해봐도 괜찮을까?

새로운 경험을 해보고자 시도하는 것은 사춘기 청소년의 중요한 특징 중 하나다. 따라서 많은 고등학생이 술과 마약을 하는 것은 전혀 놀랍지 않다. 하지만 이 영역에서 변화가 일어나는 추세다. (놀랍게도) 십대 약물 남용은 줄어들고 있다. 불법 약물을 사용하는 청소년의 비율은 줄어들었다(2007년 23퍼센트에서 2017년 14퍼센트로). 불법 약물을 주사하는 청소년의 비율도 줄어들었다(같은 기간에 각각 2퍼센트에서 1.5퍼센트로).

술을 마시는 고등학교 1학년과 고등학교 3학년 학생들의 비율은 각각 38퍼센트와 52퍼센트로 지난 5년 동안 크게 감소했다.[18]

이런 좋은 현상에도 불구하고 걱정스러운 예외가 존재한다. 바로 전자 담배 사용이 증가하고 있는 것이다. 고등학교 3학년의 3분의 1 이상(35퍼센트)이 전년도에 전자 담배를 피웠다. 충격적이게도 전자 담배를 피워본 중학교 2학년 학생의 비율도 17퍼센트나 된다.[19] 고등학교 1학년과 3학년 학생 중 약 20퍼센트는 지난 12개월 사이에 마리화나를 피웠다. 이는 2년 전에 비해 두 배 이상 증가한 수치다.[20]

우리는 인터뷰할 때 마약이나 술, 전자 담배에 대해 직접적으로 묻지 않았고, 자신이 그런 것을 사용했다고 자발적으로 털어놓은 학생은 많지 않았다. 우리는 학교의 기독교 동아리 리더인 한 고등학교 3학년 학생의 말에서 희망을 보았다. 그 학생은 이렇게 말했다. "많은 친구가 반에서 저의 신앙을 대놓고 비웃어요. 저를 '어리석은 예수의 어리석은 사제'라고 부르죠. 그 친구들도 마음속으로는 힘들어하고 있을 거예요. 그래서 전자 담배에 중독되어 있죠. 친구 세 명이 견디기 힘들 만큼 무너진 순간, 저를 찾아와 물었어요. 어떻게 그렇게 즐겁게 살 수 있냐고요. 이것만 해도 놀랍지 않아요?"

하나님이 내게 얼마나 큰 의미가 있을까?

학교에서 기독교 동아리를 이끌던 그 3학년 학생은 친구들 사이에서 그리스도인으로 잘 알려져 있었다. 하지만 교회에 다니는 많은 청소년이 하나님이 자신에게 얼마나 큰 의미가 있는가 하는 질문에 "별로 없다"라고 대답했다.

15년 동안 우리는 풀러 청소년 연구소에서 십대들의 신앙과 관련한 질문에 답하기 위해 연구해왔다. 이 중 상당수가 당신처럼 주변의 청소년들을 걱정하는 많은 사역자와 부모, 멘토가 던진 질문이다. 연구 결과에 따르면, 당신이 아는 청소년들을 비롯해서 교회나 청소년 사역에 참여했던 청소년의 40-50퍼센트는 고등학교 졸업 후 하나님과 교회를 떠난다.[21] 당신이 가장 아끼는 어린이와 청소년들의 얼굴을 떠올려보라. 그리고 그 아이들 중 절반이 어른이 되면서 신앙을 버린다고 상상해보라.

영적 쇠락을 경험하는 이들은 십대와 청년만이 아니다. 미국의 성인 중 자신이 그리스도인이라고 답하는 비율은 65퍼센트로, 지난 10년 사이에 무려 12퍼센트나 떨어졌다.

이 수치를 보면 너무도 안타깝지만, 젊은 세대에 대한 데이터를 보면 미래는 더욱 암담하다. 같은 설문 조사에서 설문에 참여한 가장 어린 집단인 밀레니얼 세대의 49퍼센트만이 자신을 그리스도인으로 여겼다. 이는 모든 세대 중 가장 낮은 수치다.[22]

마찬가지로, '무교' 혹은 스스로 무신론자, 불가지론자, 종교가 없다고 응답하는 비율은 현재 26퍼센트에 달한다. 2009년에 17퍼센트였던 수치에서 많이 증가했다.

이런 수치만 봐도 위협적인 현실을 엿볼 수 있다. 하지만 우리는 어린 세대의 목소리를 직접 듣고 싶었다. 우리가 이 연구를 위해 인터뷰한 27명의 학생은 모두 교회 중고등부에 출석하고 있었지만, 신앙이 그들 삶에서 중심을 차지하는지는 분명하지 않았다. 어떤 학생들은 창의적이고 진지하게 신앙을 탐구하고 있었지만,

다른 학생들은 신앙을 삶의 다양한 영역에 선별적으로 적용했다.

한 인터뷰에서 우리 팀원인 타일러 그린웨이(Tyler Greenway)는 중서부 지역에 사는 한 고등학생에게 이렇게 물었다. "신앙이 너의 정체성에 어떤 영향을 미쳤니?"

긴 침묵이 흐른 뒤 학생이 대답했다. "뭐, 크게 영향을 미치진 않았지만, 신앙이 제 정체성의 어느 부분에서는 영향을 미친 것 같아요."

그린웨이는 더 구체적인 답변을 유도했다. "어떤 면에서 영향을 받았다고 생각하니?"

"다른 사람들을 좀 더 존중하게 된 것 같아요."

그린웨이는 더 파고들었다. "그렇다면 신앙이 네게 얼마나 중요하니?"

"꽤 중요한 것 같아요."

마지막으로 그린웨이는 이렇게 물었다. "자, 1부터 5까지 숫자로 얘기해보자. 1은 전혀 중요하지 않은 것이고, 5는 매우 중요한 거야. 네게 신앙은 어느 정도 중요하니?"

"아마 3 정도 되지 않을까 싶어요. 신앙은 제 삶에서 큰 부분을 차지하고 있지만 제 삶의 전부는 아닌 것 같아요."

어른들은 내가 묻지도 않은 질문에 답하는 것을 멈춰줄 수 없을까?

오늘날의 십대들은 거의 모든 정보를 검색할 수 있다. 그들

> 우리는 제이크 멀더(Jake Mulder)와 율리 리(Yulee Lee)를 비롯해서 미국 최고의 연구자들과 함께 풀러 청소년 연구소를 이끄는 특권을 누리고 있다. 열정이 가득한 우리 팀원들은 사역자와 부모들이 청소년들을 신앙적으로 가르치도록 도와 세상을 변화시키겠다는 임무를 완수하기 위해 매일 열심을 다해 연구하고 있다.
>
> 우리의 사역과 훈련에 대해 더 자세히 알고 싶다면 fulleryouthinstitute.org 웹사이트를 방문해서 이메일 주소를 등록하기를 바란다. 우리 사이트에는 이 책과 함께 활용할 수 있는 풍부한 자료가 업로드되어 있다.

은 모든 질문에 대한 온갖 답변을 즉각 찾을 수 있다. 게다가 스스로 새로운 답변을 내놓을 수도 있다. 하지만 동시에 아이들은 신앙과 그 의미 같은 깊이 있는 질문에 대해 가정과 교회에서 제대로 답을 얻지 못한 채 자라고 있다.

청소년들이 신앙을 떠나 표류하는 이유는 교회가 그들이 가장 고민하는 질문에 초점을 맞추지 않기 때문이다. 우리는 그들의 스트라이크 존 근처에도 닿지 않는 질문에 대해서만 답을 던지고 있다.

우리는 과거에 일어난 일에 대한 질문들에만 너무 매몰되어 있다.

다시 말해, 우리는 현재 펼쳐지고 있는 일을 놓치고 있다.

그리고 우리는 앞으로 다가올 일을 두려워하고 있다.

최근 풀러 청소년 연구소 리더 모임에서 한 전국 단위의 훈련 센터 대표가 어떤 고등학생에게서 들은 말을 전해주었다. "교회가 제가 물어보지도 않은 질문에 답하는 걸 그만 좀 했으면 좋겠어요."

이런 학생들이 관심을 갖는 질문은 현 시대에만 한정된 독특한 것일 수 있지만, 하나님께는 전혀 새로운 질문이 아니다. 누군가가 사복음서에서 예수님이 질문을 받으신 횟수를 세어보았는데, 무려 183번이라는 결과가 나왔다.[23]

이 사실도 놀랍지만, 더 놀라운 점은 예수님이 307번이나 질문을 던지셨다는 것이다.

문제는 우리 신앙이 청소년들의 질문을 담을 만큼 크지 않은 것이 아니다. 우리 신앙은 분명 크다. 문제는 우리가 그들의 질문을 존중하고, 그들의 이야기를 들을 시간을 얼마나 많이 내느냐 하는 것이다.

난감한 질문들보다 더 해로운 것

우리가 수년간의 연구를 통해 발견한 가장 뜻밖의 사실은 십대들의 영적 형성 과정에서 의심이 중요한 역할을 한다는 것이다. '견고한 신앙'(Sticky Faith) 연구에 따르면, 청소년 그룹에서 활동한 적이 있는 학생들의 70퍼센트가 고등학교 시절 신앙과 관련하여 심각한 의문을 품었다고 인정했다.

하지만 걱정할 필요는 없다. 이 연구 결과는 흥미로운 반전

> 십대가 깊은 내적 질문과 씨름하고 있을 때는 외적인 태도와 행동에서 그 증상이 나타난다. 젊은 세대 전체는 물론이고, 각 사람은 몇 가지 표현으로 규정될 수 없다. 하지만 우리는 연구를 통해, 십대들을 이해하려고 노력할 때 다음의 세 가지 특징이 도움을 준다는 사실을 발견했다. 아마 당신 주변의 십대들을 살펴보면 다음과 같은 모습이 나타날 것이다.
>
> - 외적인 스트레스로 '불안해한다'(이는 내적 압박으로 변하기 쉽다).
> - 새로운 필요와 기회에 창의적이고도 유연하게 '적응한다.'
> - 인종, 문화, 사회경제적 지위, 성 정체성, 가치관, 세계관이 '다양하다.'

을 보여준다. 의심을 품은 그 십대들이 질문을 표현할 자유와 기회를 얻었을 때 '더 큰 신앙의 성숙'을 경험했다.[24]

간단히 말해, 신앙에 해로운 것은 의심이 아니라 침묵이다. 어른들이 대답하기 어려운 질문들을 억누를 때, 그 질문들은 아이들의 마음속에 쌓여 신앙 성숙을 방해한다.

모든 질문을 이끄는 3가지 중요한 질문

오늘날 십대의 마음속에는 무수한 질문이 떠다닌다. 그런데 우리는 그 모든 질문 이면에 존재하는 세 가지 주요 질문을 밝혀냈다. 이 질문들은 표면 위로 나타나지는 않을지 모르지만, 뿌리까지 깊이 파고들면 그와 관련한 갈망을 감지할 수 있다.

십대가 던지는 거의 모든 질문은 궁극적으로 이 세 가지 질문에서 비롯한다.

나는 누구인가?
나는 어디에 잘 어울리는가?
나는 어떤 변화를 만들 수 있는가?

우리는 이런 질문에 대해 생각하고 탐구하기 위해 다음과 같이 각각 한 단어로 표현해보았다.

첫째, '정체성', 이는 자신을 보는 시각을 뜻한다.
둘째, '소속감', 이는 다른 사람과의 연결을 의미한다.
셋째, '목적', 이는 세상에서 기여할 수 있는 것을 가리킨다.

이것을 정리한 다음의 표는 좋은 출발점이 될 것이다. 이 책 전체에 걸쳐 이 표에 살을 붙일 것이다.

큰 질문	초점	설명
나는 누구인가?	정체성	자신을 보는 시각
나는 어디에 어울리는가?	소속감	다른 사람과의 연결
나는 어떤 변화를 만들 수 있는가?	목적	세상에 대한 기여

이 책 곳곳에서 정체성과 소속감과 목적의 세 원이 겹쳐 있는 그림을 볼 수 있을 것이다. 셋 중 하나에 초점을 맞출 때는 해당 원의 색을 더 진하게 표시할 것이다. 이것은 현재 어떤 내용을 다루는지 강조하기 위함이기도 하고, 답을 찾아가는 청소년의 여정에서 시기에 따라 세 가지 큰 질문 중 하나가 중심이 될 수 있다는 점을 강조하기 위함이다. 세 원을 겹쳐놓은 이유는 청소년들(아울러 다른 연령대와 우리 자신)을 연구한 결과, 세 가지가 서로 연관되어 있고 세 가지를 함께 고려하는 것이 가장 좋은 방법임을 발견했기 때문이다.

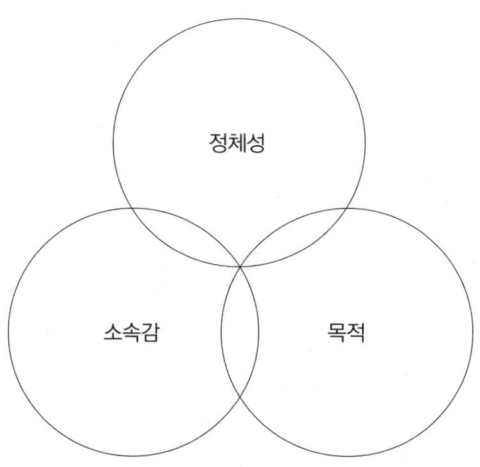

이 책 내내 우리는 이 세 가지 큰 질문과 씨름하면서 십대가 현재 어떤 답을 갖고 있는지 살펴보고, 그보다 더 나은 그리스도 중심의 반응들을 제시할 것이다. 단, 우리의 연구가 청소년들에게

> 우리 풀러 청소년 연구소 연구팀은 틈만 나면 '정체성(identity)과 소속감(belonging)과 목적(purpose)'에 대해 이야기한다. 그래서 이 이야기를 할 때 세 단어의 머리글자를 따서 'IBP'로 부른다. 이 약자가 세 가지 용어를 기억하고 이 주제에 대해 다른 사람들과 이야기하는 데 도움이 된다면 얼마든지 사용해도 좋다. 이 약자를 사용하다 보면 우리와 마음이 통하게 될 것이다.

초점을 맞추었지만 이 질문들은 모든 세대를 아우른다는 점을 기억하기를 바란다.

이 세 개의 질문은 '청소년들만' 던지는 것이 아니다. 이것은 모든 '인간'이 던지는 질문이다. 이 질문은 사춘기 아이들에게만 의미 있는 것이 아니라, 저자인 우리 두 사람에게도 의미 있다. 물론 당신에게도 깊은 의미가 있다. 하지만 특히 청소년의 마음속에서는 정체성, 소속감, 목적에 대한 세 가지 큰 질문이 끊임없이 맴돌고 있다.

십대에게는 큰 질문에 대한 답을 찾는 여행을 함께해줄 어른들이 필요하다

이번 장의 첫머리에서 소개했던 고등학교 3학년 여학생은 분명 이 세 가지 질문과 씨름하고 있었다.

"내가 학생회 임원이 아니라면, 나는 누구지?"

→ 정체성에 대한 질문이다.

"내가 그런 굴욕을 당하면 친구들의 얼굴을 어떻게 볼까?"

→ 소속감에 대한 질문이다.

"3학년을 의미 있게 보내기 위해 무엇을 해야 할까?"

→ 목적에 대한 질문이다.

이불 속에 숨어 괴로워하던 그 학생은 결국 침대를 박차고 나와 아래층으로 내려갔고, 엄마와 양아버지와 남동생은 그 아이를 안아주었다.

가족의 위로는 어느 정도 도움이 되었다. 하지만 여전히 혼란을 느끼고 있었다.

중고등부 목사인 마이크와 소그룹 리더인 크리스티가 다가가 대화를 나누기 전까지는 그랬다.

그들은 정체성과 소속감과 목적에 대한 질문에 귀를 기울였고, 생각보다 더 큰 답을 제시했다. 그 여학생은 특히 마이크의 말에 깜짝 놀랐다고 한다. "언젠가 너는 청소년 목회에 대한 비전을 품게 될 거야. 그때 신중히 결정하렴."

마이크의 예상대로 그 여학생은 교회에서 많은 시간을 보내기 시작했다. 심지어 학생부 리더 모임에도 합류했다. (다행히도 선거는 필요 없었다.) 고등학교 3학년 끝 무렵에는 리더 모임을 이끌게 되었다.

> 우리는 십대(13-18세, 중고등학생) 혹은 특정한 십대 아이를 걱정하는 어른들을 위해 이 책을 썼다. 우리는 십대를 돌보고 이끄는 법을 알고자 하는 다양한 사람들을 겨냥해서 이 책을 썼다. 당신의 인생 단계나 역할에 상관없이 십중팔구 당신도 이 범주에 포함될 것이다. 이 책은 가정이나 사역 리더에게 꼭 필요한 통찰과 개념을 많이 제공할 것이다.

그리고 대학교 여름방학 때는 중고등부 교사로 섬겼고, 그 후에는 교회에서 유급 인턴으로 섬겼다.

마이크의 말이 맞았다. 하나님은 그 여학생에게 청소년 사역에 대한 비전을 주셨다. 그리고 30년이 지난 지금도 여전히 그 사역을 이어가고 있다.

짐작했을지 모르겠지만 패배와 망신을 맛본 고등학교 3학년 여학생은 바로 나(카라)다. 마이크는 당시 중고등부 담당 목사였고, 크리스티는 내가 속한 소그룹의 리더였다. 그들은 고등학교 시절은 물론이고 그 이후에도 계속 나와 동행해주었다. 내가 수없이 넘어지면서 정체성과 소속감과 목적에 대한 하나님의 더 나은 답을 향해 꾸준히 나아가는 내내 그들이 곁에 있어주었다. (이 대목을 쓰다 보니 저절로 눈물이 차오른다.)

그들이 기도하고 인내하며 나와 나란히 걸어주지 않았다면, 나는 지금의 사역을 하지도, 이 책을 쓰지도 못했을 것이다. (이제는 눈물이 뺨을 타고 죽 흘러 내린다. 내 십대 자녀들이 다 외출하고, 집에서 혼자 이 글을 쓰고 있어서 다행이다.)

당신도 마이크나 크리스티가 될 수 있다.

다른 이들이 모두 패배와 막다른 길에만 집중할 때, 당신은 청소년들의 정체성과 소속감과 목적에 대한 하나님의 계획을 보는 어른이 되어줄 수 있다.

기혼이든 미혼이든, 교회나 교회 밖 선교 기관의 유급 사역자든 자원봉사자든, 부모든 양부모든 조부모든, 자녀를 다 출가시킨 부모든, 자녀가 없든 상관없다. 당신은 십대들이 하나님의 가장 좋은 답을 향해 나아갈 수 있도록 그들과 더 깊이 연결되고 더 깊은 대화를 나눌 수 있다.

당신은 할 수 있다.

우리는 당신을 응원한다.

그리고 청소년들을 응원한다.

숙고하고 적용하기

❶ 당신이 십대였을 때 가장 절박하게 해답을 찾고 싶었던 질문은 무엇이었는가?

❷ 이런 질문은 정체성과 소속감과 목적을 찾기 위한 당신의 탐구와 어떤 연관이 있었는가?

❸ 당신이 십대였을 때, 이 세 가지 중요한 질문과 관련하여 예수님의 더 좋은 해답을 제시해주는 어른(들)이 있었는가? 그 어른은 어떤 점에서 도움을 주었는가? 어떤 점에서 아쉬웠는가?

❹ 당신과 가장 가까운 청소년들은 (이번 장이나 다른 장의) 절박한 질문들 중 어떤 질문을 던지고 있는가? 그중 당신이 아직 답할 준비가 되어 있지 않은 질문은 무엇인가?

❺ 그런 질문이 정체성과 소속감과 목적에 대한 세 가지 큰 질문과 어떻게 연결되어 있다고 생각하는가?

❻ 정체성과 소속감과 목적을 추구하는 청소년들과 더 깊이 연결되고 더 깊은 대화를 나누면 어떤 점이 좋을까? 그들과 대화하는 것이 어떤 면에서 두렵거나 긴장이 되는가?

2장.
답을 듣는 법 배우기

브래드 녹음을 마치기 전에 하고 싶은 말이 또 있니? 우리가 이야기했던 것에 대해서 하고 싶은 말이나, 하지 못한 말이 떠올랐다면 말해줘.

대니얼 딱히 더 할 말은 없어요. 다만 이 대화가 그리워질 것 같아요. 이렇게 일대일로 이야기를 나누니까 정말 좋았어요. 정말로요.

자넬은 고등학교 2학년 여학생이다. 자넬은 친절하고, 대화하기가 편하며, 사려 깊다. 제넬의 오빠는 가장 좋은 친구다. 오빠는 자넬에게 자신감을 북돋워준다. 자넬은 오빠의 친구들과 자주 어울린다. 그들은 학교의 여자애들처럼 자주 갈등을 일으키지 않기 때문이다.

자넬이 더 어렸을 적에 그의 가족은 한동안 집 없이 노숙자 쉼터를 전전하며 살았다. 엄마가 양아버지와 결혼한 뒤에는 한곳에 정착할 수 있었다. 자넬은 지금 몇 년째 같은 아파트에 살고 있고, 지금 사는 동네를 좋아한다. 자넬에게 소속감을 느끼게 해주는 사진을 보여달라고 하자, 집 현관에서 찍은 휴대폰 사진을 보여주었다. 그 아이에게는 집이 안전함을 느끼게 해주는 곳이다. 자넬의 꿈은 아파트에서 벗어나는 것이다. 언젠가는 아이들이 마당에서 뛰놀 수 있는 노란색 집에서 살기를 원한다.

다른 십대들처럼 자넬은 불안과 씨름하고 있다. 그는 중학교와 고등학교 초기에 여러 번 정신적인 건강이 극도로 나빠졌던 때를 떠올리며 이렇게 말했다.

> 당시에는 그것이 불안장애인 줄 전혀 몰랐어요. 저는 항상 아팠어요. 하지만 겉으로는 괜찮은 척했죠. 아무렇지도 않은 척했어요. 상담사 선생님은 그게 하나의 대처 방식이었다고 해요. 저는 불안해지면 식사를 완전히 끊었어요. 하지만 엄마가 걱정할까 봐 많이 먹어서 배가 부르다고 말했죠. 또 제가 친구를 사귀지 못해 엄마가 걱정할까 봐 친한 친구들이 많다고도 거짓말했어요. 하루에 몇 번씩 화장실에 숨어서 울었죠. 때로는 공황장애에 시달리기도 했어요.

결국 자넬은 불안장애 진단을 받았고, 필요한 도움을 받기 시작했다.

자넬에게는 정신적 건강에 대해 다른 사람들과 이야기를 나누는 것이 중요하다. 특히, 아프리카계 미국인으로서 자넬은 정신 건강 문제로 도움받는 것을 부끄럽게 여기지 않도록, 다른 흑인 학

생들과 자신의 경험을 이야기하는 것이 중요하다고 생각한다.[1]

자넬의 이야기에서 3가지 질문 찾기

모든 십대와 마찬가지로 자넬은 매일 요동치는 사춘기 시절의 삶을 헤쳐나가면서 정체성과 소속감과 목적을 찾기 위해 애를 쓰고 있다. 자넬과 시간을 보낼수록 세 가지 중요한 질문의 답을 찾기 위한 그만의 독특한 여행을 더 깊이 이해할 수 있게 되었다.

정체성: 나는 누구인가?

자넬은 자신이 '동정심이 많은' 사람이라고 생각한다. 그 이유는 동정심이 자넬이 다른 사람을 볼 때 중요하게 여기는 품성이기 때문이다. 자신이 힘들게 살아왔기에 같은 처지의 사람들에게 더 동정심을 품게 되었다고 한다.

부모는 자넬을 자신감이 넘치고 똑똑한 아이로 본다. 실제로 자넬은 자신감이 넘치지만, 다른 사람들의 의견도 중요하게 여긴다. 올해 자넬은 학교에서 흑인 학생 연합(Black Student Union)에서 리더로 활동하기 시작했다. 하지만 안타깝게도 그는 '흑인답지' 않다는 인종적 편견에 시달리고 있다. 그 이유는 '매우 뛰어난 성적'이다. 자넬은 이런 차별과 씨름하면서 다른 학생들에게 "흑인이 똑똑하지 않다고 가정해서는 안 된다"라고 말한다.

동시에 자넬은 좋은 성적을 내야 한다는 압박을 외부적, 내부적으로 끊임없이 받는다. "모든 일을 완벽하게 해내야 한다는 압박감을 느껴요." 자넬은 청소년, 흑인, 여성, 똑똑한 사람, 자신감 넘치는 사람, 불안한 사람이라는 정체성 지표들의 교차성(intersectionality) 안에서 살아가고 있다.[2]

소속감: 나는 어디에 잘 어울리는가?

자넬은 또래의 여느 아이들처럼 친구들과 함께하는 곳이 안전한 곳이라고 생각한다. 아울러 가정과 교회도 안전한 곳이다. 집 거실이 가장 안전함을 느끼는 곳이고, 교회가 두 번째다. 자넬은 교회를 사랑하고, 자신이 그 공동체의 일원이라는 깊은 소속감을 느낀다. 자넬은 특히 자신에게 큰 도움을 준 교회 리더에 대해 이렇게 이야기했다. "항상 제 안부를 확인해주시는 분이에요."

자넬은 소속감에 대해서 '항상' 생각한다. "소속감은 정말 중요하다고 생각해요. 저만이 아니죠. 많은 사람에게도 아주 중요한 문제예요. 다들 자신이 어느 곳에 잘 어울리는지 알고 싶어 해요. 지금 함께하는 사람들이 정말로 자신을 반기는지, 아니면 그냥 미안해서 자신을 초대한 건지 알고 싶어 하죠."

> **정체성, 소속감, 목적 연결하기**
>
> 혹시 자넬의 이야기에서 정체성, 소속감, 목적 사이의 상호 작용의 흔적을 포착했는가? 우리 연구팀은 인터뷰를 진행하며 학생들의 답변에서 공통점을 많이 발견했다. 때로는 목적에 대한 말이 정체성에 대한 말처럼 들렸고, 정체성에 대한 말이 소속감에 대한 말처럼 들렸다. 우리는 세 가지 큰 질문의 답을 찾는 십대들을 탐구하면서 소속감을 추구하는 여정이 가장 중요한 역할을 한다는 사실을 발견했다.

목적: 내가 어떤 변화를 이루어낼 수 있는가?

자넬은 교회, 특히 어린이 사역에 참여하면서 목적의식을 얻는다. 작년에 교회 여름 수련회에서 아이들을 섬기면서 큰 자신감을 얻었다. 자넬은 이렇게 말했다. "제 안전지대 밖에 있는 일을 많이 감당해야 했어요. 힘들긴 했지만, 그 일을 할 때 행복했어요. 제가 하나님을 위해 일하고 있다는 확신이 들었어요."

자넬은 미래를 그려보며 이렇게 말했다. "나중에 아동 발달 임상 심리학자가 되고 싶어요. 아이들을 돕고 싶어요. 심리 상담 선생님과 치료사 선생님이 저를 도와주신 것처럼 저도 다른 사람들을 돕고 싶어요. 선생님들 덕분에 제 상황이 훨씬 좋아졌어요."

> 우리 두 사람 외에도 이 프로젝트를 진행하는 인터뷰 팀에는 캐트 아마스(Kat Armas), 메이시 데이비스(Macy Davis), 타일러 그린웨이, 제니퍼 구에라 앨다나(Jennifer Guerra Aldana), 개리슨 헤이스(Garrison Hayes), 제인 홍 구즈먼 드 레온(Jane Hong-Guzmán de León), 헬렌 준(Helen Jun), 앤디 정(Andy Jung)이 있다.

이야기들의 바탕이 된 조사

자넬은 1장에서 언급했던 인터뷰 연구에 참여했던 학생이다. 우리 연구팀은 세 가지 중요한 질문에 대해 십대가 현재 어떤 답을 내놓는지 파악하고자 했다. 우리는 정체성과 소속감, 목적에 대한 질문을 탐구하기 위해 '내러티브 분석'이라는 접근법을 사용했다.[3]

우리 연구팀은 다양한 배경을 가진 27명의 학생과 일대일로 만나 연속으로 세 번의 인터뷰를 진행했다. 모든 학생은 자신의 삶과 신앙 경험을 솔직히 말할 의향이 있는 학생으로, 청소년 사역자들이 추천해준 아이들이었다. 하지만 개중에는 교회 활동을 열심히 하는 학생들도 있고, 그러지 않는 학생들도 있었다. 우리는 한 번에 최대 2시간 동안 수십 가지 질문을 던졌다. 10명의 인터뷰 진행자는 대체로 표본의 문화적, 지리적 다양성을 대표했다.[4] [각 참여자의 이름(모두 가명)과 간단한 통계 정보는 '부록 A'를 확인하라.] 인터뷰 대상자 27명의 통계 자료는 59-60쪽을 보라.[5]

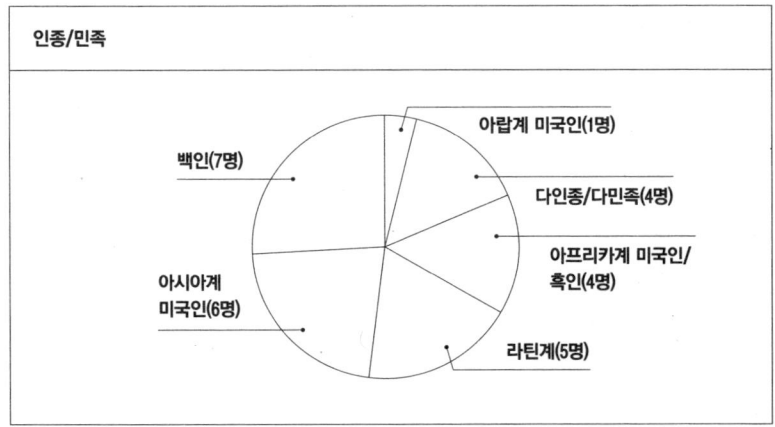

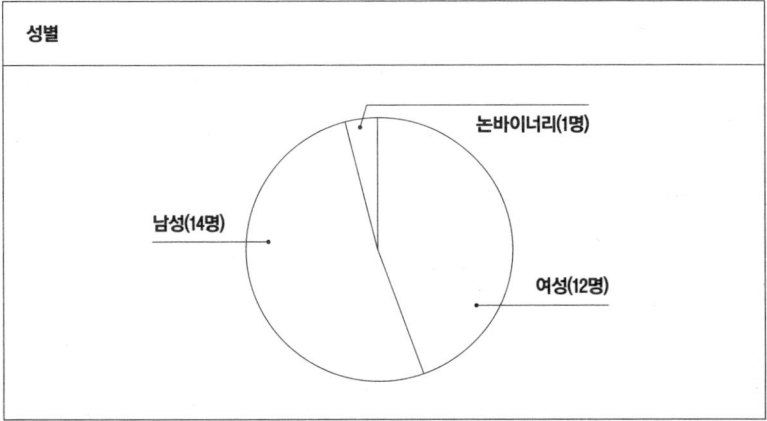

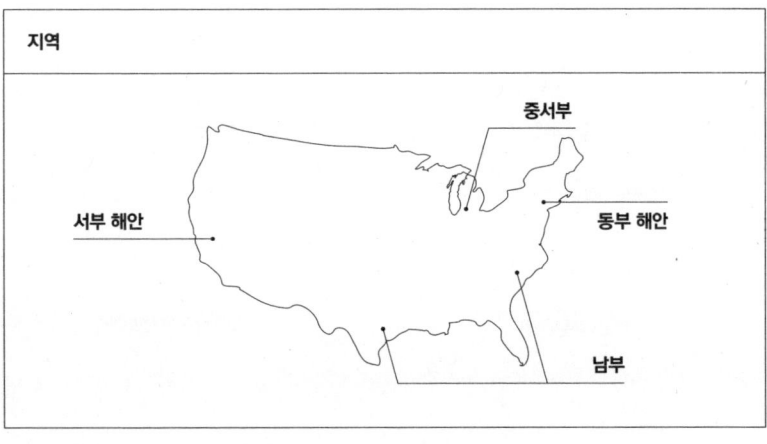

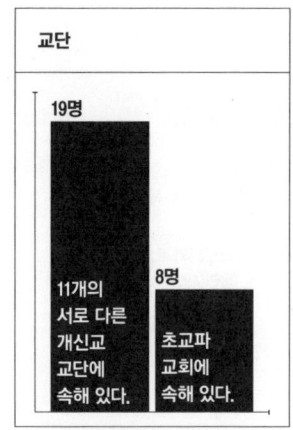
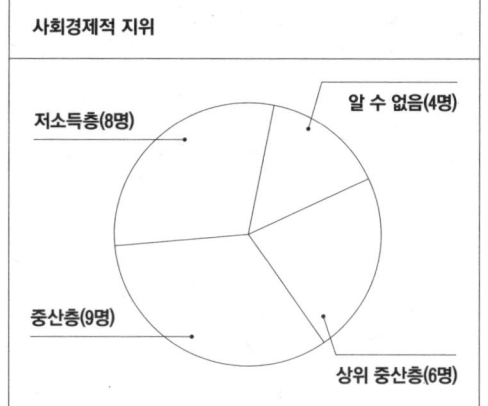
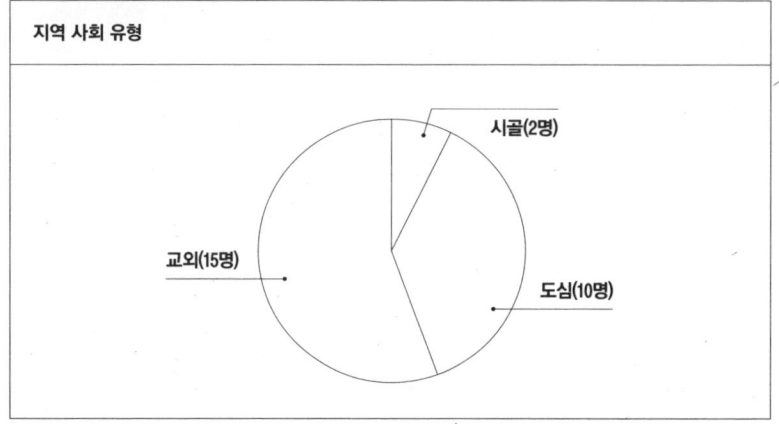
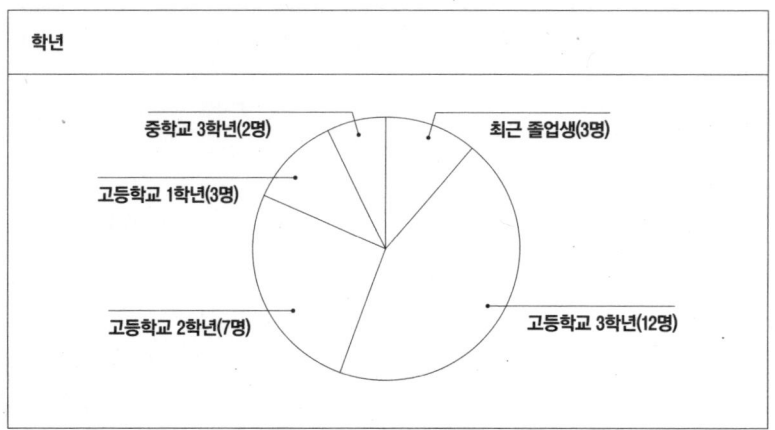

우리 팀은 100시간 이상 진행된 인터뷰를 글로 옮긴 뒤, 각 인터뷰 내용과 진행자가 작성한 보고서를 철저히 분석했다. 우리는 주기적으로 모였고, 다 함께 하루 종일 주제들을 탐구하고 주목해야 할 점을 논의했다.[6] 또한 인터뷰 대상자 외의 십대들로 구성된 12개의 표적 집단을 통해 우리가 세운 가설이나 개념을 제시하고, 그들의 피드백을 바탕으로 잘못된 점을 바로잡았다.[7]

인터뷰를 진행하는 한편, 문헌 검토 팀은 정체성, 소속감, 목적, 신앙 형성, Z세대, 내러티브 연구라는 주제들을 탐구했다. 이 과정에서 여러 분야의 학술 및 대중 자료를 100개 이상 참고했다.[8]

마지막으로, 우리는 심층 인터뷰에서 들은 내용을 정체성, 소속감, 목적에 초점을 맞춘 관련 신앙 혁신 프로젝트[9]에서 중고등부 학생 2,092명을 대상으로 실시한 청소년 사역 설문 조사 결과와 비교했다.

우리가 이 모든 조사를 실행한 목적은 청소년들의 목소리를 듣고 그들의 생각을 더 잘 파악하기 위함이었다.[10]

십대의 말을 듣는 것이 중요한 이유

다른 사람들을 향한 사랑의 시작은 그들의 말에 귀를 기울이는 법을 배우는 것이다. 우리를 향한 하나님의 사랑은 그분이

자신의 말씀을 주실 뿐 아니라 귀도 기울여주신다는 사실에서
드러난다…상대의 말에 귀를 닫는 그리스도인은 곧 하나님의
음성에도 더 이상 귀를 기울이지 않게 된다.
_디트리히 본회퍼(Dietrich Bonhoeffer)[11]

우리가 이 연구를 진행한 이유 중 하나는 당신(그리고 우리)과 같은 어른들이 잘못된 선입견을 떨쳐내고 십대들과 진정으로 연결되도록 돕기 위해서였다.

잘못된 선입견은 서로를 멀어지게 한다.

선입견은 판단으로 이어진다. 우리는 항상 다른 세대를 판단했다. 그리고 이 판단은 우리와 '다른' 것을 너무나 쉽게 '잘못된' 것으로 규정했다.

청소년들은 어른들의 이런 판단을 알아챈다. 중학교 3학년 학생 카리는 어른들이 어떤 경우에 선입견에 휘둘리고 있는지를 안다. 그는 자신의 인터뷰 담당자인 제인 홍 구즈먼 드 레온에게 다음과 같이 말했다.

카리 예를 들어, 어른들이 "그건 너희가 휴대폰만 보니까 그렇지"라고 잘못된 말을 하는 경우가 있어요.

제인 어른들이 흔히 하는 오해에는 어떤 것이 있니?

카리 우리가 소셜미디어에 중독되었다거나, 소셜미디어가 무조건 나쁘다는 오해요. 소셜미디어에는 분명 문제점도

> **조사 개요**
>
> ⌚ 인터뷰 시간[a]: 100시간 이상
>
> 👤 인터뷰한 십대: 27명
>
> 🌐 서로 다른 인종적 배경[b]: 13개
>
> 📋 인터뷰, 설문 조사, 표적 집단을 통해 조사한 십대: 2,200명
>
> ---
>
> a 우리가 각 청소년에게 한 170개의 질문은 '부록 B'에 모두 수록해두었다.
> b 아프리카계 미국인, 카리브계, 중국계, 이집트계, 필리핀계, 일본계, 한국계, 라틴계, 백인(유럽계 미국인), 아프리카계 미국인과 중국계 혼혈, 아프리카계 미국인과 한국계 혼혈, 아프리카계 미국인과 백인 혼혈, 라틴계 여성과 한국계 혼혈

있지만 좋은 점도 있어요. 어른들은 좋은 점을 보지 못하는 것 같아요. 우리가 소셜미디어를 한다고 무조건 뭐라고 하는 건 잘못된 거예요.

이런 생각을 표현한 사람은 카리만이 아니었다. 어른들의 오해에 대한 우리의 질문에 십대들은 다음과 같은 의견을 내놓았다.

어른들은 십대들을 너무 과소평가해요. 사람들은 십대 애들 앞에서 갈등이나 논란거리에 대해 이야기하는 것을 꺼려요. 하지만 우리도 다 알아요. 어른들은 자신들이 하는 말을 우리가 잘 모르거나 전혀 모른다는 듯이 말해요. 저는 그걸 이해 못 하겠어요. 사실, 우리는 사소한 말까지 유심히 듣고 다

이해하거든요.

십대 애들에게 잘 물어보지 않는 질문을 한번 던져보세요. 부담스러운 질문까지도요. 십대들도 얼마든지 좋은 의견을 말할 수 있어요. 십대들은 많은 어른이 의식하지 못하는 일들에 대한 신념과 경험과 생각을 갖고 있어요. 어른들이 고등학교에 다니던 시절과는 많이 달라졌어요.

실제로 우리가 고등학교를 다니던 시절과는 세상이 많이 달라졌다. 25년 전과 비교하면(사실 카라는 30년도 더 전), 아니 불과 몇 년 전과 비교해도 오늘날 학생들의 상황은 많이 달라졌다.

십대들의 말에 진정으로 귀를 기울이면, 섣불리 가정하고 판단하는 성향을 극복할 수 있다.

귀를 기울이면 더 가까워진다.

귀를 기울이면 세대 사이에 놓인 장벽이 허물어진다.

하지만 여기서 멈춰서는 안 된다. 다른 이들의 말에 귀를 기울이면, 우리의 마음이 열려 다음 단계로 나아갈 수 있다. 경청은 '공감'을 낳는다.

공감은 모든 것을 바꾼다

교회를 대상으로 실시한 우리의 이전 연구 프로젝트인 '그로

잉 영'(Growing Young, 더 자세한 정보와 자료를 원한다면 웹사이트 fulleryouthinstitute.org/growingyoung을 방문하라)을 통해, 젊은 세대와 효과적으로 상호 작용하는 교회의 여섯 가지 핵심 요소 중 하나가 공감이라는 사실을 발견했다. 교회들이 잘 수행하고 있는 이 핵심 요소들['열쇠 꾸러미'(즉, 함께하는) 리더십 연습하기, 공감해주기, 예수님의 메시지를 진지하게 들려주기, 따뜻한 공동체 만들기, 아이들을 우선순위로 두기, 최고의 이웃이 되기] 중에서도 세대 간 공감은 다른 요소들을 하나로 묶는 독특하고도 강력한 역할을 했다.

우리가 공동 저자로 참여한 『Growing Young』(다세연 역간)에서 우리는 공감을 "청소년과 함께 느끼는 것…청소년의 삶 가까이에서 그들의 꿈을 축하하고 그들의 절망에 함께 슬퍼하는 것"으로 정의했다.[12] 그 뒤로 수많은 성인이 우리에게 공감을 이해하고 실천하도록 도와달라고 요청했다. 그래서 이제 기존의 정의에 이렇게 덧붙이고 싶다. 공감은 '알아채고, 관심을 갖는' 것이다.

공감 = 알아채는 것 + 관심을 갖는 것

알아챈다는 것은 상대방의 감정을 읽는 것이다. 관심을 갖는다는 것은 그 감정에 자신의 감정으로 반응하는 것이다.[13]

상대방의 시각에서 보면 상대를 더 깊이 이해하고, 판단과 편견을 극복할 수 있다. 상대방을 타자화하면서 거리를 두는 것이

> '타자화'라는 용어가 생소할지 모르겠다. 누군가에게 혹은 누군가에 대해서 이야기할 때 상대를 자신과 본질적으로 다른 존재로 다루는 것이 곧 타자화다. 우리는 자신이 생각하는 정상(나와 비슷한 것)을 기준으로 개인이나 집단 전체를 배척할 수 있다. 즉, "나는 정상이고, 너는 정상이 아니다"라고 말하는 것이다.[a]
>
> a 미국 문학에서 타자화를 탐구한 책을 보고 싶다면 Toni Morrison, *The Origin of Others* (Cambridge, MA: Harvard University Press, 2017)를 보라. (『타인의 기원』 바다출판사 역간).

아니라, 아주 잠깐이라도 상대방의 눈으로 상황을 보면 그를 한 인간으로서 이해할 수 있다. 잠시라도 상대방의 입장이 되어보아야 한다. 공감하면 다른 사람의 고통을 무시하기 어렵고, 돕고 싶은 마음이 솟아난다.

공감은 비극과 힘든 날만을 위한 것이 아니다. 이것은 많은 사람이 흔히 하는 오해다. 우리는 공감을 고통에 대한 반응으로만 보는 경향이 있다. 물론 그런 면도 있다. 하지만 공감은 그런 차원을 뛰어넘는다. 매일 모든 감정 속에서 공감은 피상적인 관계를 뚫고 진실한 이야기가 나올 수 있는 안전한 공간을 만들어낸다.

물론 공감은 쉽지 않다. 기존의 습관에서 벗어나야 하기 때문이다. 과거 풀러 청소년 연구소에서 청소년 사역 리더들에게 정체성, 소속감, 목적을 찾는 과정에 있는 십대들을 공감하고 이해하는 방법을 소개했다.[14] 그중 하나는 청소년들이 모이는 공간에서 시간을 보내는 것이었다. 이를테면, 스포츠 행사, 스케이트 공원, 카페 같은 곳이다. 우리는 멀리서 관찰하게 하면, 어른들은 부담이 줄고 청소년들은 방해를 덜 받으리라 판단했다.

또한 그들이 청소년들을 관찰하면서 공감하게 되기를 바랐다. 하지만 결과는 그렇지 않았다. 교회 담장 밖에서 청소년들을 관찰하는 것이 도움이 되기는 했지만, 관찰한 내용을 들어보니 오히려 선입견이 강해진 것을 알 수 있었다.

"항상 휴대폰을 만지작거려요."
"몸만 와 있지 마음은 다른 곳에 가 있더군요."
"쓸데없는 데 너무 많은 돈을 쓰더라고요."
"외로워 보여요."

우리는 이런 피상적인 편견을 깨뜨리고 싶었다. 그래서 다음번에는 리더들에게 청소년들과 이야기를 나누라고 요청했다. 우리는 그들이 활용할(5, 7, 9장의 대화들과 비슷한) 질문들을 제시해주었다. 그리고 판단을 보류하고, 특히 문화적 맥락에서 나온 표현이나 십대들만의 은어처럼 모르는 것이 있으면 그들에게 직접 물어보라고 말했다.

놀랍게도 이런 접근법은 십대들을 다른 시각으로 보는 계기가 되었다. 리더들은 청소년들의 실제 삶을 너무도 몰랐다는 사실에 충격을 받았다. "전혀 몰랐다", "인지하지 못했다", "이제서야 알겠다"와 같은 말은 공감을 향해 한 걸음 나아갔다는 신호였다.

필시 지금 당신은 고개를 끄덕이고 있을 것이다. 십중팔구 당신은 이미 이것을 직관적으로 알고 있을 것이다. 아마 당신은 천성적으로 십대에게 공감하는 사람일 것이다. 그렇지 않다면 이 책을 집어 들지 않았을 테니 말이다. 하지만 여기서 더 깊이 들어가기를 바란다. 한 걸음 더 나아가기를 바란다. 알아채고 관심을 갖는 일을 의식적으로 실천하라.

알아채라: 내가 보이나요? 내 말이 들리나요?

"상대방이 자신의 말을 들어주는 것은 사랑을 받는 것과 비슷해서 이 둘은 거의 같은 것이나 다름없다."[15] 뉴욕시의 개척교회 담임 목사인 내 친구 마이크 파크가 혁신 리더 모임에서 이 인용문을 소개하자 장내가 조용해졌다.

많은 교회가 젊은 세대를 참여시키기 위해 많은 노력을 쏟는다. 때로 이런 노력은 결실을 맺기도 한다. 하지만 청소년들을 보고, 그들의 말을 들어주는 환경과 관계를 만들어내지 못하면, 그런 노력은 시간 낭비일 뿐이다. 진정한 대화와 연결이 이루어지지 않는다.

많은 사람이 어릴 적 자신에게 관심과 대화라는 선물을 준 사람들을 떠올릴 수 있을 것이다. 나(브래드)는 나를 진정으로 봐준 두 선생님을 기억한다. 패티 데이비스 선생님은 초등학교 1학년이었던 내게 꼭 필요한 어른이었다. 그분은 권위와 사랑을 겸비

> **대답에 귀를 기울이라, 곧 이야기에 귀를 기울이라!**
>
> 우리는 이번 장에서 '이야기'라는 용어를 여러 번 사용했다. 십대들은 물론이고 모든 사람은 세 가지 중요한 질문에 이야기로 답한다. 이 책에서 우리는 의미를 찾기 위한 수단으로서의 이야기 혹은 내러티브에 대해 깊이 논의할 것이다.
>
> 십대들이 들려주는 이야기는 그들이 자신을 어떻게 보는지를 드러낸다. 심리학자들은 어른들이 경청하는 것 자체가 십대들이 자신의 이야기를 이해하는 데 도움이 된다고 말한다.[a] 우리가 공감하면서 듣고 피드백을 주면, 청소년들이 정체성과 소속감과 목적을 찾기 위한 자신의 여정을 잘 이야기하도록 도울 수 있다.[b] 우리는 당신이 청소년들의 삶 속에서 이런 어른이 될 수 있다고 믿는다.
>
> ---
>
> [a] 한 사람이 자신에 대해 하는 이야기는 화자와 청자가 함께 만들어내는 결과물이기 때문이다. 이것은 "공동 구성"(coconstruction)이라고 불리는 과정이다. 제대로 경청하는 것은 집중하고, 격려하며, 도전을 제시하고, 해석을 제시하며 듣는 것이다. Laura Ferrer-Wrede and Jane Kroger, "Identity as Life Story: Narrative Understandings of Adolescent Identity Development," in *Identity in Adolescence: The Balance between Self and Other* (New York: Routledge, 2020), 112.
>
> [b] Monisha Pasupathi, "The Social Construction of the Personal Past and Its Implications for Adult Development," *Psychological Bulletin* 127, no. 5 (2001): 651-72.

한 분이었다. 선생님은 말을 너무 많이 한 벌로 나를 교장실로 보내시기도 했다. 하지만 동시에 아이들과 잘 어울리지 못하고, 긴장하면 틱 증상을 보이며, 글을 잘 읽지 못하는 내게 특별히 신경을 써주셨다. 선생님은 시골에서 자란 탓에 도시에서 쭉 자라온 다른 아이들과 잘 어울리지 못하는 것을 알아채셨다.

내가 왜 글을 잘 읽지 못했는지 기억나지 않지만, 혼자 한 소년과 그의 오리에 대한 이야기책을 수없이 읽었던 것을 기억한다. 내가 집에서 읽을 수 있도록 데이비스 선생님이 특별히 복사해서 만들어주신 그 책의 복사기 잉크 냄새가 지금도 생생하다.

내가 이런 것을 기억하는 것은 데이비스 선생님이 나를 진심으로 봐주셨기 때문이다.

중학교에서는 데비 드와이어 선생님이 기억난다. 선생님은 내 안에서 다른 사람들이 보지 못하는 무언가를 보셨다. 선생님은 앞에 나서기 좋아하는 나의 성격과 남다른 목청에서 대중 강연자의 자질이 있다는 것을 알아채셨다. 선생님의 권유로 나는 연설 및 연극 팀에 들어갔고, 이후로 쭉 그 방면의 길을 걸어왔다. (필시 선생님은 내가 예상보다 말이 너무 많아 놀라셨을 것이다.)

하나님은 그 훈련을 통해 내가 지금 하고 있는 강연과 설교와 가르침을 잘할 수 있도록 준비시키셨다. 하지만 드와이어 선생님은 단순히 내게 필요한 기술들만 제시해주신 것이 아니었다. 내가 심한 따돌림을 당할 때 선생님은 한 번도 나를 밀어내지 않으셨다. 선생님 앞에서는 내가 이상한 아이라는 생각이 들지 않았다. 선생님 덕분에 외롭지 않았다.

선생님은 내 '안의' 무언가를 보신 것이 아니라 '나' 자체를 보셨다. 그 선물은 현재 나의 모습에 막대한 영향을 끼쳤다.

관심을 가지라: 공감을 행동으로 옮기기

"제가 잘하는 게 뭐가 있을까요?"

15세의 노아가 보낸 문자 메시지에 데이먼은 어리둥절해졌다. 노아가 다니는 교회의 중고등부 사역자인 데이먼은 많은 답을 떠올릴 수 있었다. 그래서 곧바로 답장을 보냈다. "너는 사람들과 잘 어울려. 영향력이 있고, 예술 감각도 있고, 똑똑한 학생이야."

"하지만 저는 아무 진짜 재능도 없어요." 이런 답장이 돌아왔다.

데이먼은 또 다른 칭찬과 격려를 늘어놓았다. 하지만 노아는 다시 자신을 비하하는 답장을 보냈다. 이런 메시지가 계속해서 오갔다.

대화 중 노아가 마지막으로 한 말은 "그냥 제가 지금 부족한 이유를 알고 싶어요"였다. 노아는 그 말을 끝으로 더 이상 데이먼에게 메시지를 보내지 않았다.

데이먼은 이 대화에서 무엇이 잘못되었는지를 알 수 없었다. 그는 계속해서 노아를 격려하려고 노력했다. 그는 노아를 안심시키려고 했다. 그는 부정적인 자기 인식을 진실로 대체하려고 했다. 그런데 왜 이런 결과가 나왔을까?

데이먼은 내(브래드)가 청소년 사역자들을 대상으로 진행하던 훈련에서 한 친구에게 이 이야기를 털어놓았다. 그때 우리는 청소년을 공감하는 능력을 주제로 이야기하고 있었다. 데이먼과 같은 테이블에 앉아 있던 친구는 그의 문자 메시지들을 읽고 고개를 저으며 충격적인 말을 했다.

"노아는 자네가 자기 말을 듣고 있다고 느끼지 못했던 거야.

자네는 그냥 문제를 해결하려고만 했을 뿐이야. 그건 노아가 원하는 것이 아니었지."

데이먼은 노아를 돕겠다는 좋은 의도를 품고 있었지만, 그 순간 노아가 진정으로 원하는 것이 무엇인지를 몰랐다. 노아가 원한 것은 자신의 '실제 감정'에 공감해주는 것이었다. 데이먼은 이렇게 회고했다. "그 아이와 함께 질문들과 씨름해주려고 하기보다는 문제를 해결하려고만 했던 것 같아요. 아이의 마음은 헤아려주지 못하고, 아이의 생각만 바꾸려고 한 거예요."

필시 당신도 비슷한 경험이 있을 것이다. 아이를 도와주려고 했다가 역효과만 난 기억이 하나둘쯤 있을 것이다. 앞으로 십대들과 원활히 소통할 수 있도록 몇 가지 팁을 소개한다.

더 말해주지 않을래?

당신은 어떤지 모르겠지만, 나는 청소년들과 대화를 나눌 때 내내 어색하다가 갑자기 끝나는 경우가 많다. 최근 우리 교회의 사역 봉사자 중 한 명은 이렇게 말했다. "대부분 남자아이들과 대화할 때 한 번의 질문과 한 번의 답 이상으로 대화를 이어가기가 너무 힘들어요." 당신도 그럴 때가 많은가?

과거의 나: "이번 주말 야구 경기는 어땠니?"

십대: "좋았어요."

과거의 나: "잘됐구나."

보통은 이렇게 대화가 끝났다.

풀러 청소년 연구소의 연구원인 스티브 아규가 오랫동안 사람들에게 권해온 한마디 말을 배우고 활용하기 전까지는 그랬다. 청소년들과 대화하고 관계를 맺기 위해 노력할 때 이 한마디를 사용해보라. "더 말해주지 않을래?"

지금 이 한마디를 외우라.

위의 야구 경기 대화에서 "그 경기에 대해서 더 말해줘"라고 말해도 짧은 답변만 돌아올 수 있다. 하지만 때로는 내성적인 십대의 마음에 틈이 생겨서 그 안을 들여다볼 수 있다. 자신에게 관심 없는 어른들에게 넌더리가 난 상급생들의 경우에는 "더 말해줘"라는 한마디로 관계의 봇물이 터질 수 있다.

이런 접근법을 다양하게 변형해서 사용할 수 있다. "그 경기가 어떻게 잘 풀렸니?" 혹은 "왜 재미있었니?"와 같이 구체적으로 물을 수 있다.

스티브는 이런 말을 자주 한다. "첫 번째 질문은 두 번째나 세 번째 질문만큼 중요하지 않아요." 첫 번째 질문은 우리가 준비한 것이지만, 그다음 질문들은 대화에서 자연스럽게 나온 것이기 때문이다.

말과 몸짓 언어를 일치시키라

우리는 말만큼이나 표정, 집중도, 자세로 많은 것을 말한다.

> 풀러 청소년 연구팀은 아프리카계 미국인, 아시아계 미국인, 라틴계 미국인 청소년 등의 특정한 문화적 상황을 다루기 위해 세대 간 대화 지침서를 마련했다. fulleryouthinstitute.org/multicultural에서 자료를 확인해보라(스페인어, 중국어 버전도 있다).

그런데 솔직히 나(브래드)는 비언어적 의사소통으로 공감을 표시하지 못할 때가 많다. 카라가 회의 중에 내게 이렇게 말할 때가 종종 있다. "당신의 표정을 보면 무슨 생각을 하고 있는지 모르겠어요." 나는 머릿속에서 정보를 처리하고 할 말을 고민할 때, 표정으로 그것을 드러낸다는 사실을 잊어버릴 때가 많다. 문제는 다른 사람들이 표정에서 신호를 읽을 수 있어야 한다는 것이다. 즉, 그들에게 계속해서 말해야 할지, 잠시 말을 멈추어야 할지를 표정으로 알려야 한다. 그들의 말을 이해하고 있는지, 잘 모르겠는지 표정으로 알려줘야 한다. 우리의 얼굴은 우리가 말로 하지 않는 것들을 알릴 수 있다.

2020년 코로나 19 팬데믹으로 오프라인 모임이 온라인 모임으로 전환되면서 우리가 회의나 일대일 대화에서 어떤 모습을 보이는지 더 분명히 알 수 있게 되었다. 나는 온라인 회의에서 내 모습이 나오는 화면을 숨기고 다른 사람들에게 집중하는 것을 선호하지만, 가끔 내 얼굴을 본다. 내 모습을 확인하고 다른 이들이 그런 반응을 어떻게 경험할지 파악하기 위해서다. 그럴 때 공감의 반응을 연습하고, 오해를 살 수 있는 표정을 짓지 않으려 노력한다.

아이에게 관심을 보이라

모든 십대는 삶에서 최소한 한 명의 어른이라도 알아주기를 바라는 것들이 있다. 그것들은 무엇일까? 오렌지(Orange)라는 사역 단체에 있는 훌륭한 동역자들은 이 질문을 두고 씨름해왔다. 그들은 교회 리더들이 가정과 협력하여 아동과 십대를 신앙으로 양육하도록 돕고 있다. 버지니아 워드(Virginia Ward), 레지 조이너(Reggie Joiner), 크리스틴 아이비(Kristen Ivy)는 정체성과 소속감과 목적을 연구하면서 모든 청소년이 주변의 어른들에게 던지고 싶은 질문들, 특별히 공감과 관련된 다섯 가지 질문을 다음과 같이 정리했다.[a]

- "제 이름을 아시나요?" 상대가 내 이름을 알면, 나를 주목하고 기억하며 존중한다는 느낌을 받는다.
- "제게 무엇이 중요한지를 아시나요?" 상대가 이것을 알면, 내 고유의 가치를 인정받는다는 느낌을 받는다.
- "제가 어디에 사는지 아시나요?" 상대가 이것을 알면, 이해받고 받아들여진다는 느낌을 받는다.
- "제가 무엇을 했는지 아시나요?" 상대가 이것을 알면, 내가 실수했어도 사랑받고 있다는 느낌을 받는다.
- "제가 무엇을 할 수 있는지 아시나요?" 상대가 이것을 말해주면, 내가 중요하고 잠재력이 있다는 사실을 기억하게 된다.

앞으로 청소년들과 대화를 나눌 때 그들의 마음속 깊은 곳에 이런 질문이 숨어 있다고 상상하라. 눈앞의 청소년을 이해할수록 더 깊이 영향을 미칠 수 있다.

---

[a] Virginia Ward, Reggie Joiner, Kristen Ivy, *It's Personal: Five Questions You Should Answer to Give Every Kid Hope* (Atlanta: Orange Books, 2019)에서 이런 질문들을 더 배울 수 있다.

당신도 화상 회의를 할 때 이런 연습을 해보라. 매일 아침 거울을 보며 공감하는 표정을 연습해도 좋다. 혹은 다음 한 달 동안 청소년들과 만나 이야기할 때 보여주고 싶은 한 가지 표정을 정해두고 기회가 생길 때마다 그 표정을 지어보라.

공감의 방해물: 두 쌍의 극단적인 유형

이번 장의 도입부에서 만난 자넬과 같은 십대와 관계를 맺을 때, 우리는 모두 그들과 멀어지는 함정에 자주 빠진다. 이런 함정은 크게 두 쌍의 극단적인 유형으로 분류할 수 있다.

"나도 네 나이 때는 그랬어" VS "너는 나와 너무 달라"

세대 간에 공통점이 너무 많거나 너무 없다고 생각하기가 쉽다. "나도 네 나이 때는 그랬어"부터 시작해보자. 십대가 이 말을 듣고 공감의 반응을 하는 경우는 별로 없다. 이런 말이 무심코 나올 때 어조가 어떠할지 생각해보라. 대개는 비판과 판단과 편견의 어조일 것이다. 우리의 머릿속에서 이 표현을 완전히 삭제하는 편이 좋다.

왜일까? 우리가 십대였던 적은 있지만, 오늘날의 십대와 같은 시대에 십대였던 적은 없기 때문이다.

누구나 십대 시절에 어떠했는지를 기억할 수 있지만, 우리가 '그들의' 세상 속에서 십대였던 적은 없다.

그 반대편 극단에는 또 다른 오류가 있다. "너는 나와 너무 달라." 우리는 청소년이 우리와 너무 다른, 완전히 다른 종족이기에 절대 이해할 수 없다고 가정한다.

테네시주 출신의 한 리더는 이렇게 말했다.

솔직히 공감은 우리 어른들에게 가장 어려운 것이 아닐까 싶어요. 저처럼 80-90년대에 태어난 사람들은 전자 기기와 소셜미디어를 정죄하면서 그것들이 영적 성장의 최대 적이라고 말하기가 너무나 쉬워요. 하지만 사실 저는 그냥 다른 뭔가를 탓하고 싶은 거죠. 전자 기기를 희생양으로 삼고 싶은 거예요. 공감과 관련해서 이런 태도는 과속방지턱 정도가 아니라 바리케이드예요!

우리는 아이들의 전자 기기 사용을 비판하지 말고, 나이와 상관없이 우리가 모두 동일하게 지닌 욕구에 공감해주어야 한다. 그것은 바로 '관계'의 욕구다. 우리의 고등학교 시절을 떠올려보자. 길고 구불구불한 선이 달린 다이얼식 전화기를 붙잡고, 방금 전까지 학교에서 종일 붙어 있던 가장 친한 친구와 얼마나 늦게까지 통화를 했는가? 부모님은 당신이 통화하는 동안 다른 전화가 걸려 올 수 있도록 통화 중 대기 기능을 추가로 결제했을 수도 있다. 혹시 삐삐를 사용한 세대인가? 허리춤에 찬 삐삐가 신호음을 울리며 상대방과 자신만 아는 암호 메시지가 뜨면 자신이 중요한 사람처럼 느껴지는 경험을 해봤을 것이다. 혹은 별로 '스마트'하지는 않지만 친구들과 긴밀히 소통할 수 있었던 초기 휴대폰을 사용하던 세대인가?

무슨 말인지 감이 잡혔을 것이다.

당신도 다 겪어봐서 안다. 관계가 중요하다. 관계는 우리 모두에게 중요하지만, 사춘기 아이들에게는 특히 중요하다(이것이 소속감에 대한 질문에 3부 전체를 할애하는 이유다). 자신의 과거를 돌아보면 공감의 마음이 차오르며 우리 눈앞에 있는 청소년들과 더 깊이 연결될 수 있다.

"네가 해야 할 일을 알려줄게" VS "이것은 전적으로 너의 책임이야"

두 번째 극단적인 한 쌍은 청소년들의 문제를 대신 해결해주거나, 그들이 알아서 해결책을 찾아내도록 방치하는 것이다.

우리는 십대에게 조언을 해주고 싶을 때가 많다. 이것은 자연스러운 일이다. 우리는 그들보다 오래 살았고, 더 많은 경험을 했으며, 그 과정에서 지혜를 얻었다. 하지만 문제 앞에서 너무 빨리 '해야 할 일'을 알려주면, 자칫 십대가 스스로 문제를 해결할 수 없다는 메시지를 전달할 수 있다. 게다가 스스로 상황을 파악하고, 결정을 내리며, 실패를 통해 배울 기회를 빼앗을 수 있다.

정반대의 반응도 위험하다. "이것은 전적으로 너의 책임이야"라는 말은 표면적으로는 힘을 내라는 메시지처럼 들린다(능력을 잘 갖춘 십대들에게는 실제로 도움이 될 수 있다). 하지만 문제 해결에 대한 책임이 전적으로 십대에게 있다는 말은, 네가 잘못했으니 비난을 받아 마땅하다는 말과도 같다. 더 열심히 노력하거나 실수하지 않았다면 이런 상황에 처하지 않았을 것이라는 뜻을 내포한다. 이제 그는 오로지 자기 힘으로만 상황을 수습해야 한다.

정체성, 소속감, 목적을 찾는 탐구를 계속하기

"나도 네 나이 때는 그랬어"는 공감하는 말이 아니지만, 지난 경험을 되돌아보지 말아야 한다는 뜻은 아니다. 십대들과 가까이 지내다 보면, 과거에 자신이 정체성, 소속감, 목적을 찾기 위해 이리저리 탐구했던 경험이 떠오를 수 있다. 심지어 그것을 지나칠 정도로 많이 생각하게 될 수도 있다.

우리 어른들에게도 다루어야 할 문제가 있다.

아직 해결되지 않은 의문과 부정적이고 왜곡된 이야기들이 우리 안에 남아 있어서 십대에게 도움을 주지 못할 수 있다. 십대와 관계를 맺으려고 할 때 '저 아이들이 나를 좋아할까? 내 말에 귀를 기울일까? 내가 저 아이들에게 좋은 영향을 미칠 수 있을까?'라는 의문이 머릿속에 맴돌 수 있다.

정체성, 소속감, 목적을 찾아가는 아이들의 여행은 특히 부모들에게 큰 영향을 미친다.

나(카라)의 세 자녀는 모두 유치원부터 중학교까지 같은 학교를 다녔다. 우리는 거의 같은 아이들, 같은 가족들과 9년이라는 시간을 함께했다.

그래서 새로운 고등학교에 진학할 때 아이들이 새로운 친구를 사귀는 것이 내게는 큰 걱정거리였다.

하지만 우리 아이들은 잘해냈다. 불안에 휩싸인 것은 아이들이 아니라 나였다. 나는 첫째 네이선을 특히 걱정했다. 입학하고 처음 며칠 동안 새 고등학교로 네이선을 데리러 갔을 때, 녀석을 만나자마자 누구와 점심을 먹었고, 교실에서 누구 옆에 앉았으며, 사귈 만한 친구를 찾았는지 등을 알고 싶어서 애가 탔다.

솔직히 말해, 나는 너무 초조했다. 그리고 그보다 더 창피한 사실을 고백하고 싶다. 나는 네이선이 '인기 있는' 아이들과 어울리는 것 같아 보여서 안심했다.

네이선은 입학하고 2주 뒤 반 친구들과 함께 캠핑을 갔다. 캠핑을 마치고 돌아온 네이선은 그곳에서 있었던 일을 이야기해 주었다. 이야기를 들어보니 이틀 동안 녀석은 더 인기 있는 친구들과 어울린 것이 분명했다. 하지만 그 친구들이 다른 아이들을 놀리기 시작하자 네이선은 마음이 불편해졌다. 네이선은 저녁 식사 시간에 이렇게 말했다. "가장 인기 있는 애들은 별로예요. 아무래도 '그다음 순위' 애들이랑 다니는 게 낫겠어요."

친구를 고를 때 인기가 아닌 다른 면을 보는 아들이 자랑스러웠다. 하지만 나의 반응은 전혀 자랑스럽지 못했다. 그날 밤 나는 남편 데이브에게 이렇게 말했다. "네이선이 인격을 더 중요하게 생각해서 기쁘기는 해요. 하지만 솔직히 말하면 나는 녀석이 인기 있는 아이들과 어울리면 좋겠어요."

왜 나는 네이선이 인기 있는 아이들과 어울리는 것에 네이선보다도 더 신경을 썼을까? 소속감을 찾는 네이선의 여행에 동참할 때, 친구 관계에 대한 '나'의 불안감이 작용했기 때문이다. 나는 무의식 중에 아들이 뛰어난 친구들에게 인정을 받으면 30년 전 환영과 인정을 받지 못했던 내 십대 시절의 상처가 치유될 것이라고 생각했다.

너무도 많은 사람이 잘못된 기초 위에서 십대들을 이끌거나 사랑하려고 한다. 우리 자신의 정체성과 소속감과 목적을 탐구하면, 십대들을 새로운 차원에서 공감할 수 있다.

요즘 당신의 삶에서 세 가지 큰 질문이 어떤 방식으로 표면 위에 드러나는가?

무엇이 당신의 불안감을 자극하는가?

당신의 정체성, 소속감, 목적과 관련하여 하나님의 진리에 의지하려면 어떻게 해야 하는가?

앞으로 이 책 곳곳에서 당신의 이야기를 되돌아보라고 권하겠지만, 일단 지금 당신이 정체성과 소속감과 목적에 대한 질문에 어떻게 답하고 있는지 점검하는 시간을 마련하면 좋겠다. 올바른 자기 성찰은 다른 이들을 공감하는 마음 밭을 가꾸는 데 도움이 된다. 이번 장의 '숙고하고 적용하기'에서 자기 성찰을 시작할 때 필요한 몇 가지 질문을 확인해보라.

우리는 어디로 가고 있는가?: 현재의 답과 그리스도 중심의 답

자넬의 신앙은 정체성, 소속감, 목적을 찾기 위한 여행의 부침 속에서 그를 단단히 붙잡아준다. 자넬이 자주 읽는 성경 구절은 시편 139편 14절이다. 자넬은 그 시편의 의미를 돌아보며 이렇게 말했다.

"나를 지으심이 심히 기묘하심이라"는 제가 가장 좋아하는 성경 구절이에요. 이 말씀이 제게는 정말 중요해요. 특히 정신적인 문제를 겪을 때 왜 하나님이 저를 이렇게 지으셨을까 하는 생각을 많이 했어요. 또 하나님이 우리를 보호하신다고 하는데, 제게 왜 이런 일이 일어나는지 모르겠다는 생각도 했어요. 하지만 이 구절을 읽고 나서 하나님이 지으신 만물을 '좋다'고 여기신다는 걸 알았어요. 이제는 제 안에 마음에 드는 구석과 마음에 들지 않는 구석이 있는 것은 다 이유가 있다고 생각해요.

자넬의 삶에는 시간을 내서 그의 말을 들어주고, 세 가지 큰 질문에 대해 신앙적인 답을 찾는 과정에서 겪는 어려움에 공감해주는 어른들이 있다. 3장에서는 자넬을 비롯하여 우리가 인터뷰한 십대들이 신앙에 대해 어떤 이야기를 했는지 살펴보고, 그들이 큰 질문들에 대한 새로운 답을 그려나갈 수 있도록 돕는 방법을 소개할 것이다.

4, 6, 8장에서는 정체성, 소속감, 목적에 대해 십대가 내놓은 답을 더 깊이 파헤치면서 '알아채고 관심을 갖는' 공감의 근육을 강화하는 법을 살펴볼 것이다.

5, 7, 9장에서는 생명을 주는 믿음 충만한 답변을 탐구할 것이다. 청소년들이 예수님이 제시하신 더 나은 답을 향해 나아가도록 그들과 대화하고 연결되기 위한 다양한 실천 방안을 제시할 것이다.

숙고하고 적용하기

❶ 십대에게 갖고 있는 고정 관념은 무엇인가? (솔직하게 답하라!)

❷ 십대와 대화하면서 당신의 고정 관념이 깨진 경험이 있는가?

❸ 주변의 십대에 대해 더 알고 싶은 주제를 모두 적어보라. 이 주제를 가지고 "…에 대해 더 이야기해줄래"라는 말로 십대와 대화를 시작해보라.

❹ 어릴 적에 당신을 진정으로 알아주고, 당신의 말에 진심으로 귀를 기울여주었던 어른들을 떠올려보라. 그들이 어떻게 당신의 상황을 알아채고, 관심을 기울였는가? 당신의 삶에 이런 어른이 없었다면, 그 시기에 어떤 영향을 미쳤을지 생각해보라.

❺ 현재 당신은 무엇 때문에 정체성, 소속감, 목적에 대해 불안을 느끼는가? 세 가지 큰 질문에 대한 답을 어떻게 찾을 것인가?

3장.
예수님은 더 나은 답을 제시하신다

친구들에게는 하나님을 가장 좋은 친구라고 말해요. 항상 내 곁에 있어주는 존재 말이에요. 가끔 하나님을 아버지로 부르기는 하지만, '아버지'라는 단어는 떠올리기만 해도 힘들 때가 있어요. 실제 아버지가 항상 최고의 본보기는 아니에요. 그래서 저는 하나님에 대해 이야기할 때 대개 그분을 친구라고 불러요. 그러면 이해하기 더 쉬워요. 누구에게나 친구는 한 명쯤 있으니까요.

_자넬

새뮤얼은 지금까지 한 교회만 다녔다. 새뮤얼의 아시아계 미국인 친척들이 대부분 같은 교회를 다녔다. "제게는 교회와 가족이 하나나 다름없었어요." 새뮤얼은 나(브래드)를 처음 만났을 때 그렇게 자신의 이야기를 시작했다. "교회에 가면 항상 제가 아는 사람들이 있었어요. 교회에 가기 싫었던 적은 없어요."

현재 새뮤얼은 교회 중고등부와 학교의 기독교 동아리에서 모두 리더로 활동하고 있다. 고등학교 3학년인 새뮤얼은 기독교 대학으로 진학할 계획이고, 학비를 벌기 위해 일주일에 20시간 정도 패스트푸드점에서 일하고 있다. 금요일 밤의 중고등부 모임은 가장 중요한 일정이다. 그 아이는 다른 학생들이나 리더들과 어울리는 시간, 설교 후 소그룹 활동, 학생들이 기도를 받을 수 있는 마무리 예배를 몹시 좋아한다. "우리는 서로의 상황을 모두 잘 알아요. 우리는 모든 활동에 진심을 다해 참여해요. 우리는 진정한 공동체예요."

새뮤얼은 2학년 때 진짜 신앙이 생기게 된 전환점을 설명해 주었다. 그때 상황과 장소에 따라 다른 모습으로 사는 삶을 버리고, 오직 신앙인으로 살기로 결심했다고 한다. 친구 관계를 정리하고, 해로운 관계를 멀리하기 시작했다. 새뮤얼은 몇 주 동안 점심시간에 혼자 교실에서 기도하며 삶을 돌아보았다. "그곳은 제가 솔직해질 수 있는 안전한 장소였어요. 그때는 정말 외롭고 힘들었지만, 오히려 유익한 시간이었어요. 그 아픔 속에서 성장할 수 있었으니까요." 새뮤얼은 그때가 "하나님과 관계가 깊어지고 자신을 발견했던" 시간이었다고 말한다.

새뮤얼의 말을 들을수록 그의 신앙이 진짜이고, 그것이 삶의 거의 모든 측면에 스며들어 있다는 것을 분명히 알 수 있었다. 그가 세 가지 중요한 질문에 답하는 내용은 예수님 중심적이었다. 가정과 교회가 그에게 큰 영향을 끼치고 있음을 알 수 있었다.

복음은 오늘날 십대들이 던지는
큰 질문에 뭐라고 답하는가?

1장에서 많은 십대가 "하나님이 내게 얼마나 큰 의미가 있는가?"라는 물음을 던지고 있다고 말했다. 한 학생은 신앙이 "삶에서 큰 부분을 차지하고 있지만, 삶의 전부는 아닌 것 같다"라고 대답했다. 우리의 경험상 많은 청소년이 새뮤얼보다는 이 학생과 비슷하다. 신앙이 있기는 하지만, 그것이 삶 곳곳에서 나타나지는 않는다. 그들에게 신앙은 삶의 핵심이 아니라 삶의 작은 부분에서만 잠깐 빛을 내는 액세서리와 같다.

십대들에게 공감해주는 것은 그들이 정체성과 소속감과 목적에 대한 큰 질문에 잘 답하도록 돕기 위한 첫 단계다. 다음 단계는 이렇게 묻는 것이다. 이것들이 가장 중요한 질문이라면, 예수 그리스도의 복음은 여기에 뭐라고 답하는가?

청소년들에게는 새로운 이야기가 필요하다. 자신이 누구이고, 어디에 잘 맞으며, 어떤 변화를 만들어낼 수 있는지에 대해 스스로 되뇌며 마음에 새길 수 있는 자신만의 새로운 언어가 필요하다. 이러한 그리스도 중심의 새로운 이야기들은 십대들의 불완전하고 유해한 내러티브를 대체할 수 있다. 그렇게 되면 가장 중요한 질문 앞에서 방황하던 그들은 더 큰 자유를 주는 답을 발견하여 그에 따라 살아갈 힘을 얻는다.

우리는 이것이 제자도의 핵심이라고 믿는다.[1]

큰 질문	초점	설명	현재의 답	그리스도의 중심의 답
나는 누구인가?	정체성	자신을 보는 시각		
나는 어디에 어울리는가?	소속감	다른 사람과의 연결		
나는 어떤 변화를 만들어낼 수 있는가?	목적	세상에 대한 기여		

세 가지 중요한 질문과 그에 대한 현재의 답과 그리스도 중심의 답을 하나의 표로 정리하면 도움이 될 것이다. 앞으로 이 표를 토대로 오늘날 십대의 정체성, 소속감, 목적을 탐구해나갈 것이다.

복음은 피상적이지 않지만,
때로 예수님에 대한 십대들의 답은 피상적이다

우리는 새뮤얼 같은 학생들을 인터뷰하면서 신앙과 교회에 대해 많은 질문을 던졌다. 그중 하나는 "그리스도인이 된다는 것이 너에게 무슨 의미야?"였다.

우리는 학생들의 답변에서 세 가지 주제를 발견했다. 행동, 믿음, 관계다. 얼핏 이 주제들은 특별해 보이지 않는다. 우리의 관심을 끈 것은 이 주제들의 분포였다. 27명의 작은 표본 인터뷰로 모든 십대를 일반화할 수는 없지만, 우리가 발견한 몇 가지 사실은 오늘날 십대가 생각하는 신앙에 대해 흥미로운 질문을 제기한다.

행동

'행동'의 범주에는 믿음에 따라 사는 것과 기독교 윤리를 실천하는 것이 포함된다. 십대들은 교회에 가고 성경을 읽는 것 같은 습관뿐만 아니라, "그리스도인답게 행동하는 것", "다르게 사는 것", "모범을 보이는 것", "다른 사람들을 돕는 것", "이웃을 사랑하는 것"을 이야기했다. 학생들의 답변 몇 가지를 소개한다.

그리스도인이 된다는 것은 하나님이 말씀하신 대로 행동한다는 뜻이에요. 하나님께 순종하고 예수 그리스도의 도를 따른다는 의미죠. 우리가 그리스도인으로 부름을 받은 데는 이유가 있어요. 예수 그리스도가 주신 명령을 전심으로 따르고, 그분을 따르기 위해서죠. 물론 우리는 예수님이 될 수 없어요. 죽었다 깨어나도 예수님이 될 수는 없을 거예요. 하지만 그분의 도덕을 따를 수는 있어요. 그분의 말씀을 따르고, 복음을 전하고, 모두를 친절하게 대할 수는 있어요.
_대니얼

하나님의 뜻대로 살아야 해요. 예수님처럼 살기 위해 최선을 다해야 해요. 물론 쉽지는 않아요. 아니, 엄청나게 어렵죠. 하지만 우리가 하나님이 주신 은사로 그분의 나라를 섬기기 위해 최선을 다하면, 우리를 통해 다른 사람이 자연스럽게 하나님께로 나아올 거예요. 우리는 전도를 해야 해요. 다른 사람들도 하나님께로 인도해야 해요.
_한나

쉬운 질문이네요. '제' 생각에 그리스도인이 된다는 게 무엇을 의미하냐고요? 그건 주변의 모든 사람을 사랑하는 사람이 되는 거예요. 저는 그렇게 생각해요. 주변에서 모든 사람을 가장 사랑하는 사람을 찾으면 바로 그 사람이 그리스도인이에요.
_레오

행동 중심적인 반응이 단연 가장 많이 나왔다. 인터뷰 대상의 3분의 2가 행동에 대해 이야기했다.

믿음

'믿음'으로 분류된 답변에서 학생들은 믿음과 함께 "그리스도를 영접하는 것"이나 "신앙을 갖는 것" 등의 유의어를 사용했다.[2] 몇 가지 답변을 소개한다.

하나님을 굳게 믿는 사람이 되는 걸 의미하는 것 같아요.
_시몬

예수님이 우리를 구원해주셔서 그분을 영접하면 천국에서 그분과 함께 살게 된다고 믿어요. 이 사실이 가장 중요해요.
_닉

예수님이 죽음에서 살아나셨고, 반드시 다시 오실 거라고 믿는 사람이 되는 거예요. 저는 이게 핵심이라고 생각해요.
_헤일리

믿음은 두 번째로 많이 나온 주제였다. 약 절반의 참여자가 믿음을 언급했다.

관계

'관계'로 분류되는 반응에는 이 단어를 직접 언급한 경우 뿐만 아니라, 사랑의 경험, 관계적인 특성, "아버지" 같은 가족적인 표현이 포함되었다. 두 가지 예를 소개한다.

그리스도인이 된다는 건 주님과 관계를 맺는 거예요. 이 관계는 전적으로 그분이 우리를 사랑하시기 때문에 가능해요.
_리베카

그냥 하나님의 딸이 되는 거예요.

_클라우디아

인터뷰 대상자 중 4분의 1만 관계를 언급했다. 그리고 한 학생만 그리스도인이 되는 것을 주로 관계적인 측면에서 기술했다.

하나님을 만난다거나 초월적인 느낌 같은 다른 관계적인 요소들은 거의 없었다. 그리스도인이 된다는 것의 의미를 설명할 때, 성령을 언급한 십대는 한 명도 없었다. "영적인"이라는 표현도 딱 한 번만 언급되었다.

또한 행동과 관련된 이야기는 믿음에 대한 것보다 약 3분의 1이 많았고, 관계에 대한 이야기보다는 세 배나 많았다. 다시 말해, 연구에 참여한 십대들은 그리스도인이 된다는 것의 의미를 말할 때 관계보다 행동을 언급한 경우가 세 배나 많았다.

신앙을 통합하기

아마 당신도 우리처럼 십대들의 이런 반응에 희망이 생기기도 하지만, 동시에 아쉬움도 남을 것이다. 신앙은 하나님과 관계를 맺고, 그분을 믿으며, 그 믿음대로 사는 것이다. 그런데 이 청소년들에게서 그런 요소들이 균형 잡힌 모습을 볼 수 있는가?

우리는 일부 학생에게서 신앙이 통합된 면모를 보았다. 학생들 중 3분의 1은 세 가지 주제 중 두 가지를 언급했다. 하지만 그리스도인이 된다는 것의 의미를 설명할 때, 오직 한 학생만이 세 가지 요소를 모두 통합하여 말했다.

그 학생은 이번 장 첫머리에서 소개했던 새뮤얼이다. 그는 이렇게 말했다.

그리스도인이 된다는 것은 예수님이 우리를 위해 돌아가셨다고 믿는 거예요. 그리고 그분과 관계를 맺고, 그분과 하나가 되며, 그분의 말씀을 읽는 거죠. 그리고 다른 사람들에게 하나님의 말씀을 전해야 해요. 사람들이 하나님을 알고, 그분이 우리를 위해 아들을 보내 죽게 하셨다는 사실을 믿어야 해요. 이것을 믿고 이 믿음대로 사는 사람이 바로 그리스도인이에요.

물론 두 시간짜리 인터뷰에서 던진 질문 하나에 대한 답으로 누군가의 신앙 전체를 판단할 수는 없다. 그래서 이런 반응에 너무 큰 의미를 두지 않으려고 한다.

하지만 이런 데이터를 통해 십대들 신앙의 전반적인 상황을 조금이나마 엿볼 수 있다. 우리가 인터뷰했던 십대들의 신앙은 대부분 '열심히 노력하는 신앙'에 가깝다. 십대가 신앙을 행동으로 옮기고 그리스도인이 되기 위해 뭔가를 '해야' 한다고 생각하는 것에는 좋은 측면도 있지만, 자칫 믿음과 관계를 소홀히 여길 가능성이 있다.

정체성, 소속감, 목적에 대한 세 가지 질문에 대한 청소년

2,092명의 답변을 분석할 때도 신앙의 통합이 부족하다는 점이 분명히 나타났다. 십대들이 실제로 사용한 단어들을 살펴본 결과, ('교회'와 '하나님' 같은) 종교 관련 단어들은 좀처럼 쓰이지 않았다. 정체성에 대한 답변에서 6-7퍼센트, 소속감에 대한 답변에서 10-12퍼센트, 목적에 대한 답변에서 2-3퍼센트만이 종교와 관련된 단어를 언급했다.

우리는 예수님을 따르는 것의 의미를 더 전체적인 시각에서 보기를 원한다. 당신도 마찬가지일 것이다. 아마 이 책을 읽고 있는 당신은 청소년들이 제자의 삶을 정확히 알고, 그 비전대로 살아가기를 소망할 것이다. 또한 어떻게 하면 청소년들이 그렇게 살아가도록 도울 수 있을까 고민하고 있을 것이다. 좋은 소식은 더 좋은 대화를 나누고 관계를 맺으면, 청소년들의 이 여정에 동참할 수 있다는 것이다.

하지만 먼저 제자도의 의미를 명확히 해야 한다. 청소년들이 제자도가 무엇인지 명확히 모른다면, 그것은 주변의 어른들이 제자도를 쉽게 이해하고 기억하도록 알려주지 않았기 때문이다.

제자도는 매일 예수님께 "네"라고 대답하는 것이다

이 책을 읽고 있는 당신은 아마 십대들이 지금 내놓은 답에서 벗어나 그리스도 중심의 답으로 나아가도록 돕고 싶을 것이다.

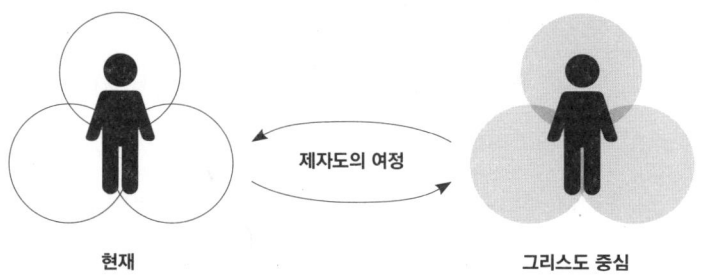

어떻게 하면 그 길로 이끌 수 있을까?

그 길로 나아가는 연결 다리가 바로 제자도다. 제자도는 매일 예수님께 "네"라고 대답하는 것이다.

제자도가 현재 내놓은 답에서 그리스도 중심의 답으로 가는 다리라고 말할 때, 머릿속에 위의 그림을 그려볼 수 있다. 그림에서 청소년은 정체성, 소속감, 목적의 세 원이 중첩되는 지점에 서 있다. 현재의 답은 왼쪽에 속이 빈 세 개의 원으로 표현되어 있다. 여기에 서 있는 십대는 하나님이 예비하신 풍성한 삶과 거리가 먼 삶을 산다. 반대로 오른쪽의 속이 꽉 찬 세 원에 서 있는 십대는 그리스도 중심의 답을 통해 제자도의 열매를 맺는 삶을 산다. 두 개의 답 사이에는 화살표로 표시된 제자도의 다리가 있다. 이 화살표는 제자도의 여정이 전진과 후퇴를 반복하는 지속적인 과정이라는 점을 보여준다. 제자도는 한 방향으로만 가는 것이 아니며, 언제나 직선길로만 이어지는 것도 아니다. 때로 우리는 그리스도가 우리를 위해 예비하신 가장 좋은 답에서 한두 걸음(아니면 세 걸음이나 마흔네 걸음) 후퇴하기도 한다. 이것이 당신과 같은 믿음의 안내자가 그토록 중요한 이유다!

사복음서에서 예수님은 온갖 종류의 사람들을 만나 다양하게 초대의 손길을 내미셨다. 그중에서도 가장 긴급하고 강력한 초대는 그분이 한 사람의 눈을 바라보시며 하신 말씀이다. "나를 따라오라."[3] 이 초대는 아주 중대하다. 거기에는 실로 큰 요구가 따라온다.

이 초대에 "네"라고 답하면 모든 것이 달라진다.

여기서 구원이 이루어지는 과정을 세세하게 논할 생각은 없다. 제자가 되라는 예수님의 초대는 하나님이 우리 안에서, 우리 주변에서, 우리를 통해 하고 계신 일에 계속해서 적극적으로 반응하는 것을 뜻한다는 점만 기억하고 넘어가자. 그렇다. 제자도는 날마다 예수님께 "네"라고 대답하는 것이다.

이것은 구체적으로 무슨 의미일까?

제자도는 수많은 "네"가 이어지는 하나의 큰 "네"다

예수님을 따르기로 결심하는 것은 하나의 큰 "네"이며, 그 뒤로 매일 수많은 작은 "네"가 이어진다. 제자도는 일상 속에서 이루어지는 길고 긴 순례다. 제자도는 삶 전체에 영향을 미치고, 실천적이며, 구체적이어야 한다. 우리를 향한 하나님의 첫 말씀은 "그래"였다.[4] 거기에서부터 이어지는 우리의 "네"는 그분을 바라보며 "오늘은 무엇을 해야 합니까?"라고 묻는 것이다. 예를 들어, 오늘의 "네"는 아파하는 친구에게 다가가고, 기도로 하나님을 찾으며, 다른 제자들과 관계를 맺고 연결되는 것이다.

우리의 일상적인 제자도는 자신을 변화키는 하나님의 능력을 의지하면서 행동과 말과 믿음으로 자신의 이야기를 만들어가는 것이다. 제자도는 그리스도 안에서 정체성을 발견하고 날마다 신앙의 성장을 이루어가는 것이다.[5] 제자도는 인격과 미덕이 자라나는 것이기도 하다. 인격은 우리가 입으로 고백하는 그리스도 안의 정체성과 실제 삶을 날마다 오가게 하는 익숙한 길이라고 볼 수 있다.[6]

십대들은 제자도를 행동이나 믿음, 관계 중 하나로만 보기 쉽다. 우리는 십대들이 믿음에 기초하여 이 세 가지를 '삶의 방식'으로 통합하도록 도와야 한다. 그들이 오늘과 내일, 그 이후로도 매일 그리스도께 "네"라고 답하도록 도와야 한다.

제자도는 '나'만이 아니라 '우리'에 대한 것이다

우리는 혼자서 예수님을 따를 수 없다. 제자도는 개인적인 동시에 공동체적이다. 제자도는 '나'만을 위한 것이 아니라 가족, 교회, 공동체, 사회, 지구촌 안에서 '우리'로서 이루어가는 것이다. 제자가 된다는 것은 하나님의 백성에 속한다는 뜻이다.

제자는 하나님을 사랑하는 것이 다른 이들을 사랑하는 것임을 인정하는 사람이다.[7] 힘들더라도 다른 이들을 사랑해야 제

> **'그리스도 중심적인 답'이란?**
>
> 이 책에서 말하는 '그리스도 중심적인 답'이나 '예수님이 제시하시는 더 나은 답'은 예수님을 중심으로 세워진 정체성, 소속감, 목적을 의미한다. 이 표현은 하나님 중심적, 예수님으로 말미암아 형성된, 성령 충만한, 그리스도를 사랑하는 사람의 답이라는 표현으로도 대체할 수 있다. 이 외에도 당신에게 잘 와닿고, 당신이 속한 교단에 적합한 표현을 얼마든지 사용해도 좋다.
>
> 이와 관련해서 우리의 목표는 청소년들이 정체성과 소속감과 목적에 대해 어떤 답을 내리면 좋을지 판단하는 것이었다. 그 답은 예수 그리스도의 사역과 성경에 제시된 하나님의 이야기에 가장 충실한 내용이어야 했다. 우리가 십대들이 세 가지 큰 질문에 현재 내놓은 답을 기술할 때 사용한 언어처럼, 그리스도 중심적 답을 기술하는 표현들도 철저한 조사와 검토를 거쳤다. 표현을 다듬는 데는 십대 학생들이 참여해서 도움을 주었다.
>
> 때로 교회는 예수님을 자신이 원하는 모습대로 왜곡하려는 유혹에 빠지기도 한다. 그러면 그리스도 중심적인 복음이 아닌 교회 중심적이거나 자기중심적으로 흐르게 된다.[a] 이 책에서 우리가 말하는 그리스도 중심적인 답은 당파적이거나 성차별적, 인종 차별적, 민족주의적인 답이 아니다. 그것은 오늘날 청소년들의 아픔을 예수님의 이야기와 연결하여 바라보고, 정체성과 소속감과 목적에 대한 세 가지 큰 질문에 답하는 것을 의미한다. 우리는 이 질문을 탐구하는 이 방식이 십대들에게 진정 좋은 소식으로 전해지는 것을 직접 보고 큰 희망이 생겼다.
>
> ---
>
> [a] C. S. Song, *The Believing Heart: An Invitation to Story Theology* (Minneapolis: Fortress, 1999); James H. Cone, *God of the Oppressed* (Maryknoll, NY: Orbis Books, 1997)를 보라. C. S. 송(Song)은 "예수님 지향적인"(Jesus-oriented)이라는 표현을 선호한다.

자다. 제자는 내가 '은혜로 구원받았다'는 것을 아는 동시에, 내가 하는 일과 우리가 함께 하는 일이 중요하다는 것을 아는 사람이다. 왜냐하면 그 일이 하나님의 형상대로 창조된 다른 사람들에게 영향을 미치기 때문이다. 우리는 성령의 능력으로 예수님이 보시는 것을 보는 이웃, 세상에 필요한 이웃이 될 수 있다. 즉, 정의를 행하고, 자비를 사랑하는 이웃이 될 수 있다.[8]

우리는 제자도를 함께 실천해야 한다. 그것이 우리가 하나님을 닮아가는 방법이기 때문이다. 하나님은 철저히 관계적인 분이시다. 하나님은 성부와 성자와 성령이 서로를 내어주는 관계로 존재하신다. 우리는 하나님의 형상대로 지음받아 그분의 생명에 참여하도록 초대받았고, 그분의 사랑으로 변화되었으며, 그분의 능력으로 세상을 사랑하도록 보내심을 받았다.

제자도는 "네"인 동시에 "아니오"다

예수님은 그분을 따르는 사람들에게 분명한 조건을 제시하셨다. "누구든지 자기 십자가를 지고 나를 따르지 않는 자도 능히 내 제자가 되지 못하리라."[9]

제자는 "아니오"라는 대답도 해야 한다. 즉, 예수님을 따르려면 다른 모든 길, 충성, 주인, 우상을 버려야 한다. 이것이 제자가 치러야 할 대가다.[10]

때로 "아니오"는 정체성, 소속감, 목적에 대한 거짓된 답을 버리고 진정한 자유를 주는 그리스도 중심의 답으로 돌아서는 것을 의미한다.

제자도는 "네"라고 답한 뒤에
다른 사람도 그렇게 답하도록 초대하는 것이다

예수님의 부르심에 대한 우리의 반응은 전염성이 강하다. 우리는 이 복된 이야기를 가난한 사람, 부유한 사람, 절망한 사람, 잊힌 사람, 우리와 매일 함께 살아가는 사람들에게 전하는 사자가 되어야 한다. 우리는 사람들을 초대하여 복음을 더 널리 전하기 위해 노력해야 한다.

교회는 더 나은 답을 삶으로 보여주어야 한다

이번 장의 첫머리에서 우리는 새뮤얼을 만났다. 새뮤얼은 교회 가족에 깊이 뿌리를 내리고 살아간다. 그는 지난 4년간 한 멘토에게서 가르침을 얻었다. 그 멘토는 새뮤얼을 주기적으로 만나고, 새뮤얼이 고등학교 1학년 때 신앙과 관계의 위기를 잘 이겨내도록 도와주었다. 새뮤얼은 자신의 멘토를 "부르면 언제라도 달려와주시는 분"이라고 소개하며 이렇게 말했다. "항상 저를 옳은 방향으로 이끌어주시는 분이에요. 도움이 필요하면 올바른 길을 보여주려고 애를 쓰시죠. 저를 억지로 끌고 가지는 않고, 스스로 경험하도록 놔두되 방향을 알려주세요. 제게 정말 큰 영향을 미치신 분이에요."

이렇게 한결같은 어른이 새뮤얼을 격려하고 질책하며 그의 앞에서 믿음의 본을 보여주었다. 하지만 새뮤얼에게 그 멘토 한 사람만 있는 것은 아니다. 그에게는 중고등부 목사, 부모, 담임목사, 또래 친구들, 청소년 소모임의 교사, 친척, 가족처럼 지내는 교회 사람들도 있다.

다시 말해, 새뮤얼은 '교회'에 둘러싸여 살아왔다.

교회는 우리 문화에서 점점 더 보기 어려워진 독특한 역할을 맡고 있다. 교회는 같은 믿음과 결단으로 묶인 공동체로서 공동의 삶을 통해 예수님의 명령을 실천한다.

신앙을 실천하는 모습은 길고 긴 겨우내 매주 교회 주차장에 쌓인 눈을 치우는 장로의 조용한 본보기를 통해 나타난다. 혹은 코로나 격리 기간에 매주 한 노인에게 성실하게 음식을 갖다 주는 대학생을 통해 나타난다. 이 외에도 신앙을 구체적인 행동으로 옮기는 수많은 제자의 본보기를 통해 드러난다.

교회는 이야기를 나누며 더 나은 답을 실천하기도 한다. 즉, 교회는 성경 이야기를 전할 뿐만 아니라, 옛 성도의 간증과 주일 예배를 함께 드리는 성도의 간증도 전한다.

나(브래드)는 청소년 사역을 할 때, 어른들의 간증을 듣는 시간을 정기적으로 마련한다. 나는 간증을 요청한 사람들에게 최근이든 십대 시절의 경험이든 하나님과 관련된 일을 떠올리고, 가능하면 그것을 정체성과 소속감과 목적에 대한 질문 중 하나와 연결해서 이야기해달라고 부탁한다. 최근 우리는 한 청년을 초청해 노숙자들을 도우며 얻은 기쁨에 대한 이야기를 들었다. 또한 한 목사는 우울증과 오랫동안 싸운 경험을 아이들에게 솔직히 나누어주었다.

학생들은 이런 간증이 우리 모임의 하이라이트였다는 말을 자주 한다. 이런 이야기는 주 중에 제자의 실질적인 삶이 무엇인지, 십대들이 어떻게 제자로 살아야 할지를 보여준다. 이런 간증을 통해 우리 학생들은 어른들도 완벽하지 않으며, 그들이 신앙에 대한 의문과 어떻게 씨름해왔는지를 간접 체험할 수 있다.

신앙에 대한 이야기를 들으면 신앙의 언어를 얻을 수 있다. 우리 연구원인 제니퍼 구에라 앨다나는 십대들과 진행한 인터뷰를 돌아보며 그들이 내놓은 답변에 '빌려온 언어'가 많다는 것을 발견했다고 말했다. "아이들의 말을 듣고 남의 이야기 같지 않았어요. 저도 십대 시절에 주변 어른들에게 제 인생을 설명하는 언어를 많이 빌렸거든요. 나중에서야 그 언어들을 추려내서 청년인 제게 가장 잘 맞는 언어를 추려내야 한다는 사실을 깨달았어요. 그래서 요즘에는 청소년들과 제자 훈련을 할 때, 그들이 나중에 활용할 수 있도록 최대한 많은 이야기를 전해주어야겠다는 생각을 해요."

모든 어른이 출발점으로 삼을 수 있는 것

교회는 어떻게 신앙의 기초가 되어줄 '빌려온' 이야기와 언어의 보고를 십대들에게 건네줄 수 있을까? 이론적으로는 좋은 생각인 것을 알지만 실천하기는 쉽지 않다. 우리는 십대들과 시간을 보내면서도 정작 그들을 어떻게 예수님께 뿌리내린 정체성과 소속감과 목적으로 이끌어야 할지 모른다.

대학교에서 청소년 사역 단체인 영 라이프(Young Life)의 리더였던 나(카라)는 십대들과 만날 때 '영적인' 대화를 나누어야 한다고 생각했다. 그래서 학생들에게 얼린 요구르트(그 당시 큰 인기를 끌었다)를 사줄 때 대화하면서 최소한 한 번은 하나님에 대한 이야기를 꺼내겠다는 목표를 세웠다. 심지어 언제 그 이야기를 꺼낼지 전략도 세웠다. 학생과 어느 정도 신뢰가 쌓인 뒤에 그 주제를 꺼내되, 마지막에 이야기하면 안 된다고 생각했다. 그래서 대개 대화가 3분의 2쯤 진행된 다음에야 하나님에 대한 이야기를 꺼냈다.

의도는 좋았지만 하나님에 대한 이야기는 늘 곁가지였다. 중간에 겨우 3분 정도 그 이야기를 나누었을 뿐, 그것이 학생의 신앙에 영향을 미치기는커녕 대화의 중심 주제가 되지도 못했다. 학생과 함께 제자도의 다리를 반쯤 건너다가 진지한 대화로 접어들기 전에 다시 처음 자리로 돌아오기 일쑤였다.

어떻게 해야 제자도의 길에서 충성스러운 안내자가 될 수 있을까? 청소년들에게 간증하며 우리의 삶을 나눌 때, 더 유익한 대화로 이끌기 위한 세 가지 팁을 소개한다.[11]

지금

먼저 정체성, 소속감, 목적과 관련해서 학생들의 삶에서 '지금' 어떤 일이 일어나고 있는지에 귀를 기울여야 한다.

2장에서 살펴보았듯이 경청은 공감의 문을 연다. 답을 찾기 위해 탐구하는 청소년들에게 지금 어떤 일이 벌어지고 있는지를 알아보는 것으로 대화를 시작해야 한다.

때로 '지금'의 상황이 분명하게 겉으로 드러난다. 예를 들어, 친구와 사이가 나빠진다. 대학 입학이 코앞으로 다가온다. 팀에서 방출된다. 연극 무대에 서고 싶은 꿈을 발견한다. 이런 순간 앞에 서 있는 십대들과 함께하면, 그들이 큰 질문을 어떻게 다루는지를 분명히 볼 수 있다.

때로 십대들은 모호한 답만 던지기도 한다. 십대들의 이야기를 자세히 들을 때도 있지만, "괜찮아요"나 "그냥 그래요"라는 식의 닫힌 문과 같은 대답을 들을 때도 있다. 그럴 때 더 많은 질문을 던지며 더 깊이 파고들면 표면 아래, 때로는 마음속 깊은 곳에 있는 답을 들을 수 있다.

하나님

다음으로 호기심과 분별력을 모두 발휘해야 한다. 하나님이 어떻게 학생들과 함께하시는지를 살핀 다음, 그들의 세 가지 큰 질문에 대해 그리스도 중심적인 답을 함께 탐색해야 한다.

우리는 대화의 이 지점에서 하나님의 본성과 임재와 역사에 비추어 '지금'의 문제를 주제로 대화할 수 있도록 시야를 넓혀야 한다. 성령님이 현재 상황에서 어떻게 역사하고 계신지 파악해서 학생들이 그것을 보도록 이끌어야 한다. 멘토, 사역자, 부모로서 우리는 청소년들이 하나님의 역사를 깨닫도록 도와주어야 한다. 이를 위해 다음과 같은 질문으로 대화를 시작할 수 있다.

- 이 상황에서 하나님이 어떻게 역사하실지 궁금하구나. 하나님이 지금 어떤 계획을 세우고 계실까?
- 혹시 이 상황 속에서도 성령님이 너와 함께 계시는 것을 느꼈니?
- 이 일을 두고 어떻게 기도해야 할까? 같이 고민해보자.

우리는 그리스도 중심적인 답을 함께 고민해야 한다. 청소년이 진정한 정체성과 소속감과 목적을 찾고, 그에 따라 살도록 이끌어줄 답을 찾아야 한다.

어떻게

결국 우리는 방향을 제시해야 한다. 이 단계에서는 십대가 더 나은 답을 따라 살기 위한 발걸음을 내딛도록 도와주어야 한다. 하지만 너무 빨리 이 단계로 돌입하지 않도록 조심하라. 먼저 십대의 말에 귀를 기울이고 공감한 뒤에야 비로소 우리는 믿을 만한 안내자가 될 수 있다. 그때부터 우리는 그들에게 진리를 말해

> 자신을 돌아보는 습관은 성급하게 조언하는 어른들에게 도움이 된다. 내게 있는 지혜를 나누어주기 전에 '내가 왜 이 말을 하고 있는가?'라고 자문해야 한다. '기다리라'(WAIT, Why Am I Talking)[a]라는 단어를 기억하면 이 질문을 떠올리기 쉽다. 이렇게 자문한 다음에는 대화의 현재 단계('지금, 하나님, 어떻게' 중 하나)에 다시 집중하라.
>
> ---
>
> [a] 널리 사용되는 이 약어를 누가 처음 사용했는지를 정확히 밝히는 것은 어렵지만, 대인 관계 모델인 역량강화 역학(Empowerment Dynamic)을 통해 널리 알려졌다. David Emerald and Robert Lanphear, *The Power of TED* (*The Empowerment Dynamic): 10th Anniversary Edition* (Edinburgh, Scotland: Polaris Publishing, 2015); and David Emerald, *Power of TED*, 2020, https://powerofted.com/w-a-i-t-why-am-i-talking-2/.

주면서 더 충성스러운 제자의 삶으로 이끌어줄 수 있다.

우리는 '지금, 하나님, 어떻게'로 이어지는 대화의 틀을 바탕으로 십대들이 변화로 나아가도록 도와줄 수 있다. 책의 나머지 부분에서는 이 틀을 실행하기 위한 아이디어와 활용 방안을 제시할 것이다.

어른 한 명이 다리가 될 수 있다

내(브래드)가 예수님을 처음 따르기 시작했던 고등학교 2학년 때 게일린은 우리 교회의 청소년 사역 리더였다. 싱글 맘인 그녀는 내게 중요한 질문에 대해 더 나은 답을 제시해주었다. 게일린은 고등부 소그룹에서 성경을 가르쳤을 뿐만 아니라, 더 나은 답을 삶으로 보여주었다.

게일린은 십대 딸들을 위해 정서적 학대를 일삼는 남편을 떠날 수밖에 없었다는 간증을 나누었다. 나는 딸들이 교회 공동체와 늘 연결되게 하기 위한 게일린의 노력을 곁에서 지켜보았다. 주중에 그녀는 일터에서 긴 시간을 보낸 날에도 지친 몸을 이끌고 딸들을 청소년 모임에 데려다주었다. 수련회에서 봉사하기 위해 금요일에 휴가를 내기도 했다. 그녀가 성경 공부 시간에 마태복음 5장의 팔복을 가르쳤던 것이 지금도 생생하게 기억난다. 그녀가 누구보다도 팔복의 가르침대로 살아가던 사람이었기 때문이다.

게일린만큼 용감하거나 헌신적이어야만 청소년들에게 영향을 미칠 수 있는 것은 아니다. 당신의 상황이 어떠하든 당신 주변의 청소년들은 더 나은 답으로 나아가기 위한 다리가 필요하고, '당신'이 바로 그 다리가 되어주기를 원한다. 청소년들에게 관심을 갖고, 그들 앞에서 믿음의 삶을 사는 어른이 되어주면 된다. 그렇게 하면 그들의 청소년기 시절뿐만 아니라, 나아가 그들 인생 전체에 유익한 영향을 미칠 수 있다.

지금까지 우리는 오늘날의 세대를 만나보았다. 그들의 세 가지 중요한 질문에 귀를 기울이고 공감해줄 방법을 고민했고, 그리스도 중심의 답으로 가기 위한 길로서 제자도를 탐구했다. 이제 청소년과 더 나은 답을 이어주는 다리가 되기 위한 구체적인 방법과 어느 십대에게나 던질 수 있는 약 3백 개의 질문을 살펴보겠다.

먼저 정체성으로 관심을 돌려 '나는 누가인가?'라는 질문을 고민해보자.

숙고하고 적용하기

❶ 당신의 삶, 특히 십대 시절을 돌아볼 때 행동, 믿음, 관계에서 신앙이 어떻게 나타났는가?

❷ 당신이 아는 십대들은 그리스도인이 되는 것과 관련된 이 세 가지 요소에서 신앙을 어떻게 드러내는가? 그들은 이 세 가지 중 어느 쪽으로 가장 기울어 있는가?

❸ 십대들에게 제자도에 대해 어떤 말을 해주는가? 이번 장에서 매일 예수님께 "네"라고 대답하는 것이 제자도라고 설명했다. 여기에서 와닿는 내용은 무엇인가? 당신의 신앙 생활에서 변화되어야 할 부분이 있는가?

❹ 다른 신자들의 간증은 당신에게 어떤 영향을 미쳤는가? 당신의 사역지와 가정의 십대들은 변화와 신실한 신앙에 대한 이야기를 들을 기회가 있는가? 어떤 식으로 이루어지고 있는가?

❺ 최근 십대와 나누었던 대화를 떠올려보라. 그때 '지금, 하나님, 어떻게'의 틀이 어떤 도움을 주었는가?

2부

나는 누구인가?

4장.
정체성에 대한 큰 질문

다른 사람들이 저를 어떻게 보는지, 상대방이 저를 좋아하는지 아닌지를 많이 생각해요. 다른 사람들이 제가 한 말을 이상하게 여기진 않을까 자주 고민해요. "다른 사람들 생각은 전혀 신경이 안 쓰여"라고 말하는 사람들이 부러워요. 저도 그러면 좋겠지만 잘 되지가 않아요.
_수

내(카라)가 지금까지 본 연극이나 뮤지컬 중 젊은 층에게 가장 인기를 끈 작품은 뮤지컬 〈디어 에반 핸슨〉(*Dear Evan Hansen*)이다.

우리 가족은 다 함께 이 뮤지컬을 보러갔다. 우리 앞줄에는 중학생에서 대학생 사이의 자녀를 둔 두 가족이 앉아 있었다. 우리 뒷줄에는 수다스러운 20대 청년들이 한 줄의 절반 정도를 채우고 있었다. 몸을 돌려 관람객을 살펴보니 60대 이상이 거의 보이지 않았다.

십대의 불안을 현실감 있게 조명한 것으로 유명한 이 뮤지컬은 17세의 에반 핸슨에게 스포트라이트를 비추면서 시작된다. 그는 자신의 침대에 앉아 자기 자신에게 쓴 편지를 응시하고 있다.

사랑하는 에반 핸슨, 오늘은 멋진 날이 될 거야. 그 이유가 뭔지 아니?
오늘 네가 해야 할 일은 그냥 너답게 사는 것뿐이기 때문이야.
(북 치는 소리)
물론 자신감을 길러야 하지. 그건 중요해. 그리고 재미있는 사람이 돼야 하고. 말하기 편한 상대가 돼야 하지. 다른 사람이 다가가기 편해야 해. 하지만 무엇보다 너답게 살아야 해. 그게 가장 중요해. 너답게 살아. 너 자신에게 충실해.[1]

이 짧은 단락에서 핸슨은 "너답게 살아"라는 조언을 자신에게 네 번이나 한다. 그중 한 번은 "그냥"이라는 작지만 중요한 단어를 덧붙인다.

사역자와 멘토와 부모로서 우리는 상대적으로 단순하고 분명해 보이는 조언을 할 때 "그냥"이라는 말을 붙인다. 그 조언은 적어도 우리에게는 간단하고 명확해 보인다.

"'그냥' 마감 전에 빨리 캠프에 등록해."

"'그냥' 인터넷에서 정보를 찾아봐."

"'그냥' 10분만 시간을 내서 네 방을 청소해."

그리고 "'그냥' 너 자신으로 살아"라는 조언도 있다.

25세가 넘은 성인은 '그냥' 자기 자신답게 사는 것이 쉬울 수 있다. 성인은 자기 본모습을 알기에 억지로 새로운 모습을 만들어 낼 필요가 없다. 하지만 십대는 어떤 정체성을 유지하고, 어떤 정체성을 버릴지 아직 알아가는 중이다. "(그냥) 너답게 살아"라는 조언을 따르는 것이 십대에게는 쉽지 않다. 그래서 때로 그들은 그냥 포기할까 고민하기도 한다.

우리가 인터뷰한 아시아계 미국인인 고등학교 3학년 릴리는 학교에서의 정체성과 교회에서의 정체성 사이에서 긴장감을 느끼고 있다. 릴리는 학교에서의 자신을 "개방적인" 사람으로 묘사하는 반면, 교회에서는 "보수적"이라고 말한다.

학교 친구들과 교회 친구들은 둘 다 소셜미디어에서 릴리를 팔로우하고 있다. 그래서 릴리는 우리와 인터뷰하는 도중 이렇게 고백했다. "이 두 성격을 어떻게 하나의 소셜미디어 계정에 통합해야 할지 모르겠어요. 소셜미디어에 어떤 내용을 언제 올려야 할지 결정하기가 어려워요." 릴리는 자신이 완전히 다른 두 인물을 동시에 연기하는 것처럼 느끼고 있었다.

결국 릴리는 소셜미디어에 자신에 대한 내용을 좀처럼 올리지 않는다. 두 관중을 동시에 상대할 수 없기에, 아예 올리지 않는 편이 낫다고 결론 내렸다.

많은 친구가 인스타그램 프로필에서 자신을 소개하지만, 릴리는 자신에 대한 내용은 일절 공개하지 않는 편을 선택했다. 이름만 공개했을 뿐이다.

릴리는 선입관을 일으키는 자기소개를 하느니 아예 하지 않는 것이 낫다고 생각한다. 따돌림당할 소지가 있는 자기소개는 더더욱 싫다. 친구들에게 따돌림당하는 것은 상상조차 하기 싫은 일이다.

정체성 정의하기: 나는 누구인가?

정체성은 '자신을 보는 시각'이다. 릴리처럼 많은 십대는 '자기 자신'으로 살아가는 것이 쉽지 않은 일로, 때로는 불가능한 일로 느껴지기도 한다. 이는 십대들이 자신의 본모습을 넘어 더 높은 목표를 추구하기 때문이다. 즉, 그들은 '최고의 나'가 되기를 원한다.[2]

게다가 십대의 자아(최고든 아니든)는 사실상 여러 자아가 섞여 있는 경우가 많다. '자기 자신'으로 살아간다는 말은 단일한 자아로 사는 것을 의미하지만, 보통 십대들은 여러 정체성 사이를 끊임없이 오간다. 그들은 특정한 순간에 어떤 '자아'를 보여줄지 부단히 고민한다. 그들이 집에서 혹은 밖에 나가 동네에서 보이는 모습은 학교나 방과 후 아르바이트하는 곳에서 보이는 모습과 다르다.

그리고 이 모든 모습은 교회에서의 모습과 또 다르다.

나아가 '자기 자신으로 살아가는 것'이 힘든 이유는 청소년이 오롯이 혼자서 정체성을 만들어가는 경우가 별로 없기 때문이다. 릴리는 물론이고 당신이 아는 모든 십대의 정체성은 가족과 친구 그리고 삶의 중요한 어른들의 영향을 모두 받아 형성된 결과물이다.

정체성에 대한 4가지 현재의 답: 나는 …이다

기본적으로 십대의 정체성은 그들이 이 문장을 완성할 때 사용하는 단어나 어구에서 나타난다. '나는 _____이다.'

우리가 릴리를 비롯한 여러 학생에게서 들은 내용을 학문적 연구와 일반 자료를 함께 검토한 바에 따르면, 미국의 십대는 다음 네 가지 표현 중 하나로 이 빈칸을 완성한다.[3]

나는 다른 사람들이 기대하는 모습이다

──다른 사람들이 원하는 모습, 그들에게 필요한 모습이 바로 저예요. 저는 가족, 선생님, 친구, 교회, 사회의 기대에 부응해야 한다는 압박을 끊임없이 받아요.

13세든 43세든 73세든 자신을 바라보는 시각은 다른 사람들에게 영향을 받을 수밖에 없다. 실천신학자인 앤디 루트(Andy Root)는 이렇게 말한다. "어떤 정체성도 진공 상태에서 발견되지

않는다. 누군가와 함께하지 않은 채로 혼자서는 진정한 자아를 결코 발견할 수 없다."⁴

그런데 십대의 정체성 발달에서 다른 사람들의 영향력은 더욱 강력하다. 실제로 이 첫 번째 항목은 인터뷰한 학생들이 가장 많이 내놓은 답이다.

모든 십대의 하루가 객석을 가득 메운 관중 앞에서 연기하는 것과 같다고 상상해보라. 객석 오른쪽 끝에는 가족이 앉아 있고, 그 주위로 친척들이 포진해 있다. 중앙에는 학교, 아르바이트하는 곳, 스포츠 팀, 동네, 다른 교내 동아리에서 온 친구들로 꽉 차 있다.

이 다양한 친구들 왼쪽에는 교회 식구들이 앉아 있다. 교회 식구들 옆에는 교사와 감독과 멘토들이 몇 열을 채우고 있다.

앞 열에는 그들이 소셜미디어에서 팔로우하는 사람들이 앉아 있다. 성공, 아름다움, 성취에 대한 문화적 메시지를 던지는 다른 사람들은 발코니석에 앉아 있다.

십대는 이 모든 관중의 눈에 들려고 애쓴다. 매 순간 노력해야 한다. 집에서는 장난꾸러기였다가, 학교에서는 순종적인 모범생으로 변신했다가, 교회에서는 믿음 충만한 신앙인으로 변신하는 것은 여간 피곤한 일이 아니다.

대다수의 십대는 한 번에 한 관중을 기쁘게 하려고 최선을 다한다. 학교에서는 학교 친구와 선생님들을 즐겁게 해줄 말과 행동을 한다. 그리고 집, 교회, 동네에서는 대본을 바꾼다.

교회에서 어린아이들을 가르치고 함께 찬양을 부르고 있었어요. 그런데 예배 중에 목사님이 제 이름을 부르시며 제가 이제는 중고등부 부회장이라고 말씀하셨어요. 그냥 알았다고 하는 수밖에 없었어요.

— 소피아

청소년들은 자신이 만족시키려고 하는 여러 군중을 인식하고, 그들에 대해 분명하게 말할 수 있다. 남부에서 온 고등학교 3학년 백인 학생인 리베카는 십대 초반 시절을 회상하며 이렇게 말했다. "다른 사람들이 저를 어떻게 생각하는지를 정말, 정말, 정말 많이 신경 썼어요. 좋은 친구들을 사귀고, 다른 사람들이 좋아하는 행동을 하려는 마음이 정말 강했죠."

리베카는 자신의 상상 속에 있는 사람들을 탓했다. "뭐든 그들이 원하는 모습이 되려고 했어요. 그래서 안정감을 느낄 수가 없었죠. 저는 계속해서 만족을 찾았지만 아무 방법도 통하지 않았어요."

우리 연구팀이 진행한 인터뷰에서 여러 인종이 섞인 환경에 있는 이민자와 십대는 여러 종류의 사람들을 만족시키려다 보니 부담감이 더 심한 경우가 많았다. 서부 해안에서 고등학교 졸업을 앞둔 라틴계 학생 클라우디아는 자신을 인터뷰한 캐트 아마스에게 자신의 2학년 시절을 이야기하면서 '쇠약'(breakdown)이라는 표현을 사용했다. 주로 두 인종으로 이루어진 친구들 사이를 오가는 것이 견디기 힘든 스트레스였다. 클라우디아는 눈물을 흘리

> AP(Advanced Placement: 미국에서 고등학생이 대학 진학 전에 대학 인정 학점을 취득할 수 있는 고급 학습 과정—역주) 과목 선생님들은 제가 공부하는 모습을 보고서 시험을 잘 볼 거라고 기대하셔요. 저를 실제보다 좀 더 높게 평가하시는 것 같아요. 그것이 저에게는 부담이에요. 저도 가끔 좋은 점수를 못 받기도 하거든요. 그래서 스트레스를 받아요.
>
> ———— 아서

며 선생님에게 이렇게 말했다고 한다. "학교에서 라틴계 친구들과 한국계 친구들 사이를 오가는 것이 너무 피곤해요. 이젠 지칠 대로 지쳤어요."[5]

이와 비슷하게 신앙 중심적인 십대들은 교회 안팎의 사람들을 만족시키느라 스트레스에 시달린다. 릴리가 소셜미디어 프로필에서 자신을 소개하지 않은 이유 중 하나는 그리스도인들에 대한 사회적, 정치적 선입견 때문이다. 릴리의 학교 친구들은 릴리가 '종교적'이기 때문에 '분명 보수주의자나 공화당 지지자'일 것이라고 단정한다. 하지만 릴리는 자신을 "정치적으로는 낙태 찬성론자이지만, 개인적으로는 낙태 반대론자"라고 소개한다. 이런 입장은 릴리에게 스트레스를 주지만, "교회에 다니지 않는 친구들에게 잘 통한다"고 한다. 여러 친구 그룹들이 서로 릴리의 정체성을 형성하려고 주도권 싸움을 벌이고 있다. 그로 인해 릴리는 극심한 내적 긴장감을 느끼고 있다.

나는 충분히 _____ 하지 않다

──── 저나 다른 사람들이 저에 대해 가장 많이 평가하는 것으로 이 빈칸을 채워요. 예를 들면, 재미있고, 똑똑하고, 운동을 잘하고, 날씬하고, 예쁘고, 다재다능한 사람, 혹인, 라틴계, 아시아계 등과 같은 것들이요.

우리가 인터뷰한 고등학생들의 약 4분의 3은 자신이 부족하거나 "충분하지 않다"라고 직접적으로 말했다. 학생들이 분명하게 이 말을 하지 않은 경우에도 많은 학생의 말 이면에서 다음과 같은 생각을 읽을 수 있었다.

- 나는 충분히 똑똑하지 않다.
- 나는 충분히 예쁘지 않다.
- 나는 충분히 강하지 않다.
- 나는 충분히 인기가 없다.
- 나는 충분히 성과를 이루지 못했다.
- 나는 충분히 완벽하지 않다.

릴리는 실수를 하면 감정적으로 크게 무너진다. 실수하면 "종일 기운이 빠져요. 물론 인간은 누구나 실수한다는 건 알아요. 하지만 저는 실수하면 기분이 정말 나빠져요."

동부 해안에 사는 중학교 3학년 나탈리는 자신이 충분히 날씬하지 않다고 생각한다. 하지만 청바지를 잘 골라 입으면 날씬해 보인다고 생각한다. 우리가 언제 자신감이 생기냐고 묻자 나탈리는 이렇게 대답했다. "황당한 말처럼 들리겠지만 제가 좋아하는 청바지를 입어야 자신감이 생겨요. 그 청바지를 입을 때마다 친구들이 '와, 엄청 말랐네'라고 말해요. 그러면 저는 '그냥 청바지만 입었을 뿐인데'라고 대답하죠. 이 청바지를 입으면 자신 있게 돌아다닐 수 있어요."

이민자와 유색 인종의 상황은 한층 더 복잡하다. 시몬은 초등학교에서 피부가 너무 검다고 다른 흑인 학생들에게 놀림받았던 괴로운 일을 기억한다. 이것은 흔히 '색차별주의'(colorism)라고 불리는 선입견이다.

아시아계와 아프리카계 혼혈 미국인인 고등학교 2학년생 대니얼은 농구 코트에서 인종과 정체성에 대한 편견 때문에 상처를 받는다. 대니얼은 일부 흑인 친구들이 사용하는 속어를 사용하지 않는다. 그래서 팀 동료들이 자신을 '무리에 넣어주지' 않는 '차별'을 느낀다.

학생들은 저마다 다른 형용사를 사용했지만, 자신이 부족하다는 생각은 거의 모든 학생에게서 나타났다.

> 색차별주의는 인종적 계급주의의 부산물이다. 그것은 피부색으로 평가받는 것이며, 인종 집단들 사이는 물론이고 한 집단 안에서도 나타난다.[a] 아프리카계 미국인 청소년을 대상으로 한 연구에서는 92퍼센트가 자신의 피부색을 좋아한다고 답했다. 하지만 그 응답자 중 약 3분의 1은 스스로 선택할 수 있다면 좀 더 밝은 피부를 갖고 싶다고 답했다.[b]
>
> [a] 색차별주의는 문화적 인종주의의 한 형태다. 이것은 "백인 혹은 '백인성'(whiteness)의 행동과 가치가 다른 인종 집단의 행동과 가치보다 무조건 '더 낫거나' 더 '정상적'이라는 관념을 담은 묘사와 메시지와 이야기다…문화적 인종주의는 백인 우월주의를 유지하기 위한 강력한 도구이기도 하다. 이것은 적절한 행위로 여겨지는 것, 아름답게 여겨지는 것, 다양한 표현 형태의 가치에 대한 집단적인 관념에 영향을 미쳐 백인 우월주의를 유지시킨다." Sally Leiderman, Maggie Potapchuk, and Shakti Butler, "Cultural Racism," *Racial Equity Tools*, 2020년 7월 16일 접속, https://www.racialequitytools.org/glossary. 십대를 대상으로 일하는 교사들과 다른 성인들을 위한 유용한 자료를 원한다면 David Knight, "What''s Colorism?," *Teaching Tolerance* 51 (Fall 2015)을 보라. https://www.tolerance.org/magazine/fall-2015/whats-colorism.
>
> [b] Tracy L. Robinson and Janie V. Ward, "African American Adolescents and Skin Color," *Journal of Black Psychology* 21, no. 3 (1995): 264, Elizabeth A. Adams, Beth E. Kurtz-Costes, Adam J. Hoffman, "Skin Tone Bias among African Americans: Antecedents and Consequences across the Life Span," *Developmental Review* 40 (2016년 6월): 93-116에서 인용, https://doi.org/10.1016/j.dr.2016.03.002.

나는 내가 만든 이미지다

─── 저는 소셜미디어 등을 통해 세상에 보여주고 싶은 정체성을 관리해요. 보여주고 싶은 브랜드로 꾸미고 스타일을 가꿔요. 때로 저는 가면을 쓰고 사는 것같이 느껴져요.

나이키, 언더 아머, 다이어트 코카콜라, 다이어트 펩시처럼 브랜드는 한 제품이나 사람을 다른 제품이나 사람과 차별화해주는 요소다. 브랜드는 한 사람에게 독특한 정체성을 부여한다. 그리고 이것이 십대에게는 매우 중요하다.

특히 소셜미디어를 많이 사용하는 이 시대에는 많은 십대가 브랜드를 고민하고 그것을 가꾸어나가야 한다는 압박감을 느낀다.[6] 우리가 인터뷰했던 모든 학생의 공통적인 취미는 소셜미디어뿐이었다. 또한 모든 학생이 매일 숙제를 하지는 않았지만, 그들은 모두 매일 소셜미디어를 보고, 공유하며, 게시물에 '좋아요'를 눌렀다.

분명 과거에도 십대들은 이미지를 신경 썼지만, 소셜미디어의 등장으로 자신을 '광고'하기가 전에 없이 편해졌다. 마케팅 전문가 사라 와이즈(Sarah Weise)는 그로 인해 오늘날의 청소년이 "본능적으로 자신의 개인 브랜드를 구분하고 관리하고 있다"라고 말한다.[7]

십대는 (자신을 포함해서) 좋은 브랜드라는 정체성을 얻으면 누구나 '인터넷 유명인'이 될 수 있다고 믿는다.

그리고 모든 순간이 자신을 광고할 기회다. 심지어 그렇게 하지 말아야 할 순간에도 그렇게 할 수 있다.

십대들은 태어날 때부터 부모에게 이런 행동을 배웠다. 십대가 소셜미디어를 사용하기 전부터 부모와 보호자는 소셜미디어에 명언, 실수담, 자랑과 상처를 게시했다. 그러니 오늘날 십대가 소셜미디어에서 자신의 이미지를 관리하는 것은 너무도 당연하다.

나탈리는 인터뷰 담당자에게 자신이 매일 인스타그램을 얼마나 하는지 말하고 싶어 하지 않았다. 그래서 그는 정확한 시간을 밝히지는 않고, 하루에 5시간은 넘게 본다고만 인정했다. 매일 자는 시간보다 소셜미디어를 하는 시간이 더 많다고 했다.

> 우리가 인터뷰했던 학생 중에는 나탈리 외에도 자신을 '재미있고 유쾌한' 사람으로 보고, 다른 사람들도 자신을 그렇게 봐주기를 바라는 학생이 여럿 있었다. 학생들이 자신을 설명할 때 흔히 사용한 표현으로 "멋지다"와 "쿨하다"가 있었다. 우리가 이 인터뷰에서 들은 내용은 2,092명의 학생에 대한 언어적 분석과 일치했다. 이 학생들의 4분의 3 이상은 "나는 누구인가?"에 대한 질문에 "재미있는", "멋진", "친절한", "상냥한" 같은 긍정적인 표현을 사용했다. 학생들이 자신을 묘사할 때 처음 사용한 표현이 이렇게 평범하고 명랑하다는 사실이 뜻밖인가? 하지만 보이는 것이 전부가 아니다. 그들 말에 계속 귀를 기울이면 이미지 관리라는 표면 뒤에 숨겨진 진짜 모습을 발견할 수 있다.

소셜미디어에서 정체성의 어떤 부분은 드러내고 어떤 부분은 숨기는지 묻자 나탈리는 자신의 '재미있는 면'을 드러낸다고 재빨리 대답했다. "제 이야기나 게시물의 제목을 보면 항상 농담이 있어요. 저는 항상 재미있는 얘기를 하면서 웃어요."

나탈리는 재미있는 사람처럼 보이기 위해 힘든 상황에서도 그 속내를 소셜미디어에 결코 올리지 않는다. 기껏해야 '슬픈 얼굴의 작은 이모티콘'과 함께 '지금 커피를 못 마셔서 아쉽군'과 같은 글을 올릴 뿐이다. 나탈리는 자신을 그 이상 드러내지 않는다.

하지만 우울함을 농담으로 승화시킬 때는 있다. 나탈리는 최근에 있었던 일을 이야기했다. "다른 사람과 부딪쳐서 넘어진 적이 있어요. 그러고 나서 '얘들아, 나 사람들 앞에서 말 그대로 대자로 뻗었어'라는 글을 올렸죠."

이 사고는 나탈리의 재미있고 유쾌한 브랜드와 잘 맞아떨어졌기에 게시물로 올라갈 수 있었다.

나는 내게 붙은 꼬리표를 뛰어넘는다

──저는 다른 사람들이 저에 대해 내리는 평가나 판단으로 다 설명될 수 없어요. 제 정신 건강, 학습 장애, 인종에 대한 선입관, 시험 점수, 과거 트라우마가 저를 설명하는 전부가 아니라는 말이에요.

밀레니얼 세대는 어느 세대 못지않게 (아니, 그 이상으로) 부정적인 딱지가 많이 붙어 있다. 1980년에서 2000년 사이에 태어난 밀레니얼 세대에게는 '게으른', '특권을 누리는', '자기애에 빠진'이라는 꼬리표가 붙었다.[8]

현재 우리 앞에 있는 십대 세대는 포스트 밀레니얼 세대다. 흔히 i세대나 Z세대라고 불린다. 1장에서 말했던 '불안, 적응, 다양성'이라는 그들에 대한 묘사는 밀레니얼 세대의 꼬리표보다 나아 보인다(적어도 이 중 두 가지는 긍정적이다).

하지만 긍정적인 꼬리표라고 해도 그것은 일반화한 것에 불과하다. 오늘날의 십대는 자신에게 달린 꼬리표 이상의 존재로 보여지기를 원한다. 특히 오늘날 그들에게 붙은 꼬리표와 같이 다른 사람들이 마음대로 붙인 경우에는 더욱 그렇다. Z세대 전문가 조이 프리먼(Joi Freeman)은 꽃다발을 비유로 들어 그들이 정체

LGBTQ 정체성에 대한 질문은 많은 교회와 교단에서 주요한 사안이며 논쟁을 일으키는 주제다. 우리가 LGBTQ 청소년을 다루는 목적은 인간의 성에 대한 신학적 입장을 주장하기 위해서가 아니라, 당신이 경청하고 공감하는 어른이 되도록 돕기 위함이다. 자신이 LGBTQ라고 생각하는 청소년들은 많은 어려움을 경험하며, 그들만의 독특한 인정과 지지를 받기도 한다.

LGBTQ 십대의 정신 건강 문제가 심각하다. 주로 이 꼬리표에 따르는 고정 관념, 차별, 괴롭힘으로 정신적 문제가 생긴다. 그들이 자살을 진지하게 고민하는 비율은 LGBTQ가 아닌 십대에 비해 거의 3배가 높다. 실제로 자살을 시도하는 비율은 약 5배나 높다. 나아가 가족에게 거부당하는 LGBTQ 십대가 자살 시도를 하는 비율은, 거부를 경험하지 않거나 낮은 수준으로 경험하는 LGBTQ 십대보다 8배 이상 높다.[a] 성에 대한 신념은 뒤로하고, 주변의 LGBTQ 청소년들을 만나 그들의 이야기를 듣고 그들이 사랑 많은 어른들에게서 가장 필요한 것을 말하는 장을 마련해보라.

---

[a] 이 통계는 트레버 프로젝트(Trevor Project)가 다양한 곳에서 수집했다. 트레버 프로젝트는 LGBTQ 십대들과 그들을 돕는 사람들을 위한 위기 개입 및 자살 방지 단체다. https://www.thetrevorproject.org/resources/preventing-suicide/facts-about-suicide/를 보라. 주변에 도움이 필요한 청소년이 있다면, 자살예방 상담전화(109), 정신건강 상담전화(1577-0199), 자살예방 SNS 상담 앱(마들랜)을 소개해주라.

성을 다루고 표현하는 방식을 설명한다. "이전 세대는 정체성의 선택지를 한 꽃다발 속 다양한 색의 장미처럼 보았다면, Z세대는 정체성을 여러 종류의 꽃이 묶여 있는 꽃다발로 본다. 즉, 정체성을 여러 경험의 집합체로 보는 것이다. 나는 은행가이자 화가일 수 있다. 이것들이 서로 어울려 보일 필요는 없다. 정체성은 한 가지로 이루어져 있지 않다. 이 모든 조각이 모여 내가 누구인지를 구성한다."[9]

> 우리는 인터뷰 내용을 바탕으로, 학생들이 '충분히 백인 같지 않다', '충분히 흑인 같지 않다', '충분히 아시아인 같지 않다'고 느끼는 정체성이 두 가지 범주에 속한다고 보았다. 바로 '나는 충분하지 않다'와 '나는 내게 붙은 꼬리표 이상이다'가 그에 해당한다. 우리는 문화적 혹은 인종적 정체성에 대한 외적, 내적 기대가 십대들에게는 두 배로 복잡하다는 사실을 발견했다.

시몬이라는 학생은 자신의 정체성이 수시로 변하지만, 가장 중요한 것은 자신을 '스스로' 정의하는 것이라고 생각했다. 시몬은 자신 있는 목소리로 이렇게 말했다. "저는 유행을 따라가는 것을 엄청 싫어해요. 각자 자기답게 살아가는 사람들이 좋아요. 주변에 서로를 따라 하거나 똑같이 하려는 사람이 가득해도 저는 그들을 따라 하지 않아요. 모두 검은색 옷을 입으면 저는 빨간색이나 노란색, 분홍색, 파란색 옷을 입죠. 저는 저만의 모습대로 살아가고 싶어요."

연구가들은 이런 자기 결정 능력을 '주체성'이라고 부른다. 이는 특정한 목적을 위해 자유롭게(종종 특권적으로) 행동할 자유를 의미한다. 자신을 정의할 때 일부 학생은 시몬처럼 자신이 많은 주체성을 지녔다고 느낀다. 하지만 안타깝게도 주체성이 없어 다른 사람들의 변덕과 취향을 따라가는 학생이 많다.

LGBTQ로 정체성을 밝힌 학생들과 만나본 결과, 동성애자 청소년들이 소셜미디어에 그 정체성을 숨기는 것을 괴로워한다는 연구 결과가 맞다는 것을 확인했다.[10] 하지만 동성애자라는 정체

저는 사람들에게 제가 그리스도인이라는 걸 밝히고 다녀요. 그런데 때로 충격을 받았다는 반응이 돌아와요. 사람들은 그리스도인이 판단하기를 좋아한다고 생각하기 때문이에요. 하지만 저는 다른 사람들을 잘 포용할 줄 알아요. 마음을 열고 사람들을 받아주죠. 저는 그리스도인이 사람들이 생각하는 이미지와 다르다는 것을 보여줄 의무가 있다고 생각해요. 저 자신뿐만 아니라 다른 사람들을 위해서도 그 의무를 다해야 해요. 그리스도인은 서로 사랑하는 공동체예요. 우리는 언제나 다른 사람들을 돕기 위해 발 벗고 나서죠.

―― **가브리엘**

성이 그들의 유일한 주요 특징은 아니다. 한 표적 집단의 어떤 학생은 이렇게 말했다. "저는 학교에서 LGBTQ 연합 동아리에 속해 있어요. 다른 LGBT 친구들에게 이런 말을 자주 들어요. '맞아, 나는 LGBT야. 그것이 내 정체성이기는 하지만, 그것만이 나를 설명하는 유일한 사실도 아니고 가장 중요한 사실도 아니야. 나는 _____이기도 해. 하지만 사람들은 나를 한 부류 안에만 가두려고 해. 일단 나에게 그런 꼬리표를 붙인 다음에는 나를 그 한 가지 부류로만 생각하지.'"

우리가 인터뷰한 학생들은 인종적 선입관을 깨뜨리기 위한 강한 주체성도 보여주었다. 케빈은 흑인과 아시아계가 반씩 섞인 고등학교 3학년 학생이다. 그는 자신의 인종적 정체성을 '흑아시아인'(Blasian)으로 규정한다. 그의 아시아계 친척들은 그가 모든 과목에서 A를 받기를 기대한다. 그들의 모토는 '아시아인(Asian)

> '장애'에 대해 합의된 정의는 없으므로, 십대 중 장애가 얼마나 많은지를 정확히 측정하기는 어렵다. 어린이와 청소년 약 6명 중 1명이 각종 발달 장애 진단을 받았다. 그리고 54명 중 1명은 자폐 스펙트럼 장애를 진단받았다.[a]
>
> ---
>
> [a] "Data & Statistics on Autism Spectrum Disorder," Centers for Disease Control and Prevention, 2020년 6월 16일, https://www.cdc.gov/ncbddd/autism/data.html.

이라는 단어가 A로 시작하기 때문에 A 학점을 받아야 한다'이다.

　케빈은 학교에서 높은 성적을 받지만, 자신이 특정한 인종이어서 그렇게 해야 한다는 편견은 거부한다. 그 아이는 자신이 받은 하나님의 소명을 좇기 위해 그에 맞는 학과가 있는 덜 유명한 대학교를 선택했다. 케빈은 자신이 내린 결정 때문에 가족이 실망하고, 몇몇 친구가 충격을 받으리라는 사실을 안다. 하지만 자신의 문화적 배경에 자동으로 따라오는 기대를 거부한 것을 자랑스러워한다.

　케빈은 특정 인종 '집단'에 따라다니는 정체성에 대한 고정관념을 뛰어넘고자 했다. 그런가 하면 '개인'으로서 얻은 정체성의 꼬리표를 극복하기로 결심한 학생들도 있었다. 질병이나 장애가 있는 학생들은 대개 보여지는 모습보다 더 나은 존재임을 증명하고 싶어 했다. 우리의 연구에서, 정신 질환이나 신체적 장애가 있는 청소년 혹은 다른 이들과 다른 속도로 배우는 사람들은 자신의 상태에 대해 거리낌 없이 말했다. 하지만 동시에 다른 사람들이 자신을 특정한 장애를 가진 사람이나 반에서 특별한 관심을 받는 사람 이상으로 봐주기를 원했다. 그들의 육체적 상태는 정체성의 중요한 일부였지만 전부는 아니었다.

자넬은 첫 인터뷰가 15분 정도 진행되었을 때쯤 자신의 범불안장애를 자진해서 고백했고, 현재 복용 중인 처방약에 대한 질문에도 답해주었다. 나중에 자넬은 오랫동안 정신 질환을 앓다가 심리학을 공부해서 치료사가 되고 싶은 꿈을 키우게 되었다고 말했다.

자넬은 자신의 정신 질환을 터놓고 이야기했고, 여가 시간에 탐독하는 소설과 교회 주일학교에서 맡은 보조 교사 역할에 대해서도 말하고 싶어 했다. 불안장애라는 타이틀이 자넬에게 붙은 한 가지 꼬리표이기는 하지만, 그는 자신을 독서 애호가나 초등학생들을 기쁘게 섬기는 사람으로 정의하는 것을 더 좋아했다.

큰 질문	초점	설명	현재의 답
나는 누구인가?	정체성	자신을 보는 시각	"나는 _____ 이다." · 다른 사람이 기대하는 모습 · 충분히 _____(하)지 않다. · 내가 만든 이미지 · 꼬리표를 뛰어넘는다.

변화하는 정체성

릴리가 소셜미디어 프로필에서 자신의 정체성을 밝히지 않는 이유는 여러 관중이 자신을 지켜보고 판단하는 것 때문이지만, 자신을 어떻게 정의할지 모르기 때문이기도 하다.

릴리를 인터뷰한 헬렌 준은 이렇게 물었다. "정체성에 대해 생각할 때, 그러니까 '나는 누구인가?'라고 스스로에게 물을 때 어떤 단어나 표현이 머릿속에 떠오르니?"

릴리는 잠시 생각에 잠겼다가 이렇게 대답했다. "음… (오랜 침묵 후) 잘 모르겠어요."

헬렌은 잘 몰라도 괜찮다고 안심시키면서 계속해서 말했다. "아주 정상이야. 보통 우리는 그런 질문을 깊이 고민하지는 않지. 그래도 한번 생각해봐. 너 자신을 생각하면 어떤 것들이 머릿속에 떠오르니?"

릴리는 소리 내어 웃고 나서 똑같이 대답했다. "음… 잘 모르겠어요!"

가장 가까이 지내는 십대가 릴리처럼 여러 정체성 사이에서 균형을 찾으려고 애쓰고 있는가? 혹은 특정한 꼬리표나 외부의 기대를 초월하여 자신만의 정체성을 정립하려고 노력하는 중인가? 어떤 경우든 우리는 궁극적인 정체성이 자신에 대한 하나님의 진리를 받아들이는 데서 비롯한다고 믿는다. 다음 장에서 보겠지만, 하나님이 우리를 향해 하시는 말씀을 굳게 붙잡으면 진정한 자기 모습대로 살아갈 자유를 얻을 수 있다.

십대의 불안장애에 대한 흔한 오해

1장에서 논한 정신 질환은 자넬뿐만 아니라 우리가 인터뷰한 많은 학생에게서 흔히 나타났다. 리베카는 혼자 있는 시간이 길어지면 불안해진다. "그 순간 무슨 일이 벌어지고 있는지 걱정되기 시작해요. 혹은 그다음에 무슨 일이 일어날지 걱정이죠. 불안감에 사로잡히면 한 가지 일에 집중할 수 없어요."

나탈리는 중학교 3학년 때 학교에 대한 불안감이 극심했다. 그래서 몸까지 아팠고, 새벽 2-7시 사이에 토를 하는 경우가 잦았다.

5장에서 스트레스와 불안감에 시달리는 청소년을 도울 때 필요한 대화 예시들을 제시할 것이다. 하지만 그에 앞서 멘토나 부모들이 정신 질환에 대해 흔히 하는 오해들을 짚고 넘어가보자.

오해 1: 일부 십대만 불안장애를 안고 있다

물론 모든 십대가 심리학적으로 진단 가능한 불안장애를 앓고 있지는 않다. 1장에서 언급했듯이 미국 인구의 3분의 1은 살면서 한 번쯤은 불안장애를 경험한다.[a] 청소년 중 절반이 빈곤선 이하나 저소득층 가정에서 자라고 있다. 이런 환경은 정신 질환 발병 가능성을 높일 수 있다.[b]

거의 모든 십대는 자주 스트레스를 느낀다. 우리가 진행한 인터뷰에서 모든 학생은 때로 불안을 느꼈다. 대개는 스스로 심각하게 여길 만큼 자주 느꼈다.

오해 2: 정신 질환 문제들은 전자 기기 때문이다

미국인의 스마트폰 보급률이 50퍼센트를 넘은 2012년에 정신 질환이 눈에 띄게 증가한 것은 사실이다. 그 뒤로 정신 질환 문제는 꾸준히 증가했다. 좋은 소식은 성행위, 마약 남용, 십대 임신처럼 주로 두 명 이상의 청소년이 관련된 위험 행동은 모두 그 시점을 전후로 크게 줄어들었다는 것이다. 물론 혼자 경험하는 위험 행동(주로 온라인에서 다른 사람들이 하는 행위를 보고 소외감을 느끼는 것)은 증가하고 있다.[c]

하지만 우리 풀러 청소년 연구팀과 다른 정신 건강 연구가들은 전자 기기를 유일한 원인으로 꼽지 않는다. 오늘날의 여러 양육 방식이 십대들의 불안장애에 일조한다. 많은 부모가 자녀에게 성과를 내야 한다는 부담을 준다. 또한 아이가 문제를 스스로 해결하여 회복탄력성을 기르는 기회를 주지 않고 즉시 달려가 구해준다.

십대들의 바쁜 스케줄도 스트레스와 불안감을 키우는 요인이다. 저명한 아동 발달 연구가 리사 다무르(Lisa Damour)는 바쁜 삶이 아이들의 정신 건강에 미치는 악영향을 걱정하며, 아이들의 스케줄 중 25퍼센트를 비워놓을 것을 권한다.[d] 오늘날 이 활동에서 저 활동으로 정신없이 뛰어다니는 오늘날 십대의 삶에는 여유 시간이 거의 없다. 그들은 한 번 실패하거나 기회를 놓치면 인생을 망칠까 봐 걱정하며 쉴 새 없이 바삐 산다.

바쁜 스케줄의 반대쪽 극단도 불안감을 자극할 수 있다. 코로나 19 팬데믹의 처음 두 달과 2020년의 전국적인 격리 조치 때, 정신건강 상담소에 날아오는 전화와 문자 메시지가 40퍼센트나 급증했다. 이 중 대다수는 청소년이 보낸 것이었다.[e] 갑자기 친구들과 단절되어 집에 고립되자 십대들은 불안감과 무기력감을 느꼈다.

오해 3: 십대에게 불안장애, 우울증, 자살에 대한 주제를 꺼내면 상황이 악화된다

청소년들은 온라인과 학교에서 매일 불안장애와 자살에 대한 이야기를 듣는다. 교사들은 수업 시간에 관련 주제를 다룰 수 있도록 훈련받는다. 최근 캘리포니아주에서는 중학교와 고등학교에서 학생증 뒷면에 자살 상담소 전화번호를 명시할 것을 법적으로 의무화했다.

하지만 안타깝게도 대부분의 교회에서는 이런 대화가 이루어지지 않는다. 자살로 절친한 친구나 가족을 잃은 교인 중 겨우 4퍼센트만이 다른 교인이나 교회 리더가 그들의 아픔을 안다고 응답했다.[f]

교회와 가정에서 침묵을 깨야 할 때다. 다음 장에서 대화의 시작점과 방법을 함께 살펴보자.

오해 4: 청소년이 불안을 느낄 때 즉시 문제를 해결해주어야 한다

스트레스나 불안장애에 시달리는 청소년에게 '즉시' 공감하고 귀를 기울여야 한다. 심각한 경우, 이를테면 자해나 자살 충동이 나타날 때는 안전을 위해 당장 개입해야 한다.

하지만 대부분 청소년들은 아직 문제 해결을 시도할 준비가 되어 있지 않다. 다무르는 반짝이가 들어 있는 워터볼의 이미지를 사용하여 문제 해결을 위한 최선의 전략을 설명한다. 반짝이가 아직 워터볼을 떠다니고 있을 때, 즉 십대가 여전히 감정적으로 상처를 입은 상태일 때는 최상의 해법과 다음 단계를 고민할 준비가 되지 않은 것이다.

다무르는 먼저 반짝이가 가라앉도록 기다리라고 조언한다. 너무 성급하게 나서서 안심시키거나 해결책을 제안해서는 안 된다. 그 대신 청소년의 감정이 (최소한 조금이라도) 가라앉도록 놔두라. 그리고 결국에는 두려움이 가라앉을 것이고, 문제가 해결될 것이라고 말해주라.[g]

반짝이가 가라앉은 뒤 청소년의 문제가 우리가 감당할 수준이 아니라는 판단이 선다면, 전문 치료사를 연결해주는 편이 좋다. (정신 건강 문제와 관련하여 도움을 받을 수 있는 실천적인 방안이 궁금하다면 5장을 보라.)

---

[a] Borwin Bandelow and Sophie Michaelis, "Epidemiology of Anxiety Disorders," *Dialogues in Clinical Neuroscience* 17, no. 3 (September 2015): 327-35.

[b] Candice L. Odgers and Michael B. Robb, *Tweens, Teens, Tech, and Mental Health* (San Francisco: Common Sense Media, 2020), 19.

[c] Jean M. Twenge, "Have Smartphones Destroyed a Generation?," *Atlantic*, 2017년 9월, https://www.theatlantic.com/magazine/archive/2017/09/has-the-smartphone-destroyed-a-generation/534198/.

[d] Lisa Damour, *Under Pressure* (New York: Ballantine Books, 2019), 61. (『여자(아이)의 심리학』 시공사 역간).

[e] Andrea Petersen, "The Struggle to Cope with Depression Amid Coronavirus," *Wall Street Journal*, 2020년 4월 12일, https://adaa.org/sites/default/files/WSJ%20Article%20-%20Depression%20-%20Charles%20Nemeroff%20April%2012%202020.pdf.

[f] Bob Smietana, "1 in 3 Protestant Churchgoers Personally Affected by Suicide," *Christianity Today*, 2017년 9월 29일, https://www.christianitytoday.com/news/2017/september/protestant-churches-pastors-views-on-suicide-aacc-liberty.html.

[g] Damour, *Under Pressure*, 38-40.

숙고하고 적용하기

❶ 다음은 십대들이 자신의 정체성을 정의할 때 주로 내놓는 답변이다. 오늘날의 십대를 공감하기 위해 당신의 십대 시절을 돌아보고, 자신의 생각과 비슷한 순서대로 각 답에 1위부터 4위까지 순위를 매기라.

- ____ 나는 다른 사람들이 기대하는 모습이다.
- ____ 나는 충분히 _____하지 못하다.
- ____ 나는 내가 만든 이미지다.
- ____ 나는 내게 붙은 꼬리표를 뛰어넘는다.

❷ 당신이 어렸을 적 어떤 관중이 정체성 형성에 가장 큰 영향을 미쳤는가? 그들이 그토록 큰 영향을 미친 이유는 무엇인가?

❸ 서로 다른 기대를 가진 관중(예를 들어, 또래 친구와 어른) 사이에서 어떤 갈등을 느꼈는가?

❹ 여러 관중과 상황에 둘러싸인 상태에서 '이건 진짜 내 모습이 아닌데?'라고 느꼈을 때는 언제인가?

❺ 진정으로 자기 자신답게 살아간다고 느꼈을 때는 언제인가?

❻ 이제 당신 주변의 한 십대를 떠올리고 같은 과정을 되풀이해보라. 그 아이가 자신을 정의할 때 가장 자주 답했던 순서대로 1위부터 4위까지 순위를 매기라.

- ____ 나는 다른 사람들이 기대하는 모습이다.
- ____ 나는 충분히 _____ 하지 못하다.
- ____ 나는 내가 만든 이미지다.
- ____ 나는 내게 붙은 꼬리표를 뛰어넘는다.

❼ 당신 주변의 십대는 자신을 정의할 때 어떤 형용사를 사용하는가?

❽ 당신이 가까이 지내는 십대는 관중마다 다른 기대와 역할을 동시에 어떻게 감당하고 있는가?

❾ 그 아이들이 스트레스와 불안을 가장 심하게 겪을 때는 언제인가?

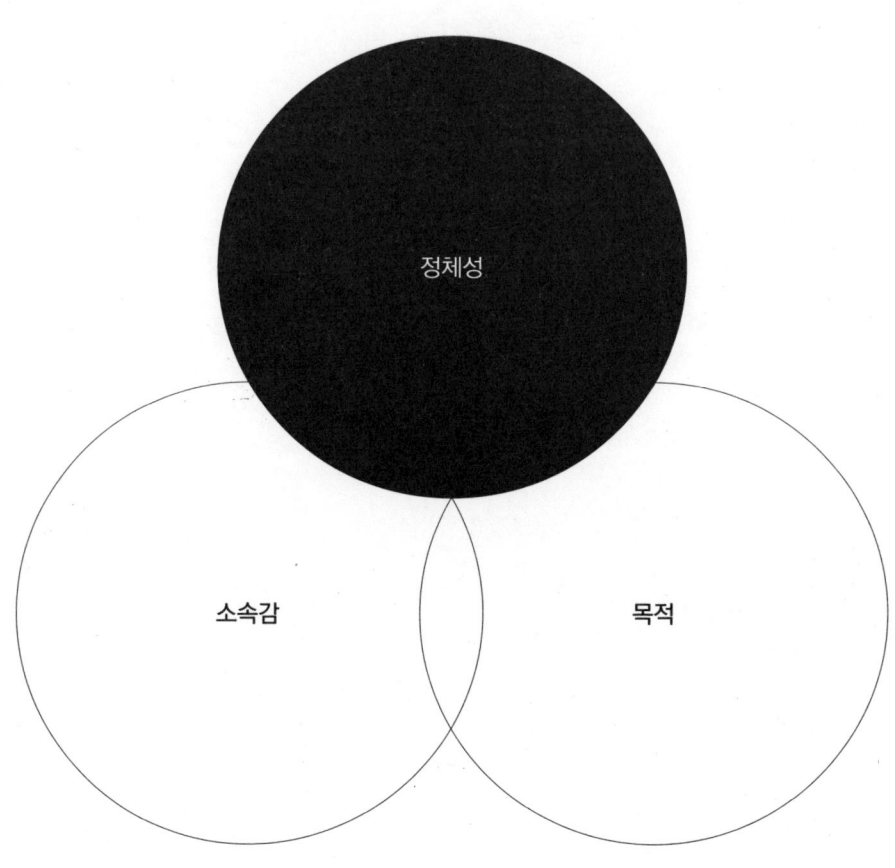

5장.
충분하다: 예수님의 더 나은 답

제가 누구인지 잘 몰랐어요. 그리고 별로 신경도 쓰지 않았어요. 그러다가 '나는 왜 이렇게 힘들지?'라고 고민하기 시작했어요. 그때 '내 마음속의 구멍은 예수님으로만 채울 수 있겠구나' 하는 사실을 깨닫고 나서야 제가 누구인지 알게 되었어요.

_리베카

저는 그리스도인으로 자랐고 동시에 동성애자이기 때문에 독특한 관점을 갖고 있다고 생각해요. 사람들이 저를 있는 그대로 받아주지 않으면 저는 충분하지 않은 걸까요? 저는 하나님이 저를 사랑하신다고 믿고, 제가 충분하다고 생각해요. 하지만 때로 다른 그리스도인들은 그 사실을 믿지 않는 것처럼 보여요.

_단테[1]

하나님이 우리의 정체성을 변화시켜주시는 일은 대게 평생에 걸쳐 이루어진다. 하지만 때로 성령님은 정체성, 나아가 한 사람의 전 인격을 순식간에 변화시켜주기도 하신다.

믿지 못하겠다면 17세의 세바스티안에게 물어보라.

2년 전까지만 해도 세바스티안의 정체성은 두 개의 강력한 요소를 중심으로 형성되어 있었다. 바로 친구들과 마약이었다. 나(카라)와 진행한 첫 인터뷰에서 세바스티안은 중학교와 고등학교 초기 시절을 이렇게 정리했다. "마약이 제 삶의 큰 부분을 차지하고 있었어요."

세바스티안의 아버지는 언어적으로(가끔은 신체적으로) 그를 학대했다. 아버지는 매일같이 세바스티안을 비난하고, 그 아이가 집에서 무슨 일을 하든 꾸짖었다. 집에서 인정을 받지 못하는 그는 학교에서도 노력하기를 포기했다. 그래서 성적은 늘 바닥을 쳤다.

대개 세바스티안은 친구들과 진탕 어울리다가 새벽 2시가 되어서야 집에 들어갔다. 대마초에 취한 상태로 귀가해서 편히 늘어져 텔레비전을 켜놓고 계속 채널만 돌리곤 했다.

그런데 어느 날 새벽, 세바스티안은 우연히 기독교 설교 방송을 틀게 되었고 이상하게 마음이 움직였다. 그는 이렇게 생각했다. '왜 그런지는 모르겠지만 이 설교가 마음에 확 와닿았어. 나는 변해야 해. 예수님이 필요해.' 불 꺼진 거실의 번쩍이는 화면 앞에 혼자 앉아 있던 세바스티안은 예수님을 따르기로 결심했고, 방송에 나오는 설교자를 따라 기도했다.

세바스티안의 삶에서 예수님이 일으키신 변화는 즉각 일어났다. 그날 밤, 세바스티안은 잠자리에 들기 전에 마리화나를 모조리 찾아내서 쓰레기통에 버렸다.

마약이 있던 자리에 예수님의 가르침이 심겨서 교회에 가봐야겠다는 열정이 새로이 자라났다. 인터넷에서 근처 교회를 검색하던 세바스티안은 방문자를 환영하는 분위기의 교회를 찾아 문자 메시지를 보냈고, 이튿날 답장을 받았다. 지금 그는 그 교회에

2년째 다니고 있다.

하나님 그리고 교회 가족과 맺은 관계는 세바스티안의 정체성을 바꿔놓았다. 내가 첫 인터뷰에서 자신을 묘사해보라고 하자 그는 '돕는 자'와 '주는 자'라는 두 단어를 사용했다.

세바스티안은 자기 자신을 보는 시각을 더 자세히 설명했다. "교회에서 제 몸을 써서 무거운 짐을 들어주든 마음을 써서 누군가와 삶을 나누며 기도하든, 저는 다른 사람들을 돕는 게 좋아요. 심지어 밤에도 휴대폰을 무음으로 바꾸지 않아요. 친구나 교회 사람들에게 갑자기 대화 상대가 필요할 수도 있잖아요. 제가 언제라도 도울 준비가 되어 있다는 걸 사람들에게 알려주고 싶어요."

현재 세바스티안은 홈스쿨링을 하며 고등학교 2학년을 보내고 있고, 교회에서 봉사자로 섬기고 있다. 그 아이는 이 섬김을 전임 사역자라는 소명을 위한 하나님의 준비 과정으로 생각한다. 매주 교회 예배와 청소년 모임을 계획하고 준비하며 이끌어가면서 자신의 정체성을 세워가고, 성령님이 자신을 통해 다른 이들에게 영향을 미치기 원하신다는 사실을 더 깊이 깨달아가고 있다.

한마디로 정리하는 그리스도 중심의 답: 충분하다

세바스티안이 새벽 2시에 마약쟁이에서 하나님의 종으로 정체성이 변하게 된 계기는 무엇이었을까? 어떻게 해야 세바스티안

같은 십대가 다른 사람들의 기준으로 정체성을 찾아야 한다는 거짓말, 자신이 부족한 사람이라는 거짓말, 자신이 단지 브랜드에 불과하다는 거짓말을 떨쳐낼 수 있을까?

우리 연구팀은 이런 질문에 답하기 위해 세바스티안을 비롯한 학생들의 답을 분석했다. 우리는 그들이 정체성을 찾아가는 여정에서 결정적인 전환점을 파악하려 했다. 또한 우리는 정체성이라는 중대한 질문에 답을 찾는 과정에서 핵심적인 역할을 해줄 수 있는 그리스도 중심의 메시지도 탐구했다.

결국 우리는 청소년들이 매일 예수님께 더 강력하게 "네"라고 말할 수 있도록 도와주는, 신학적으로 풍성한 한 단어를 찾아냈다.

충분하다.

충분하다.

충분하다.

모두가 결핍을 두려워하고 자신에게 결핍이 있으리라 생각하는 시대에, 예수님은 풍성함을 제시하신다. 그리고 그 풍성함을 주시는 예수님 덕분에 우리는 충분하다.

예수님 덕분에 우리는 충분하다: 요한복음 6장 1-15절

복음서 곳곳에서 예수님의 풍성함을 생생하게 볼 수 있지만, 특별히 하나님의 충분하심에 내(카라) 정체성이 안착되도록 도와준 한 구절이 있다. 요한복음 6장 1-15절에 자세히 기록된 사건은 예수님의 부활을 제외하고 사복음서에 모두 기록된 유일한 기적이다.

기적이 일어난 시기는 유월절 직전인 봄이다. 큰 무리는 "병자들에게 행하시는 표적을"(2절) 보고 나서 갈릴리 바다 근처까지 예수님을 따라왔다. 무리가 굶주리고 있는 것을 걱정하신 예수님은 이제 치유하시는 분에서 베푸시는 분이 되신다.[2]

한 아이가 (작은) 보리떡 다섯 덩이와 (역시 작았을 가능성이 큰) 생선 두 마리를 내놓자 안드레는 (아마도 냉소적인 투로) 이렇게 물었다. "그러나 그것이 이 많은 사람에게 얼마나 되겠사옵나이까?"(9절)[3]

상상력이 부족한 제자는 그렇게 말했지만, 예수님은 큰 무리를 먹이시기 위해 아주 적은 양의 음식을 사용하셨다. 예수님은 소량의 단백질과 탄수화물을 가지고 감사 기도를 올리신 뒤 떡과 생선을 만 명에서 만 5천 명에 달하는 사람들에게 나누어주기 시작하셨다.[4]

예수님은 허기만 달랠 정도로 한 입씩만 주시지 않았다. 떡과 생선이 너무 많아서 각 사람이 "원대로"(11절) 받아서 먹을 수 있었다.

신앙은 저의 정체성에 영향을 미친 정도가 아니라, 정체성 자체를 완전히 확립해주었어요. 무슨 일을 하든 제 삶의 원동력은 신앙이에요.

— 아서

우리가 하나님의 형상을 따라 창조되었기 때문에
예수님은 우리가 충분하다고 선포하신다

예수님은 제자들이 받아온 음식 없이도 사람들을 배불리 먹이실 수 있었다. 손쉽게 바로 눈앞의 돌을 떡으로 바꾸실 수도 있었다. 가장 가까이에 있는 풀을 열매로 바꾸실 수도 있었다. 영화 〈어벤져스: 인피니티 워〉(Avengers: Infinity War)의 타노스처럼 (하지만 그와 달리 좋은 목적으로) 손가락을 튕기시기만 하면, 각 사람의 눈앞에 화려한 지중해식 빵과 치즈와 올리브 요리를 차리실 수도 있었다(갑자기 배가 고파지지 않는가?).

하지만 예수님은 제자들을 통해 역사하기로 선택하셨다. 그때나 지금이나 예수님은 우리가 가진 것과 우리 자신을 충분하게 만들어주신다. 우리의 부족함을 충분하게 변화시켜주신다.

부족한 사람에서 충분한 사람으로 변할 수 있는 잠재력은 우리가 하나님의 형상을 따라 창조된 데서 비롯한다. 인간은 하나님의 형상을 따라 지음받은 유일한 피조물이다. 그 때문에 우리는 하나님뿐만 아니라 서로 특별한 관계를 맺을 수 있다.

삼위일체 하나님이 성부와 성자와 성령의 공동체인 것처럼, 우리는 공동체 안에서 자신의 충분함을 가장 잘 경험할 수 있다. 우리는 하나님이 우리를 통해 이루실 수 있는 일의 잠재력을 보지 못한다. 하지만 서로에게서 잠재력을 이끌어낼 때, 예수님이 우리를 충분한 존재로 만들어주신다는 사실을 깨닫는 경우가 많다. 요한복음 6장을 보면 누구도 혼자서는 충분하지 않았음을 알 수 있다. 한 아이, 안드레, 음식을 나누어준 제자들, 음식을 옆 사람에게 전해준 사람들, 이 모든 사람이 함께했을 때 떡과 물고기가 충분해졌다. 신학자이자 목사인 마르바 던(Marva Dawn)은 이렇게 말한다. "이렇게 자신이 하나님의 형상을 따라 지음받았다는 것을 안다면 다른 이들에게서도 그 형상을 찾고, 그들이 그 형상을 인정하도록 도와주어야 한다."[5] 우리는 예수님이 제시하시는 충분함을 함께 기뻐하고 함께 이루어낸다.

예수님은 우리를 충분한 존재 이상으로 만드신다

한 아이가 수천 명을 먹이기 위해 약간의 음식을 내놓는 것은 장난처럼 느껴진다. 요즘 부모들이라면 분명 그 사진을 페이스북에 올리고 '#귀여운'이라는 해시태그를 달 것이다.

하지만 예수님은 그 아이의 행동을 진지하게 받아들이셨다. 예수님은 적은 양의 음식을 모두가 배불리 먹기에 충분하게 만드셨다.

아니, 더 정확히 말해야 한다. 예수님은 우리 자신과 우리가 가진 것을 충분함을 넘어서도록 만드신다. 모두가 배불리 먹은 뒤에도 떡이 열두 광주리나 남았다(요 6:13). 사람들이 다 먹고도 음식이 처음 있던 양보다 훨씬 더 많이 남았다.

예수님의 충분함은 청소년을 통해 모든 세대로 흘러넘친다

전 시대를 통틀어 십대들에게 좋은 소식이 있다. 그것은 예수님이 청소년이 내놓은 것을 충분하고도 넘치게 만드신다는 것이다. 수시로 아이들이 등장하는 다른 세 복음서와 달리, 요한복음에는 이 본문 외에 아이들이 나오지 않는다. 아기 예수도 없다. 열두 살의 예수님도 없다. 아이들이 치유받은 사건도 다루지 않는다. 아이들이 대화의 중심에 놓이는 일도 없다. 이 사건 외에는 아이들에 대한 이야기가 단 하나도 나오지 않는다.

오직 약간의 떡과 물고기를 가져온 한 아이만 있다. 이 본문만 봐서는 그가 소년인지 소녀인지,[6] 몇 살인지도 알 수 없다. 하지만 예수님이 그 아이를 통해 역사하셨다는 것은 알 수 있다. 이 아이는 그날 예수님의 임재 가운데, 그곳에 있을 자격이 있는 사람으로 인정받았다. 존엄성과 가치를 지닌 사람으로 인정받은 것이다. 또한 그 아이는 다른 사람들에게 성령의 선물이 전해지는 통로가 되었다. 진정으로 충분한 사람으로 인정받은 것이다. 1세기에 그러했듯 지금도 마찬가지다. 예수님의 후하심은 한 아이를 통해 흘러 온 세대로 퍼져나간다.

큰 질문	초점	설명	현재의 답	그리스도 중심의 답
나는 누구인가?	정체성	자신을 보는 시각	"나는 _____이다." · 다른 사람이 기대하는 모습 · 충분히 _____(하)지 않다. · 내가 만든 이미지 · 꼬리표를 뛰어넘는다.	나는 예수님으로 충분하다.

'충분함'을 적용하기: 대화와 연결

무리는 부족한 것을 충분하게 변화시킨 예수님의 역사를 보고 나서 그분이 누구이시며 그 사건이 무슨 의미인지를 제대로 이해했을까?

전혀 그렇지 않았다.

기적을 본 무리는 이제 예수님을 선지자로 보게 되었다. 무리는 예수님 왕국의 길이 십자가를 통과해야 한다는 사실을 깨닫지 못하고 그분을 억지로 자신들의 왕으로 삼으려고 했다.

예수님을 직접 만났던 1세기의 제자들도 그분이 누구이시며 그분이 자신에게 무슨 의미인지를 온전히 이해하지 못했다면, 우리와 이 시대의 청소년들이 그것을 이해하지 못하는 것은 너무나 당연하다. 그러니 아이들이 정체성에 대해 잘못된 답 안에서만 헤매고 있는 것도 무리는 아니다. 예수님이 누구이신지를 이해하지 못한다면, '나는 누구인가?'라는 중요한 질문에 대한 답을 제대로

> 물론 예수님의 후하심과 충분하심 앞에서 우리는 한 가지 질문을 던질 수밖에 없다. 예수님이 우리가 가진 것과 우리 자신을 충분하게 만드신다면, 왜 세상에 부족함이 있는가? 왜 세상에 식량, 돈, 사랑을 비롯한 모든 것이 부족한 곳이 있는가? 이것은 합당한 질문이다. 하지만 우리가 완벽한 답을 제시할 수는 없다. 때로 인간의 개인적인 죄, 집단적인 죄, 구조적인 죄가 하나님의 공급하심을 방해한다. 질병, 자연재해, 불모의 땅같이 인간이 통제할 수 없는 상황이 하나님의 이상적인 계획을 방해하는 경우도 많다. 때로는 원인을 파악하기도 어려울 때가 있다. 부족함의 원인이 무엇이든 하나님은 주로 다른 사람들을 통해 공급하셔서 부족함을 해결하신다. 1세기에 예수님이 아이가 가져온 적은 음식으로 많은 무리를 먹이셨던 것처럼 말이다. 실제로 성령님은 교회를 통해 어려운 사람들을 먹이신다. 이는 하나님의 충분하심을 우리에게 생생히 보여주는 증거가 된다.

찾지 못할 수밖에 없다.

우리는 실천이 이해의 깊이를 더한다고 믿는다. 그래서 정체성에 대해 예수님이 주시는 더 나은 답을 실제 삶에서 실천하기 위한 두 가지 방법을 소개할 것이다. (7장과 9장에서 소속감과 목적을 다룰 때도 똑같이 할 것이다.)

첫째, 청소년들과 더 건설적인 '대화'를 나누기 위한 도구를 제시할 것이다. 이 도구를 사용하면 십대들의 말을 공감하면서 듣고, 그들이 예수님의 충분하심을 받아들이도록 도울 수 있다.

인터뷰 도중 우리 연구팀의 한 담당자는 청소년 사역을 하는 친한 친구에게서 이런 말을 들었다. "아이들에게 '하나님은 너희가 충분하다고 말씀하셔'라는 말을 아무리 많이 해도 충분하지 않더라고." 맞는 말이다. 그래서 이번 장에서는 그 진리를 말하기 전에 미리 해두면 좋을 질문과 대화 주제를 소개할 것이다.

3장에서는 언제라도 대화의 깊은 물속으로 뛰어들기 위한 3단계 틀을 소개했다. '지금, 하나님, 어떻게'는 우리가 제안하는 토론의 뼈대로 사용하기에 더없이 좋은 틀이다.

둘째, 우리는 청소년들과 함께 시도해볼 행동 지향적이고 관계 중심적인 새로운 '연결 방법'을 몇 가지 제시할 것이다. 우리가 제안하는 이 방법은 정체성의 영역에서 당신과 청소년 모두 (비유적, 실질적으로) 하나님의 충분하심을 경험하고 안식할 수 있게 해줄 것이다.

이런 대화와 연결 방법 중에는 내용이 긴 것도 있다. 그래서 십대와 대화하거나 소모임에서 토론할 때, 이 책을 가져가기를 추천한다. 책을 가져가면 십대 아이들이 책을 보고 말한다고 놀릴 수도 있지만, 그것은 대개 좋은 신호다. 그들이 당신을 편하게 여긴다는 뜻이기 때문이다(최소한 우리 둘은 그렇게 생각한다). 아이들이 책에 한눈을 팔게 하고 싶지 않다면, 질문을 미리 노트에 적어두거나 사진을 찍어 가도 좋다. 대화 패턴이 익숙해질수록 원고 없이도 아이들과 자연스럽게 대화할 수 있을 것이다.

이 책에는 청소년들을 예수님이 주신 더 나은 답으로 이끌고자 하는 모든 어른이 유용하게 사용할 수 있는 대화법과 연결 방법이 담겨 있다. 사역 리더든 멘토든 부모든 혹은 단순히 아이를 돌보는 어른이든, 이 도구들을 사용하여 의미 있는 대화를 나누고, 아이들과 더 깊이 연결될 수 있을 것이다. 우리는 이 중 많은 방법을 사역 현장과 가정에서 실제로 시험해보았다. 그 경험을 토대로 청소년 사역자나 부모에게 도움이 되는 여러 지침을 제안할 것이다.

정체성에 대한 대화

인종적 정체성에 대한 대화

청소년들이 인종적 편견과 차별을 얼마나 자주 겪는지 모르는 사람도 있을 것이다. 한 연구에 따르면 미국의 흑인 십대들은 하루 평균 5번 인종 차별을 경험한다(개인적으로, 간접적으로, 온라인이나 오프라인에서).[7]

우리는 당신의 인종적 배경을 모르고, 당신이 가장 관심을 기울이고 있는 청소년들의 문화적 배경도 모른다. 하지만 우리는 인종 및 민족 화해를 위해 활동하는 브렌다 설터 맥닐(Brenda Salter McNeil)과 릭 리처드슨(Rick Richardson)의 말에 동의한다.

> 자신이 어떤 인종적 배경을 가졌는지 모르면, 다른 사람들과 진정으로 화해할 수 없다. 그리고 우리는 (민족적 역사를 포함해서) 타인이 누구인지를 파악하고 인식한 뒤 그들과

교류할 때, 비로소 우리 자신을 보는 시각이 실질적으로 바뀌게 되며 그들과 진정으로 화해할 수 있다.[8]

우리는 자신과 사회적 배경이 다른 사람들의 말에 귀를 기울이고, 그들을 사랑하며, 그들에게서 배울 때 한 사람이 변화된다는 사실을 발견했다. 청소년들과 대화할 때, 다음과 같은 질문을 활용하여 인종적, 문화적 정체성에 대한 이야기를 나누기 바란다.

지금
① 너의 인종이나 민족이 지금까지 네 삶에 어떤 영향을 미쳤는지 구체적인 사례나 이야기를 말해줄래?
② 너의 부모님이나 조부모님의 답은 네 답과 어떻게 다를까?
③ 너의 인종과 문화가 자신을 보는 시각에 어떤 영향을 미친다고 생각해?

하나님
④ 너의 인종이나 민족이 신앙이나 하나님을 보는 관점에 어떤 영향을 미치고 있니?

어떻게
⑤ 너의 인종이나 문화가 무언가를 이해하는 데 어떻게 도움을 주니?

> 저는 제가 누구인지 매일 잊지 않으려고 노력해요. 그리고 제가 누구인지를 다른 사람들이 정하게 두지 않아요.
> ─ 제이슨

⑥ 문화적 배경 때문에 네가 보지 못하는 것들은 무엇이 있을까?

⑦ 그런 부분을 어떻게 보완하거나 극복할 수 있을까?

정체성에 대한 기대들을 파악하기 위한 대화

다른 사람의 목소리가 정체성에 어떤 영향을 미치는지와, 그 기대들이 어떻게 충돌하는지를 이해하도록 돕기 위해 십대들에게 다음과 같은 질문을 던지고 이야기해보라. 다음 질문 중 일부는 우리가 진행한 인터뷰에서 그대로 가져온 것이다('부록 B'에 인터뷰 질문을 모두 수록해놓았다).

지금

① '나는 누구인가?'라는 질문을 들으면, 어떤 단어나 문장이 머릿속에 떠오르니?

② 친구들은 너를 어떻게 묘사할까? 내가 그 친구들 중 하나에게 "＿＿＿＿은(는) 어떤 친구니?"라고 물으면 어떤 답을 할까?

③ 너의 가족들은 어떨까? 가족은 너에 대해 어떻게 말할까?

④ 다른 사람들이 너에 대해 놓치거나 오해하고 있는 점이 있을까?

⑤ 친구들이나 부모님이 원하기 때문에 특정한 방식으로 행동해야 한다고 생각한 적이 있니? 그 상황을 더 자세히 말해줄 수 있니?

⑥ 교회 사람들의 기대 때문에 특정한 방식으로 행동해야 한다고 생각한 적이 있니? 이런 상황에 대해 구체적으로 떠오르는 이야기가 있니?

하나님

⑦ 신앙이 자신을 바라보는 너의 시각에 어떤 영향을 미친다고 생각하니?

⑧ 신앙이 자신을 바라보는 너의 시각에 어떤 영향을 미쳤기를 바라니?

어떻게

⑨ 너를 정의하려는 다른 사람들의 목소리보다 하나님의 목소리를 더 크게 들으려면 어떻게 해야 할까?

⑩ 그렇게 하면 어떤 유익이 있을까? 어떤 손해를 보게 될까?

> **사역자를 위한 팁**
>
> 도심에서 목회를 하는 한 청소년부 전도사는 우리의 정체성이 다른 사람들에게 듣는 부정적인 메시지보다 훌륭하다는 것을 중고등학생들에게 알려주고 싶었다. 그래서 그는 학생들과 대화를 마무리할 때, 다음의 문장을 따라 하도록 했다. "하나님이 나에 대해 말씀하신 것은 다 사실이야. 나는 중요한 사람이야. 내 목소리가 중요하고, 나는 진정으로 사랑받고 있어."
>
> 그들이 이 세 문장을 반복할 때, 성령님은 그들이 충분하다는 진리를 그들의 마음과 영혼에 불어넣으셨다.

자신이 충분하다고(혹은 부족하다고) 느끼게 하는 사람들에 대한 대화

우리 주변의 십대들에게 그들이 부족하다고 말하는 사람들이 있다. 그 목소리는 친구, 가족, 교사, 목사처럼 개인적으로 아는 사람들에게 들은 것일 수도 있고, 소셜미디어나 유튜브를 통해 접한 사람들에게서 들은 것일 수도 있다. 대화를 위한 다음의 질문들은 그들이 그런 목소리에 대해 생각하도록 도와준다.

지금

① 다음의 사람들은 너 자신을 어떻게 바라보게 하니? 1부터 5까지 점수를 매겨봐. 1은 '매우 나쁘게'이고 5는 '매우 좋게'야.

- 가장 좋아하는 선생님이나 감독님
- 가장 싫어하는 선생님이나 감독님
- 엄마나 새엄마
- 아빠나 새아빠
- 형제나 이복형제
- 자매나 이복자매
- 조부모님
- 아르바이트하는 곳의 상사
- 교회에 다닌다면, 목사님이나 중고등부 전도사님
- 다른 사람들의 소셜미디어 게시물
- 지금은 멀어진 친구들
- 계속 가까이 지내는 친구들
- 이성을 사귀고 있다면, 남자 친구나 여자 친구

② 이 중에서 네가 부족한 존재라는 생각을 심어주는 사람은 누구니?

③ 어떻게 하면 이 사람의 목소리를 지금과 다르게 들을 수 있을까?

하나님

④ 이 중에서 네가 충분한 존재라는 생각을 심어주는 사람은 누구니?

> **가족을 위한 팁**
>
> 부모나 양부모, 보호자로서 우리는 십대를 도우려는 노력이 오히려 그들을 짜증 나게 만드는 경우가 얼마나 많은지 잘 모른다. 그들에게 물어봐야 알 수 있다. 그래서 가끔 나(카라)는 우리 아이들에게 이렇게 묻는다. "내가 어떻게 해야 나와 고민을 이야기하는 것이 편해지겠니?"
>
> 아이들은 주로 이렇게 답한다. "제발 질문을 너무 많이 하지 마세요." (이 말이 내가 던진 질문에 대한 답이라는 것이 아니러니하다.)
>
> "너무 진지하게 얘기하지 마세요"와 같은 답변도 들을 수 있다. 우리 아이들은 내가 지난달에 본 영화나 작년에 다녀온 휴가에서 얻은 통찰을 이야기하면 싫어하는 경우가 많다. 내가 그런 이야기를 꺼내면 너무 가르치려 드는 것으로 느껴지는 듯하다.
>
> 내가 여전히 아이들에게 질문을 던지고, 지난 경험에 대한 이야기를 꺼낼까? 물론이다. 하지만 아이들에게 부담을 주지 않을 만큼, 아니 그 절반 정도만 하려고 노력한다.

어떻게

⑤ 그들과 더 많은 시간을 보내기 위해 네 삶이나 스케줄을 어떻게 바꿔야 할까?

⑥ 네가 이런 변화를 이루도록 내가 어떻게 도와줄 수 있을까?

성경 속 '충분함'에 대한 대화

하나님이 우리를 충분한 존재로 만드셨다는 의미를 온전히 이해하고 싶다면, 청소년들과 함께 혹은 따로 다음의 성경 구절들을 찬찬히 읽고 탐구해볼 것을 권한다. 요한복음 6장 1-15절과 이 구절들은 묵상하거나, 암송하거나, 주변에 문자로 보내거나, 구절들을 모아 소그룹 혹은 중고등부 교육용 교재로 만들기 딱 좋다.

- **창세기 1장 1-31절, 특히 26-27절**: 우리는 하나님의 형상을 따라 지음받았기 때문에 충분하다.
- **시편 139편 1-24절, 특히 14절**: 우리는 기묘하게 지음받았기 때문에 충분하다.
- **마태복음 5장 13-16절, 특히 13-14절**: 하나님이 우리를 통해 역사하시기에 우리는 세상에서 빛과 소금의 역할을 감당하기에 충분하다.
- **마가복음 1장 1-13절, 특히 11절**: 하나님은 그분의 자녀인 우리를 충분한 존재로 보신다.
- **누가복음 7장 36-50절, 특히 45-47절**: 다른 사람들이 우리를 비난하고, 스스로 부족하다고 느낄 때조차 하나님은 우리를 충분한 존재로 만들어주신다.
- **로마서 8장 1-17절, 특히 1절**: 우리가 어떤 짓을 저질렀어도 하나님은 우리를 정죄에서 자유롭게 하시고, 충분한 존재로 만들어주신다.
- **고린도전서 6장 12-20절, 특히 19절**: 하나님은 우리의 몸을 성전으로 변화시켜주시기에 충분한 능력이 있으시고,

그리스도와 한 성전인 우리는 함께할 때 충분하다.
- **고린도후서 5장 11-21절, 특히 17절**: 그리스도로 말미암아 우리는 부족함 없는 새 피조물이다.
- **에베소서 2장 1-10절, 특히 8-9절**: 우리를 충분하게 만드는 것은 우리의 노력이 아니라, 하나님이 은혜로 주신 선물이다.
- **베드로전서 2장 4-10절, 특히 9-10절**: 하나님께 선택받은 백성인 우리는 충분하다.

안식일을 통해 정체성 세우기

하나님이 창조의 일곱째 날 쉬신 것으로⋯야훼가 일 중독자가 아니시라는 사실이 분명해졌다.
_월터 브루그만(Walter Brueggemann)⁹

어수선한 스케줄은 정체성도 어수선하게 만든다.

이것이 브래드와 내가 학생들이 예수님의 충분하심을 받아들이는 일에서 안식일이 가장 좋은 역사적, 기독교적 연결 고리라고 생각하는 이유다. 우리는 주기적으로 복잡한 것들을 한쪽으로 치워야 한다. 감당하기 어려운 할 일들의 목록을 정리하고, 제자라면 반드시 해야 하는 한 가지를 수행해야 한다. 그 일은 바로 안식하는 것이다. 우리가 충분한 존재라는 사실을 기억한다면, 주기적인 안식일의 리듬을 유지할 수밖에 없다.

'일을 쉬다'라는 뜻의 히브리어 동사 '샤바트'(shabbat)에서 파생한 단어 안식일(Sabbath)은 엿새 동안 일하고 일곱째 날에 쉬신 하나님의 행동에 따른 것이다(창 2:2-3). 우리는 자신의 능력과 성취로 자신을 정의하기 위해 쉴 새 없이 뛰어다니기보다, 그리스도 중심의 정체성을 세우는 훈련으로 안식을 누려야 한다.[10] 예를 들어, 다음과 같이 훈련할 수 있다.

침묵	침묵하기는 쉽지 않지만, 이 훈련을 통해 기다리고 들으며 하나님 및 자기 자신과 연결되는 법을 배울 수 있다.
쉼	쉼은 전체적인 활력을 회복하는 시간이다. 그리고 쉼은 우리에게 한계가 있음과, 부족함을 채우기 위해 하나님이 필요하다는 것을 인정하는 행위다.
멀리 떠나기	익숙한 환경을 떠나 전자 기기를 비롯하여 자신을 정의하는 여타 활동과 공간에서 벗어나는 것이다. 요한복음 6장 3절에서 예수님이 무리를 떠나 제자들과 함께 한적한 곳으로 가신 것이 좋은 본보기다.
예배	특히 매주 교회에서 하나님의 백성과 함께 모이는 것은 그리스도인의 정체성을 형성하는 가장 중요한 신앙 실천 중 하나다.

정신 건강에 대한 A, B, C, D, E

많은 청소년이 정체성, 소속감, 목적에 대한 세 가지 중대한 질문 앞에서 거짓된 답에서만 맴돌고 있다. 그들은 자신이 부족하다는 생각과 주변 사람들의 압박에 시달리고 있다. 그로 인한 스트레스가 실로 엄청나다. 우리는 그들을 걱정하는 어른들을 돕기 위해, 신뢰할 만한 정신 건강 전문가들의 통찰을 정리했다. 사람들이 가장 궁금해하는 네 가지 질문에 대해 실용적인 답을 소개하겠다.

청소년이 정상 범위를 벗어난 스트레스나 불안에 시달리는지 어떻게 알 수 있을까?
대체로 전문가들은 다음과 같은 증상을 유심히 살펴보라고 말한다.

- 평소보다 더 강력하거나 확연하게 드러나는 모든 징후(예를 들어, 수면이나 식사량이 너무 많거나 적은 경우, 감정 변화가 심한 경우)
- 감정을 잘 조절하지 못하는 징후들
- 일상적인 일(숙제나 집안일 등)을 처리하는 데 어려움을 겪는 모습
- 알코올, 마약, 자해 같은 건강하지 못한 대응 전략

만약 걱정되는 청소년이 있다면, 당신의 직감을 믿고 다음의 내용을 따라 단계를 밟으라.

청소년이 정신 질환에 시달린다는 사실을 알게 되면 무엇을 해야 할까?
가장 좋은 대응책 다섯 가지의 앞글자를 따서 알파벳 ABCDE로 정리했다.
먼저 그 청소년에게 공감의 반응을 충분히 해준 뒤, 현재 불안이나 스트레스, 우울감을 어느 정도 느끼고 있는지 1부터 10까지 점수를 매겨보라고 요청하라(ASK). 10점은 최악이다. 1-3점은 우리가 모두 때때로 경험하는 정상적인 수준의 불안이다. 4, 5점은 해결 가능한 수준이다. 6점 이상은 당신과 전문가에게 도움을 받아야 하는 상태다.

둘째, 그 청소년에게 깊이 숨을 쉬라고(BREATHE) 권하라. 극심한 스트레스를 느낄 때 심장 박동이 빨라지는 경험을 해보았을 것이다. 이것은 긴급 상황에서 산소를 몸 전체로 빠르게 전달하기 위한 심장의 자동 반응이다. 이때 심호흡을 하면 심장이 더 많은 산소를 얻기 때문에 과도하게 반응할 필요가 없어진다. 심장 박동이 느려지면, 뇌는 위험에서 벗어났다는 신호를 받는다. 심호흡은 공포 같은 통제 불능의 감정을 다스려주는 간단하지만 강력한 브레이크 페달이다.

셋째, 그 청소년이 핵심적인 진리나 중요한 문구를 일상의 중심(CENTER)에 놓도록 도우라. 항상 곁에 두어 신앙의 닻으로 삼을 의미 있는 성경 구절, 찬송가, 기도문을 함께 찾으라. 나(카라)의 가족은 "임마누엘, 하나님이 우리와 함께 계신다"라는 문구를 선택했다.

넷째, 그 청소년이 팀을 이루도록(DEVELOP) 도우라. 그가 온라인 수학 수업이나 새로운 환경 때문에 불안해할 가능성이 있다면, 불안감이 찾아올 때 문자를 보내거나 이야기를 나눌 친구와 어른을 미리 생각해두라고 조언하라. 당신이 그 아이의 부모가 아니라면, 스트레스가 얼마나 심각한지 부모에게 알리라고 조언하라.

필요하다면 전문적인 치료를 받아보라고 제안하라. 뇌도 신체 기관이다. 따라서 심장이나 간처럼 뇌도 올바로 기능하기 위해 전문적인 도움이 필요하다. 추천해줄 만한 병원이나 상담소를 모른다면 교회나 학교에 연락을 취해 정보를 얻으라.

청소년과 대화하는 내내 그들이 다음(주로 작은) 단계들을 밟도록 힘을 실어주라(EMPOWER). 청소년들에게 공감을 표시하면서 앞으로 나아갈 용기를 주기 위해 내가 자주 사용하는 문구가 있다. "정말 힘들겠다. 하지만 네게 이겨낼 힘이 있을 거라고 믿어."[a]

즉시 도움이 필요한 청소년들을 위한 단체나 상담 전화가 있는가?

미국 자살 방지 센터(National Suicide Prevention Lifeline)는 위기에 처한 청소년이나, 그들을 걱정하는 친구와 가족들이 신뢰할 수 있는 단체다. 한국에서는 보건복

지부에서 운영하는 자살예방 상담전화(109), 정신건강 상담전화(1577-0199), 자살예방 SNS 상담 앱(마들랜)을 이용할 수 있다.
스티브 펀드 위기 문자 상담 서비스(Steve Fund Crisis Text Line)도 유색 인종 학생들의 정신적, 정서적 건강을 전문적으로 다루는 훌륭한 단체다.

불안해하는 청소년들을 돕기 위한 더 많은 아이디어를 어디에서 얻을 수 있을까? 풀러 청소년 연구소는 부모를 위한 팟캐스트 시리즈와 다운로드할 수 있는 멀티미디어 청소년 그룹 커리큘럼 자료인 '불안한 세상에서의 믿음'(Faith in an Anxious World)을 개발했다. 더 많은 자료가 필요하다면 웹사이트 fulleryouthinstitute.org/anxiousworld를 방문하라.

---

a Lisa Damour, *Under Pressure* (New York: Ballantine Books, 2019), 45. (『여자(아이)의 심리학』 시공사 역간).

'기도와 놀이'에 연결되기

우리는 청소년을 위해 기꺼이 온 힘을 다해 사역해왔다. 그런데 우리가 그들을 위해 기꺼이 쉴 수도 있는가?
_네이선 T. 스터키(Nathan T. Stucky)[11]

내(카라)가 이십대에 처음 안식일을 준수하기 시작했을 때, 안식일이 "기도하고 노는" 시간이라는 유진 피터슨(Eugene Peterson)의 말이 큰 도움이 되었다.[12] 내게 기도와 놀이는 차분히 기도 일기를 쓰고, 평일에는 시간을 내서 하기 어려운 즐거운 활동을 하는 것을 의미했다.

> '연결'을 다른 단어로 바꾸면 '실천'이다. 이 책에서 '실천'은 궁극적인 선을 위해 공동체에서 가르쳐왔고, 역사에 뿌리내린 활동을 의미한다. 안식일 외에 일반적인 신앙 실천에는 예배, 환대(7장을 보라), 기도, 성경 공부, 간증, 죄 고백, 증언, 소명, 정의를 위한 노력(9장을 보라)이 포함된다.

당신이 만나는 청소년들에게 이번 주나 앞으로 있을 안식일에 어떻게 '놀' 수 있을지 목록을 만들어보게 하라. 다시 말하지만, 여기서 논다는 것은 평일에는 시간이 없어서 못 하는 즐거운 활동을 한다는 뜻이다.

그다음에는 '기도'하며 하나님과 집중적으로 만나기 위한 방법을 적도록 하라. (학생들은 대부분 이 목록을 짜기 어려워할 것이다. 여러 명의 학생과 모인다면, 새로운 아이디어를 얻을 수 있도록 서로 적은 내용을 나누게 하라.)

학생들에게 각 목록에서 가장 먼저 할 수 있는 항목이나, 가장 좋아 보이는 항목 두세 개에 동그라미로 표시하게 하라.

동그라미를 친 항목들뿐만 아니라 그러지 않은 항목들에 대해서도 토론하라.

① 동그라미로 표시한 항목들에 공통점이 있을까?
② 그 항목들을 현재 못하고 있는 이유는 뭘까?
③ 이번 주에 '기도'와 '놀이'를 각각 한 가지씩 실천하는 안식일로 보낼 수 있는 날이 언제니?

> **사역자를 위한 팁**
>
> 미시간주의 중고등부 전도사인 카일은 두 달 동안 청소년 부서 아이들과 함께 안식일을 집중적으로 실천한 후, 전 교인에게 안식일에 대해 설교할 기회를 얻었다. 그는 설교 시간에 고등학생들이 간증하도록 했다. 학생들은 안식일 준비, 바쁜 일상에서 안식일을 지키는 것의 어려움, 자기 자신에 대해 깨달은 바를 나누었다. 이 간증을 들은 많은 교인이 자신이 '충분한 존재'라는 진리를 깨닫기 위해 시간을 내기 시작했다.

④ 네가 이번 주에 그렇게 안식할 수 있도록 나나 다른 사람들이 도울 일이 있을까?

⑤ 기도하고 놀기 위한 시간을 더 많이 보내면 하나님이 너를 충분하게 지으셨다는 사실을 인식하는 데 도움이 될까? 아니면 방해가 될까?

초심자가 안식일과 연결되는 법

한 명 혹은 여러 명의 청소년과 다음과 같은 방식으로 안식일을 실천해보면 어떨까? 우리 연구소가 주최한 훈련에 참여했던 한 교회는 이 방식에 '안식일 지킴이'라는 재치 있는 명칭을 붙였다.

① 한 교회는 안식일의 본질을 두 개의 질문으로 요약했다. '안식일에 무엇을 받아들일 것인가? 안식일에 무엇을

거부할 것인가?' 학생들에게 이런 간단한 두 가지 질문을
제시하면, 예수님의 충분하심에 뿌리내린 정체성을 세우기
위해 어떤 활동, 패턴, 성향을 받아들이고 피해야 할지를
파악하는 데 도움이 된다.

② 또 다른 청소년 사역 단체는 학생들이 '열매 맺는' 일과
휴식(하나님이 주신 정체성과 소속감, 목적을 키워주는) 그리고
'열매 없는' 일과 휴식(궁극적인 목적이 없고 스트레스를
해소해주지 않는)을 구분하도록 돕는 데 초점을 맞추었다.
그들은 학생들에게 매일 아침, 점심, 저녁에 자신의 일과
휴식을 살펴본 뒤, 열매를 맺고 있는지 아니면 열매가
없는지 확인하라고 권했다.

③ 24시간 동안 온전히 안식일을 지키는 것은 예수님의
충분함을 막 깨닫기 시작한 사람들에게는 버겁다. 그래서 한
청소년 사역 단체는 하루 동안 온전히 안식일을 지킬 때까지
점진적으로 시간을 늘려가기로 했다. 첫 주에는 학생들이
2시간 동안 안식일을 지키도록 했고, 24시간을 지킬
수 있을 때까지 매주 2시간씩 늘렸다. 그렇게 하면 십대
아이들이 충분한 쉼을 누리기까지 삶을 서서히 조정해갈 수
있다.

> **가족을 위한 팁**
>
> 한 엄마는 몇 주 동안 십대 자녀들과 안식일과의 연결을 실천한 후 아이들에게 온 가족이 참 잘 쉬었다고 말했다. 다 함께 저녁 식사를 준비하고, 여름휴가 계획을 짰기 때문이다(둘 다 안식일이 없으면 평일에 억지로 시간을 내서 해야 하는 일이다). 그런데 아이들은 엄마의 말에 뜻밖의 반응을 보였다. "엄마, 무슨 말씀이세요? 우리는 하나도 못 쉬었어요."
>
> 철저한 계획에 따라 이루어진 그녀의 안식일은 자녀들이 원하는 안식일과는 거리가 멀었다. 그 대화를 나눈 후 그들은 안식일에 더 자유롭고 편하게 쉬기 위해, 평일에 가족 회의를 열어 주 중의 계획을 세운다.

휴식과 연결되는 다채로운 방법

당신과 가장 가까운 청소년들이 휴식에 대해 더 적극적인 모습을 보인다면, 다음과 같은 활동을 혼자 혹은 (당신을 비롯한) 다른 사람들과 함께 해보라고 권하라. 그러면 안식일을 더 깊이 이해할 수 있을 것이다.

- 요리
- 컬러링북
- 그림 그리기
- 자연을 누리는 하이킹, 캠핑
- 요가

- 음악 듣기
- 자신만의 언어로 시편 쓰기
- 기도하며 산책하기
- 믿을 만한 친구나 멘토와 식사하기
- 어려운 사람 돕기
- 기도하기
- 낮잠 자기
- 아무것도 하지 않기

'나는 누구인가?'만이 아닌 '우리는 누구인가?'

그리스도 안에서의 정체성을 회복해갈 때 '우리는 누구인가?'를 다루지 않고서는 '나는 누구인가?'에 진정으로 답할 수 없다.

우리가 인터뷰했던 많은 학생은 자신을 보는 시각이 다른 사람들에게 크게 영향받는다는 것을 인식하고 있었다. 아서는 편한 사람들과 함께 있을 때 자신의 정체성이 변하는 것을 안다. "저에게는 두 가지 성격이 있어요. 한 성격은 아주 시끄러워요. 이것이 평일의 제 모습이에요. 하지만 다른 성격은 아주 조용해요. 이것이 저의 진짜 성격이에요. 교회에서는 조용하게 지내요. 제가 진짜로 회복되고 자신감을 얻는 유일한 곳은 교회예요."

청소년들의 세 가지 중요한 질문은 서로 긴밀하게 연결되어 있다. 이 질문들은 프리즘처럼 서로에게 빛과 어둠을 비추며 교차한다. 다음 두 장에서는 청소년의 정체성에 가장 큰 영향을 미치는 요인 중 하나인 소속감을 탐구할 것이다.

그리스도 중심의 정체성 요약

그리스도 중심의 정체성을 다룬 이번 장뿐만 아니라, 그리스도 중심의 소속감을 설명하는 7장과 그리스도 중심의 목적을 다룬 9장 끝에는 각 장의 핵심 진리를 간결한 문장들로 제시할 것이다. 이것은 단순한 참고용이 아니라 마음 깊이 새기고 날마다 떠올리게 하려는 것이다. 정체성에 대해 기억하고 싶은 진리를 정했다면, 다음 단계는 그 진리를 매일 기억할 수 있는 시스템을 마련하는 것이다.

휴대폰에 매일 알람을 맞춰놓아도 좋다. 진리를 다시금 떠올릴 시간이 되었다는 것을 기억하기 위해 아침에 출근 준비를 하는 시간이나 하루를 마무리하는 저녁 시간에 알람을 맞춰두라.

아날로그 방식도 좋다. 하나님의 복된 말씀을 포스트잇에 써서 화장실 거울이나 자동차 계기판 혹은 사무실 책상에 붙여두라.

학생들과 함께 번갈아가며 진리의 문장들을 문자로 보내는 것도 좋다. 그렇게 하면 하나님의 충분하심 가운데 쉬겠다는 결심이 함께 강해질 수 있다.

어떤 방법을 택하든 십대들에게 가르치기만 하지 말고 몸소 실천하라. 그럴 때 참된 정체성을 발견하는 당신의 여행도 크게 진전할 것이다.

아래의 메시지 목록에서 하나를 선택해도 좋다.

- 나는 예수님으로 말미암아 충분하다.
- 예수님은 내가 가진 것과 나 자신을 충분하게, 아니 그 이상으로 만들어주신다.
- 예수님은 나의 부족함을 충분함으로 바꾸어주신다.
- 예수님의 후하심은 한 명의 청소년을 통해 모든 세대로 흘러갈 수 있다.
- 아이들에게 "하나님은 너희가 충분하다고 말씀하셔"라는 말을 아무리 많이 해도 모자라다.
- 안식일 = 기도하고 노는 것.
- 안식일에 무엇을 받아들이고, 무엇을 거부할 것인가?

숙고하고 적용하기

❶ 이번 장에서 대화나 안식일과의 연결을 위해 제안한 내용 중 당신과 당신 곁에 있는 십대들에게 가장 유익한 것은 무엇인가?

❷ 그 대화나 실천 방안들이 당신과 당신 곁에 있는 십대들의 정체성을 어떻게 변화시키는가?

❸ 당신과 당신 곁의 십대들은 변화를 위한 시간을 마련하기 위해 관계나 일상에서 무엇을 조정해야 하는가?

❹ 하나님이 우리를 충분한 존재로 만드신다는 사실을 당신뿐 아니라 당신 곁의 십대들이 더 깊이 이해하기를 원하는가? 이를 위해 어떻게 기도해야 할지 적어보라.

3부

나는 어디에 어울리는가?

6장.
소속감에 대한 큰 질문

사실 나는 열여섯 살보다 더 나이를 먹어본 적이 없어. 그래서 평생 살고 나서 지난날을 돌아보며 내가 정말 외로웠다는 것을 깨닫는다는 것이 어떤 기분인지 알 수 없지. 하지만 그 동전의 반대편은 알아. 내 앞에 수백 개의 길이 펼쳐져 있는데 잘못된 길을 선택하면 어떻게 하나 걱정하는 기분은 알지. 아니, 나의 삶이 이미 그릇된 길로 선택되어 있으면 어쩌지? 그 길 끝에 아무도 없다면? 나는 이런 두려움을 잘 알아. 가끔은 실제로 외로운 것보다 언제 외로워질지 모른다는 두려움이 더 무서운 것 같아.

_『노아 힙노틱의 기묘한 매력』(The Strange Fascinations of Noah Hypnotik)[1]

마이클은 먼지투성이 도로 끝에 있는 농가에서 태어나 지금까지 그곳에서 살고 있다. 미시건주의 이 껑다리 고등학교 3학년 학생은 픽업트럭을 타고 동네의 기독교 학교로 등교한다. 마이클의 아버지도 그 학교 출신이다. 마이클은 야구를 좋아하고, 자동차 정비를 하며, 밖에서 많은 시간을 보낸다.

마이클은 '태어나기 전'부터 교회에 소속되어 있었다고 말한다. 사실, 그 아이의 아버지와 어머니도 그랬다. 조부모님도 마찬가지였다. 마이클은 "가문의 전통 같아요"라고 말했다. 이 '가문의 전통'은 사촌들을 넘어 마이클에게 가족이나 다름없는 이웃들까지 아우른다. 네덜란드 이민자들은 예로부터 그곳에서 함께 농사를 지으며 오랫동안 관계를 맺고 살았기 때문에 서로 가족처럼 지낸다.

이 끈끈한 공동체에서는 가정 예배를 드리는 모습을 흔히 볼 수 있다. "우리 가족과 친척들이 대부분 저와 똑같이 자랐어요. 평생 기독교 학교에 다니고 주일에 두 번씩 교회에 갔죠. 저녁 식탁에서 성경을 읽고 예배를 드렸고요. 자라는 내내 저의 모든 일상은 교회와 관련되어 있었어요."

마이클은 학교에서 친구들과 끈끈한 우정을 나눈다. "이 우정이 변하지 않았으면 좋겠어요." 선생님들은 권위만 내세우지 않고 학생들을 열심히 지원해준다. 그들은 학생들에게 고민이 있으면 언제라도 찾아오라고 말한다. 마이클은 자기 교회를 이렇게 설명한다. "끈끈한 공동체예요. 서로 모르는 사람이 없죠. 교회에 들어가면 꼭 누군가가 다가와 말을 걸어요. 그래서 항상 사람들이 저를 원한다는 느낌을 받죠."

마이클은 사람들이 자신을 원한다는 이 느낌을 가정에서도 느낀다. 그 아이는 말한다. "엄마는 뭐든 전폭적으로 지원해주세요. 저는 세 가지 운동을 하고 있는데, 항상 엄마가 데려다주시고, 장비도 빠짐없이 사주세요. 제가 잘하지 못해도 부모님은 상관없이 지원해주세요. 부모님은 제가 좋아하는 분야에서 성공하기를 바라시고, 뭐든 도움을 주시려고 해요. 어떤 고민이라도 엄마에게 이야기할 수 있어요. 저는 이게 정말 중요하다고 생각해요."

마이클은 아버지와도 관계가 좋다. 두 사람은 자주 사륜 오토바이나 스노모빌을 타고 함께 사냥한다. 마이클은 숲길에 세워진 두 대의 스노모빌 사진을 보여주면서 '아버지와의 끈끈한 관계'가 자신에게 얼마나 큰 의미인지 이야기했다. "이 사진에서 제 썰매 앞에 있는 것이 아버지의 썰매예요. 저는 아버지와 이런 활동을 함께 해요. 아버지도 저도 혼자서 할 수 있지만, 함께하는 게 훨씬 재미있어요. 제가 어린데도 아버지가 저와 함께하기를 원하신다는 것이 정말 기분이 좋아요. 이 사실이 제 인생에서 정말 중요해요. 이렇게 함께할 때 아버지가 저를 받아주신다는 걸 느껴요."

마이클 또래 대부분이 그렇듯 그 아이도 인스타그램과 스냅챗, 틱톡, 문자 메시지를 하느라 많은 시간을 보낸다. 하지만 우리가 인터뷰한 여느 학생과 달리 마이클은 전자 기기의 문제점에 대해 걱정한다. "다들 전자 기기를 사용할 때 자기가 안전하다고 느끼는 것 같아요. 요즘 아이들은 직접 만나서 이야기하는 걸 싫어해요. 그래서 휴대폰으로 메시지를 보내죠. 그래서 사람들과 만나서 얼굴을 마주 보고 대화하는 진짜 관계가 사라진 것 같아요."

마이클은 학교에서 생활할 때도 아르바이트를 할 때도 열심히 노력한다. 단, 소속되려고 열심히 노력하는 것이 아니다. 마이클은 이미 소속되어 있다. "소속된 곳은 안전한 곳이에요. 어딘가에 속해 있으면 안전함을 느끼죠."

소속감의 정의: 나는 어디에 어울리는가?

소속감이란 '다른 사람들과 연결되어 있다'는 느낌이다. 사람들과 연결될 때 우리는 그들과 잘 맞는다고 느낀다. 우리를 잘 알고 이해하며 있는 그대로 받아주는 사람들과 함께 있을 때 우리는 그 무리에 '속했다'고 말한다.

소속감은 우리 시대 사람들이 마음속 깊이 갈망하는 것 중 하나다. 우리 사회에는 외로움과 단절이 가득하다. 어떤 사람이 우리에게 속하지 않았다고 말할 이유가 수만 가지다. 성격, 사는 곳, 소득, 인종, 민족, 이민자인지 여부, 장애가 그런 이유들이다. 우리는 소셜미디어에서 팔로워와 팬을 거느리고 있지만, 이런 연결 속에서 오히려 누가 우리를 따르지 '않고' 있는지, 혹은 우리가 어디에 속하지 '않았는지'만 더 뼈저리게 느낄 뿐이다.

우리는 어딘가에 속하기를 지독하게 원한다. 그래서 소속감을 느끼려고 수단 방법을 가리지 않는다. 심지어 자기 정체성의 일부를 숨기거나 바꾸기도 한다. 거짓된 목적의식을 좇기도 한다. 특히 십대에게 '나는 어디에 어울리는가?'는 세 가지 큰 질문 중 가장 중요하다. 그들은 어딘가에 속하기를 절실히 원한다.

외로움에 대해

지금 세대는 역사상 가장 외로운 세대인가? 우리 사회에서 외로움은 '유행병 수준'[2]에 이르렀는가?

그럴지도 모른다.

외로움은 절대 사소한 것이 아니다. 그것은 하루에 담배 15개비를 피우는 것만큼 우리의 죽음을 앞당긴다. 외로움은 비만만큼이나 흔한 조기 사망의 원인이다. 그렇다. 외로움은 우리를 죽일 수 있다.[3] 그런데 모든 외로움이 똑같지는 않다.

연구자들은 사춘기에 외로움을 느끼기 쉽지만, 인생의 시기에 상관없이 언제든 외로움을 느낄 수 있다고 말한다. 외로움은 관계들을 바라보는 자신의 시각과 관련이 있다. 현재 어울리는 사람이 자신과 맞지 않는다고 느낄 때 외로움이 찾아온다. 십대 시절에는 이런 불일치가 어느 때보다도 고통스럽게 느껴질 수 있다. 그래서 자라나는 시기에는 누가 자신과 맞고 누가 맞지 않는지를 파악하는 것이 매우 중요하다.[4]

우리가 아는 한 십대도 새 학교에서 맞은 첫날 이런 파악을 해야 했다. 녀석은 차에서 내리면서 아빠를 돌아보며 말했다. "누구와 함께 점심을 먹을지 알아볼 시간이 딱 세 시간 남았어요."

점심시간에 혼자 밥을 먹는 것은 대부분 십대에게 지독히 고통스러운 경험이다. 하지만 어떤 젊은이들은 사람들에게 둘러싸여 있어도 여전히 외로움을 느낀다. 최근 한 글로벌 연구에 따르

> **청소년 사역에 대해 중고등학생이 가장 분명하게 기억하는 것은 무엇인가?**
>
> 우리의 '그로잉 영' 연구에서 이 질문의 답은 고등부 수련회에서 경험한 재미있는 게임에서부터 대규모 집회에 참석한 것과 신앙에 대해 더 깊이 배운 것까지 다양했다. 하지만 가장 많이 나온 답변은 사역의 '일관성'이었다. 청소년에게는 삶의 모든 것이 변해도 돌아갈 수 있는 안정적인 무언가가 필요하다.[a]
>
> ---
>
> [a] 풀러 청소년 연구소의 설문 조사 데이터를 분석함. 이 통찰을 제공해준 대니얼 멘도자(Daniel Mendoza)에게 감사한다.

면, 모든 세대 중 16-24세 사이의 젊은이들이 가장 외로운 것으로 드러났다. 그들 중 40퍼센트가 자주 혹은 매우 자주 외로움을 느낀다고 답했다.[5] 2019년 미국에서 진행된 한 연구에서는 Z세대가 다른 어느 세대보다도 외로워하는 것으로 밝혀졌다. Z세대의 절반 이상은 주변 사람이 자신과 진정으로 '함께하지' 않으며, 자신을 제대로 아는 사람이 한 명도 없다고 느끼고 있다.[6]

따라서 젊은이들, 아니 우리 모두에게 외로움은 큰 문제다. 이 점을 염두에 두고 우리가 '나는 어디에 어울리는가?'라는 질문을 던졌을 때 가장 많이 나온 세 가지 답을 살펴보자.

소속감에 대한 3가지 현재의 답: 나는 …에 어울린다

나는 안심하고 본모습을 보일 수 있는 곳에 어울린다
—— 저는 편안한 곳, 저를 받아주고 비판하지 않는 사람들이 있는 곳, 가면을 쓰지 않고 저의 진짜 모습을 보일 수 있는 곳, 저를 자기네 무리에 끼워주는 곳에 어울려요.

여러 모로 안전함은 소속감이라는 개념에 포함된 요소다. 안전함은 소속감의 기본 조건이자 선행 조건이다. 안전함과 수용되었음을 느끼는 것이 무리에 속하는 데 매우 중요하다.[7] 우리가 인터뷰했던 학생들은 소속감의 여러 측면을 기술할 때 '안전함' 그리고 그와 관련된 단어들(안정감, 피난처, 보호)을 백 번 이상 사용했다. 또한 그들은 가족처럼 느껴지는 사람들과 함께해서 편안함을 느끼는 곳에 대해 이야기했다.

아서는 안전이 '모든 것을 아우르는' 단어라고 말했다. "안전한 곳은 제가 무엇을 하든, 무슨 말을 하든 상관없이 돌아갈 수 있고, 언제나 사랑받을 수 있는 곳이에요."

자넬은 이렇게 말했다. "낯선 상황에 처하거나 잘 모르는 장소에 있으면 뭔가 모르게 불편하죠. 그것은 안전하지 않은 거예요. 실제로 위험하지는 않을지 몰라도 마음껏 진짜 모습을 보이며 행동하기에는 안전하지 않아요." 자넬은 이런 상황을 집에 있는 것과 비교했다. "집에서는 진짜 모습을 보일 수 있어요."

친구 관계의 힘

우리는 청소년들에게 미치는 친구 관계의 힘을 과소평가하기 쉽다. 하지만 이것은 실수다. 친구 관계는 소속감에 대한 중요한 질문뿐 아니라 정체성과 목적에 대한 중요한 질문에 답할 수 있는 열쇠 중 하나다. 더 나아가, 친구 관계가 건강 전반에 미치는 유익은 연구를 통해 계속 증명되고 있다. 친구들은 우리가 더 오래, 그리고 더 잘 살도록 도와준다. 저널리스트이자 연구가인 리디아 덴워스(Lydia Denworth)는 친구 관계의 역할을 연구한 끝에 다음과 같이 결론 내렸다.

> 좋은 친구를 얻고 좋은 친구가 되는 것은 우리가 교실이나 농구 코트, 오케스트라 공연장에서 우리 아이들에게 기대하는 다른 많은 성취만큼이나, 아니 그 이상으로 중요하다. 친구 관계는 아이들이 우정, 신뢰, 충성, 상호 유익, 화해처럼 또래들과의 관계를 통해서만 배울 수 있는 사회 기술을 배우는 통로다. 이것은 모두 성인이 되기 위해 강화해야 하는 근육이다. 성장하는 아이들의 건강에 밀접한 친구 관계는 음식과 운동만큼이나 중요하다.[a]

우리의 인터뷰에서 수많은 고등학생이 학교에서 좋은 친구를 찾는 것에 대해 이야기했다. 예를 들어, 아만도에게는 고등학교 2학년이 중요한 전환점이었다. 그때 마침내 '가족처럼' 느껴지는 친구들을 찾았기 때문이다. "이런 친구들을 만난 것은 평생 한 번 찾아오는 기회예요." 한나는 이렇게 말했다. "저는 고등학교 3학년 때 진정한 친구들을 찾았어요. 그 아이들은 인기는 없을지 모르지만, 마음이 정말 예뻐요. 그 친구들에게는 잘 보이려고 애쓸 필요가 없어요. 저를 놀릴까 봐 걱정할 일도 없고요. 그 친구들은 저를 있는 그대로 받아주어요."

---

[a] Lydia Denworth, "How Monkeys Taught Me to Appreciate Teen Sleepovers," *New York Times*, 2020년 2월 4일, https://www.nytimes.com/2020/02/04/well/family/teenagers-friendships-sleepovers-video-games-parenting.html. 그녀는 *Friendship: The Evolution, Biology, and Extraordinary Power of Life's Fundamental Bond* (New York: Norton, 2020)의 저자다. (『우정의 과학』 흐름출판 역간).

> 그곳에서는 거짓된 모습을 보일 필요가 없어요. 거짓된 모습을 보여야
> 하는 곳이라면 그곳은 제가 있어야 할 곳이 아니잖아요.
>
> ― 헤일리

    이것은 정체성과 소속감의 연관성을 보여준다. 이 주제는 이번 장 곳곳에서 살펴볼 것이다. 진정으로 소속감을 느끼는 곳은 단순히 자신과 맞는 곳이 아니라, 다른 사람들이 원하는 모습이 아닌 자신의 진짜 모습을 드러낼 수 있는 곳이다.

    헤일리는 친구들과 어울리려면 특정한 모습을 보여야 한다는 압박감을 자주 느낀다. 헤일리는 이렇게 말했다. "친구들과 어울리는 게 좋기는 하지만, 때로는 웃긴 말을 해야 해요. 그러다 아무도 웃지 않으면 제가 좋은 친구가 아니라는 생각이 들죠. 친구가 되려고 애쓰는 게 때로는 너무 힘들어요. 이런 말을 하고 이런 행동을 하지 않으면 친구들이 저를 좋아하지 않을 것만 같아요."

    자넬을 비롯해 우리가 인터뷰했던 많은 학생에게 가정은 소속감의 중요한 원천이었다. 하지만 가정을 안전하게 느끼지 못하는 학생들도 있었다.

    5장에서 소개한 세바스티안은 집에서 학대를 당했다. 그는 그 일을 고통스럽게 회상했다. "아빠한테 학대받으면서 어디를 가나 제가 그곳에 속했는지를 늘 의심했어요. 이곳이 제가 속한 곳인지, 저를 있는 그대로 받아주는 사람들이 맞는지 늘 확인해야 했어요. 아빠가 저를 전혀 받아주지 않았기 때문이에요. 지금도

> 참고: 청소년이 대화 중에 어떤 형태로든 학대에 대해 털어놓으면, 특히 현재 위험에 처해 있다면, 반드시 추가 지원을 요청해야 한다. 당신이 사는 지역의 지침에 따라 학대 의심 사실을 당국에 알릴 의무가 당신에게 있을 수 있다. (당신이 유급 사역자든 자원봉사자든) 학대에 대한 규정을 정확히 모를 때는 관리자와 상의하라. 아동학대 신고처는 다음과 같다. ① 국번 없이 112 ② 각 지자체의 아동학대 전담공무원 ③ (사)대한아동학대방지협회: 055-267-5595(경남본부)/ 02-579-5595(서울분소)

새로운 환경에 들어가려면 먼저 사람들이 저를 받아주는지부터 확인해요."

사실, 가정에 속하지 못하는 것은 우리가 경험할 수 있는 대단히 고통스러운 상처 중 하나다.

나는 _____ 을(를) 공유하는 곳에 어울린다
—— 저는 경험을 공유하는 곳, 가치관과 우선순위가 같은 곳, 같은 목표를 위해 함께 노력한 적이 있는 곳, 같은 음악을 좋아하거나 비슷한 언어를 사용하는 곳에 잘 맞아요.

우리가 이번 장 첫머리에서 만난 마이클은 친구들과 공통점이 많기 때문에 그 무리에 소속감을 느낀다고 말했다. "함께 둘러앉아 사소한 것이나 중요한 것에 대해 이야기할 수 있다는 것은 정말 좋은 일이에요. 뭐든 마음껏 이야기할 수 있어요. 물론 의견이 저는 연극부에 들어갔는데, 연습실은 개방적인 사람들의 공간이었어요. 그곳이 제 탈출구로 느껴졌어요. 우리는 매주 수요일마다 만나 연습실에서 어울렸죠. 웃고 떠들고 함께 게임을 했어요. 친구들이 다 저를 받아주는 것 같았어요. 담당 선생님은 우리를 정말 잘 대해주셨어요. 연습실에 갈 때마다 선생님이 저를 인정해주신다고 느꼈어요.

———————————————————————— 세바스티안

다른 부분도 있지만, 대체로 생각이 같아요. 우리는 서로 장난을 치기도 하고, 함께 빈둥거리기도 해요. 저는 그게 정말 좋아요."

우리는 소속감을 '함께 있는 것'으로 묘사하는 말을 자주 들었다. 또한 같은 축구팀에서 뛰고, 같은 동아리에서 활동하며, 같은 수련회에 가고, 심지어 같은 음악을 듣는 것까지 경험을 공유함으로 소속감을 얻는 것에 대한 이야기도 많이 들었다.

물론, 어떤 학생들에게는 소속감을 주는 이런 경험이 그것을 공유하지 못하는 학생들에게는 소외감을 느끼게 할 수 있다. 한 고등학교 3학년 학생은 이렇게 말했다. "중학교에 다닐 때 친구를 사귀려고 노래 가사를 열심히 외웠어요. 하지만 새로 나온 노래를 모르는 순간, 우리는 더는 친구가 아니었죠. 왜 그렇게 되는지 모르겠어요."

경험을 공유한다는 것의 이런 측면을 십대들이 소속감을 찾으려고 통과하는 험준한 땅으로 생각하면 이해하기 쉽다. 부모의 이혼, 인종, 이주 혹은 교회, 가정, 학교의 차이로 인해 십대는 여

러 집단과 관계 속을 동시에 헤쳐나가고 있다. 소속감을 느끼는 곳이 어디인지를 표시하는 십대들의 지도에서는 각각의 상황이 다 별개의 장소처럼 느껴질 수 있다.

십대는 각 그룹에 소속되기를 간절히 원하기 때문에 각 그룹에 맞게 자신의 정체성을 끊임없이 바꾸는 경우가 많다. 그들은 지도의 이곳저곳을 옮겨 다니면서 각기 다른 방식으로 그곳에 소속되려고 노력한다. 우리가 인터뷰 결과들을 분석할 때 이 프로젝트의 고문인 몽태규 윌리엄스(Montague Williams)는 이렇게 말했다. "소속감을 찾기 위한 이 탐구는 다른 버전의 '우리'를 시도해보는 과정이다." 각각의 '우리'에 따라 '나'는 때때로 달라진다. 노래와 친구 사이의 연관성 때문에 혼란스러워했던 그 학생에게서 보듯이 서로를 알고, 이해하며, 받아주는 진정한 소속감을 주는 곳을 찾는 일이 오지의 숨은 장소를 찾는 것처럼 어렵게 느껴질 수 있다.

무리의 밖에 있는 것은 힘들다. 노스캐롤라이나주에 사는 고등학교 3학년 학생 스티브는 인터뷰를 진행한 앤디 정에게 소외감에 대해 통찰력 있는 이야기를 했다.

앤디   이제 소외감을 느꼈던 때를 생각해보렴. 그 경험에 대해 조금 말해주겠니?

스티브   미식축구팀 이야기를 해야겠네요. 다른 선수들은 서로 가깝지만, 저는 별로 친하지 않아요. 모두 주말에 함께 어울려요. 하지만 다들 저와는 친구가 아니어서 저는 초대하지 않아요. 저와 친한 친구들은 미식축구를 하지 않거든요. 그래서 파티나 식당에 가도 저한테는 같이 가자고 하지 않아요. 같이 놀자고 구걸하기는 싫어요. 하지만 소외감을 느끼죠.

앤디　네가 그 친구들과 어울리지 않는 거니? 아니면 그 친구들이 너와 어울리지 않는 거니?

스티브　그 친구들이 저와 어울리지 않으려는 것 같아요. 저는 친하게 지내고 싶거든요. 그 애들이 하는 걸 저도 같이 하고 싶어요. 그런데 그 친구들이 저에게 같이 하자고 하지 않으니까….

앤디　그 무리에 속하지 않았구나?

스티브　네, 한 번도 속한 적이 없어요.

　　동네에서 또래들과 공통된 경험을 찾기 힘든 십대들은(때로 그들의 부모도) 온라인에서 함께할 사람을 찾는 경우가 많다. 학교나 집, 교회에서 거부당하는 기분을 느끼는 LGBTQ 십대들이 특히 그렇다. 그들을 받아주는 가상 공간은 그들의 소속감을 높여주는 것으로 드러났다.[8]

　　스스로를 논바이너리로 여기는 테일러는 온라인에서 자신을 받아줄 십대들을 찾아야 하는 상황까지 겪지는 않았지만, 가까운 친구들과 함께 있지 않을 때는 소속감 때문에 걱정한다. 가

내가 백인이었다면, 혹은 내가 여기서 태어났다면 이곳에 소속감을 느낄 것이다

문화와 인종이 소속감에 은연중에 혹은 명백하게 미치는 영향을 고려하지 않으면, 이 세대의 절반이 겪는 경험에서 중요한 요소를 놓칠 수밖에 없다. 미국의 유색 인종과 아메리카 원주민 청소년들은 백인이어야만 미국에 진정으로 소속될 수 있다는 메시지를 자주 듣는다. 이민자들과 난민 청소년들도 소속감에 대한 장애물을 마주하고 있다. 그것은 미국 주류를 잘 알고, 영어를 능숙하게 사용하며, 가족이 미국 시민권을 가졌는지 여부에 따라 소속감의 장벽에 직면할 수 있기 때문이다.

이런 현상은 '소속감의 불확실성'(belonging uncertainty)으로 불리며, 이에 대해 많은 연구가 이루어져 있다.[a] 누군가가 자신이 학교나 팀, 직장, 교회 같은 사회적 환경에 소속되어 있는지 의문을 품을 때 소속감의 불확실성이 발생한다. 2장에서 우리는 학교에서 공부를 잘하지만, 또래들에게 흑인은 똑똑하지 않다는 말을 들은 자넬의 경험을 소개했다. 4장에서는 또래들이 쓰는 표현을 사용하지 않고 혼혈이기 때문에 흑인 팀원들과 어울리지 못했던 대니얼의 이야기를 소개했다. 아서도 어릴 적에 여러 나라로 옮기면서 소속감의 불확실성을 경험했다. 그는 한국에서 중국으로 갔다가 한국으로 돌아갔고, 그 뒤에는 미국으로 갔다. 그렇게 나라를 옮길 때마다 새로운 나라의 문화에 적응해야 했다.

차별은 여러 면에서 십대에게 영향을 미친다. 그런 영향 중 하나는 '나는 여기에 진정으로 소속되지 못했다'라는 느낌을 받는 것이다. 자넬은 'AP 수업이 백인 아이들을 위한 것이다'라는 생각이 들었고, 대니얼은 농구 코트에서 '100퍼센트 흑인이 아니라서' 소외감을 느꼈다. 이런 종류의 불확실성은 학업과 건강 모두에 나쁜 영향을 미친다. 좋은 소식은 학생들이 자신이 어딘가에 소속되었다는 확신을 얻으면 부정적인 선입관에 잘 빠지지 않고, 성적이 향상될 수 있으며, 전반적으로

더 건강해진다는 것이다.[b]

---

[a] Gregory M. Walton과 Geoffrey L. Cohen, "A Question of Belonging: Race, Social Fit, and Achievement," *Journal of Personality and Social Psychology* 92, no. 1 (2007): 82–96; Gregory M. Walton과 Geoffrey L. Cohen, "A Brief Social-Belonging Intervention Improves Academic and Health Outcomes of Minority Students," *Science* 331, no. 6023 (2011): 1447–51.

[b] Walton and Cohen, "A Brief Social-Belonging Intervention," 1447.

까운 친구들은 대부분 'LGBTQ 공동체의 일원'이다. 테일러는 이렇게 말했다. "새로운 사람들을 만나면 그들이 제 정체성을 존중해주지 않거나 저한테 무례하게 굴까 봐 걱정돼요. 사람들이 일부러 저의 성별을 다르게 부를까 봐 항상 두려워요. 제가 제 친구들과 자주 어울리는 이유가 이 때문이에요. 그 친구들 사이에서는 제가 그 무리에 속해 있다는 확신이 들어요."

나는 내가 필요하다고 느껴지는 곳에 어울린다

―― 저는 어떤 식으로든 다른 사람을 도울 수 있는 곳, 저를 필요로 하는 곳에 어울려요.

대니얼은 소속감과 책임감 사이의 상호 작용에 대해 이야기했다. 대니얼의 가족은 주로 아시아계 미국인들로 구성되어 있는 교회에 다니고, 그곳에서 그는 매우 활발하게 활동한다. 교회에서는 수동적인 참여자가 아니다. 그는 교회가 자신의 도움을 필요로 한다는 것을 안다. 하지만 그는 그것을 의무라고 말하지 않고,

다른 사람을 돕는 것이 소속감의 일부라고 생각한다.

집에서 대니얼은 여동생과 여러 건강 문제에 시달리는 아버지를 돌봐야 할 때가 많은데, 그 아이의 엄마가 몇 가지 일을 병행하고 있기 때문이다. 대니얼의 엄마는 '하나로 뭉치는 것'과 '팀'이 되는 것을 가족의 가치로 자주 이야기한다. 대니얼은 자신이 가정에 필요한 존재라는 것을 안다. 대니얼은 어릴 적부터 집안을 돌보는 무거운 책임을 져야 했다. 특히 가족이 강제 퇴거와 이사를 반복했을 때 가장 노릇을 해야 했다. 하지만 그는 자기 가족이 이런 어려움을 겪은 덕분에 서로에 대한 소속감이 강해졌다고 말한다. 서로가 서로를 필요로 한다는 것에는 의심의 여지가 없다.

연구자들은 우리가 자신을 주변 시스템(관계, 조직, 문화적 환경)의 중요한 일부로 보는 것이 소속감의 의미라고 말한다.[9] 따라서 십대가 자신을 필요로 하는 곳에 소속감을 느끼는 것은 자연스럽다. 자신이 필요한 존재라는 것을 알면 기분이 좋을 수밖에 없다.

하지만 자신을 필요로 하는 곳에 소속감을 느끼는 것에는 부정적인 측면도 있다. 때로는 소속감이 조건부처럼 느껴질 수 있다. 그러면 스트레스가 가중될 수 있다. 그곳에서 그냥 '있으면' 안 되고 항상 무언가를 '해야' 한다는 부담감을 느끼는 것이다.

> **십대와 과학 기술의 복잡한 관계**
>
> 지금 미국은 어릴 적부터 소셜미디어나 스마트폰과 함께 살아온 이들과 그 외 나머지 사람들, 이렇게 두 부류로 나뉘어 있다. 지금 우리 어른들은 다수가 아니라 소수다. 일상에서 되돌릴 수 없는 큰 변화가 일어났다. 어릴 적부터 아이패드를 사용했던 아이들은 이제 온라인에서 강력한 정치 공동체를 형성할 수 있을 만큼 나이를 먹었다. 그들이 주도하는 사회가 도래했지만, 우리가 그들의 방식을 이해하는 속도는 변화를 따라가지 못했다.
>
> _조세핀 리빙스턴(Josephine Livingston)[a]

우리 어른들의 입장에서는 십대들의 전자 기기 사용이 여러 면에서 매우 걱정스럽다. 우리는 게임, 소셜미디어, 문자 메시지를 지나치게 사용하고, 스크린을 너무 많이 응시할 때 미칠 악영향을 걱정한다. 이런 우려 중 일부는 합당하다.

하지만 세대 차이의 문제도 있다. 다른 어른들보다 상대적으로 다양한 전자 기기와 소셜미디어 플랫폼을 익숙하게 사용하는 편이라 해도, 35세 이상은 어릴 적부터 디지털 세상에서 살아온 사람들은 아니다. 우리는 전혀 다른 세상에서 왔다. 우리가 십대들에게 공감하려고 노력할 수는 있지만, 우리는 그들과 같은 경험을 해본 적이 없다.

전자 기기 사용에 대한 어른들의 걱정거리 중 하나는 관계에 미치는 영향이다. 그렇다면 디지털 세상에서 소속감은 어떻게 다를까?

첫째, 이번 장에서 언급했듯이 자신의 공동체에서 소외감을 느끼는 젊은이들은 가상 공간에서 특정 관심사, 육체적·심리적 질병, 성적 지향, 성 정체성을 공유하는 사람들을 통해 소속감을 찾을 수 있다. 예를 들어, 미국 섭식장애 협회(National Eating Disorders Association) 같은 지원 단체는 어려움을 겪는 젊은이들에게 온라인 공동체를 제공한다.[b]

둘째, 기존의 관계를 개선하는 데 사용하면 소셜미디어는 외로움을 덜어주는 유용한 도구가 될 수 있다. 대부분 십대의 경우, 실제 관계와 가상 관계가 상당 부분 겹친다. 학교, 교회, 스포츠 활동, 캠프를 통해 만난 친구들과 소셜미디어를 통해 관계를 유지하면 소속감이 강진다는 연구 결과가 있다.[c] 소셜미디어는 코로나19 팬데믹 당시 십대들이 서로 연결되는 데 특히 유용했다. 당시 디지털 커뮤니케이션 수단은 소속감을 위한 생명줄이 되었다.[d]

하지만 문제점도 있다. 소셜미디어를 사회적 상호 작용이 일으키는 고통을 피하기 위한 탈출구로 사용하면 부정적 영향이 발생할 수 있다. 십대들은 거부당하지 않으려고 전자 기기 속으로 숨을 수 있다. 하지만 그 대가로 외로움이 더 커질 것이다.[e]

셋째, 많은 Z세대 십대는 여러 플랫폼을 쉴 새 없이 넘나드는 방식으로 대화를 나눈다. 그들은 동일한 친구들과 IRL(In Real Life: 인터넷 용어로 '가상 세계가 아닌 현실'에서라는 뜻)을 비롯하여 여러 플랫폼에서 동시에 소통하면서도, 그것을 전혀 특이하게 여기지 않는다.[f] 릴리는 이렇게 말했다. "저는 친구들과 카카오 그룹 채팅을 하다가 곧바로 스냅챗과 인스타그램으로 그 친구들에게 말을 걸어요. 생각해 보면 정말 이상하긴 하죠. 저는 한 친구에게 인스타그램으로 밈 게시물을 보낸 다음, 같은 친구에게 스냅챗으로 틱톡 영상을 보내요. 그러면 친구는 둘 다에 응답하죠. 우리는 두 개의 다른 소셜미디어 플랫폼에서 동시에 두 가지 대화를 해요." 아서도 전자 기기 사용의 장단점을 이야기했다. "소셜미디어와 문자 메시지는 친구들과 대화하고 더 가까워지는 데 도움이 돼요. 하지만 소셜미디어로 다른 사람들을 욕하기도 하죠. 다른 애들도 저한테 그렇게 했고요. (웃음) 그래서 저는 그 친구들을 언팔로우했어요. 맞아요. 양면성이 있어요. 도움도 되지만, 나쁘게 사용될 가능성도 있어요."

---

[a] Josephine Livingstone, "*Jawline* Explores the Teenage Dream of Social Media," *New Republic*, 2019년 8월 22일, https://newrepublic.com/article/154824/jawline-explores-teenage-dream-social-media.

[b] nationaleatingdisorders.org에서 제공하는 자료를 참고하라.

c Katie Davis, "Friendship 2.0: Adolescents' Experiences of Belonging and Self-Disclosure Online," *Journal of Adolescence* 35, no. 6 (2012): 1527-36; Rebecca Nowland, Elizabeth A. Necka, John T. Cacioppo, "Loneliness and Social Internet Use: Pathways to Reconnection in a Digital World?" *Perspectives on Psychological Science* 13, no. 1 (2018년 1월): 70-87.

d Candice L. Odgers and Michael B. Robb, *Tweens, Teens, Tech, and Mental Health* (San Francisco: Common Sense Media, 2020).

e Nowland, Necka, Cacioppo, "Loneliness and Social Internet Use," 70. 단, 연구를 통해 전자 기기 사용과 외로움의 분명한 연관성을 찾지는 못했다. 소셜미디어를 아주 빈번하게 사용하는 사람들과 전혀 사용하지 않는 사람들의 외로움 수치는 거의 비슷하다. Alexa Hagerty, "Community Can Offer a Cure to Our Technology Addictions," *Pacific Standard*, 2019년 5월 6일, https://psmag.com/ideas/how-community-can-offer-a-cure-to-our-technology-addictions.

f 이 통찰에 대해 렘넌트 스트래터지(Remnant Strategy)의 조이 프리먼에게 감사한다. remnantstrategy.com을 방문하면 Z세대에 대한 그의 글을 더 볼 수 있다.

큰 질문	초점	설명	현재의 답	그리스도 중심의 답
나는 누구인가?	정체성	자신을 보는 시각	"나는 _____이다." · 다른 사람이 기대하는 모습 · 충분히 _____(하)지 않다. · 내가 만든 이미지 · 꼬리표를 뛰어넘는다.	나는 예수님으로 충분하다.
나는 어디에 어울리는가?	소속감	다른 사람과의 연결	"나는 _____에 어울린다." · 안심하고 진짜 모습을 보일 수 있는 곳 · _____을(를) 공유하는 곳 · 나를 필요로 하는 곳	

우리가 십대였을 때 어디에 소속되었는지 기억하기

개리슨 헤이스는 버지니아주 알렉산드리아에 있는 커뮤니티 프레이즈 교회에서 세대간 화합을 위한 사역을 담당하는 목사다. 그는 이 프로젝트를 위해 동부 지역의 십대들을 인터뷰했고,

나(브래드)는 그를 만나 그의 삶과 그가 사역하는 학생들의 삶에 나타난 소속감에 대한 주제를 탐구했다.

브래드 목사님이 십대였을 때 '나는 어디에 어울리는가?'라는 소속감에 대한 질문과 씨름했던 기억이 있나요?

개리슨 저는 1990년에 태어났어요. 그래서 인터넷이 본격적으로 보급되던 시기에 십대 시절을 보냈어요. 당시 저는 유튜브 채널을 시작했고, 나름대로 꽤 멋진 콘텐츠를 올려 많은 구독자를 모았어요. 그때 제가 꽤 유명하다고 생각했죠. 저는 현실과 온라인상에서 모두 정체성과 소속감을 얻으려고 애를 썼어요. 사람들에게 보여주고 싶은 모습을 만들려고 노력했지요. 온 가족이 함께 다니는 보수적인 교회에 진정으로 소속되었다는 생각이 들지 않았어요. 영화 제작을 바라보는 교인들의 시각 때문이기도 했어요. 교인들이 저를 인정해주기를 바란 것은 아니고, 다만 소명 의식을 얻고 싶었어요. 그래서 영화를 제작하는 온라인 커뮤니티에서 소속감을 찾았답니다. 거기에서는 소속되기 위해 무언가를 설명할 필요가 없었어요.

브래드 그 시절, 목사님의 소속감에 영향을 준 다른 요소는 무엇인가요?

개리슨 모순처럼 들릴지 모르겠지만, 우리 교회 목사님에게 큰 영향을 받았어요. 목사님의 카리스마와 소통 방식이 좋았답니다. 동영상을 제작할 때 목사님처럼 하려고 했던 기억이 나요.

십대 시절에 사촌 형과 누나들도 저를 이끌어주고 사랑해주었어요. 형과 누나들에게는 항상 저의 진짜 모습을 보일 수 있었죠. 할머니에게도 많은 영향을 받았고요. 할머니는 제가 여섯 살 때 저희 가족과 함께 사시게 되었어요. 그래서 가족에 대한 기억 중에서 할머니가 빠진 것은 거의 없어요. 할머니에게 항상 깊은 소속감을 느꼈어요. 지금도 어디든 할머니가 계신 곳에 있고 싶어요.

브래드 목사님이 어렸을 때 어른들이 어떻게 해주었다면 소속감이 더 깊어졌을까요?

개리슨 제가 커서 무엇을 하고 어떤 사람이 되고 싶은지 물어보셨더라면 좋았을 것 같아요. 제가 그분들의 신학, 전통, 관습, 세계관에 따라 어떤 사람이 되어야 하는지를 강요하기보다는 제가 어떤 사람인지를 더 궁금해하셨다면 좋았을 것 같아요. 제 삶에 호기심을 가진 어른이 더 많았다면 소속감을 더 깊이 느꼈을 거예요. 최소한 어른들이 제 말에 귀를 기울이신다고 느꼈을 거예요.

브래드 십대들은 자신의 가정에서도 진정한 소속감을 느끼지 못할 때가 많아요. 가정에 대한 소속감을 주기 위해 부모와 보호자는 어떻게 해야 할까요?

개리슨 부모나 보호자가 아이들에게 해주어야 할 것이 많지만, 무엇보다도 아이들에게 발언권을 주었으면 좋겠어요. 물론 중요한 결정에 항상 아이들의 의견을 반영할 수는 없죠. 하지만 저녁 식사로 무엇을 먹을지, 텔레비전에서 어떤 프로그램을 볼지, 이번 주에 무엇을 할지에 대해 아이들의 의견을 물을 수는 있어요. 그런 사소한 일로도 아이들에게 가정에 대한 주인 의식을 심어줄 수 있답니다. 저는 주인의식이 소속감을 키워준다고 생각해요.

브래드 이번 프로젝트를 위한 인터뷰에서 십대와 소속감에 대해 무엇을 배우셨나요? 무엇을 목사님의 사역에 접목하고 계신가요?

개리슨 대부분 십대는 친구들, 특히 같은 이유로 웃고, 같은 것을 믿으며, 서로를 있는 그대로 받아주는 친구들에게 소속감을 느끼는 것 같아요. 진짜 모습을 보여줄 수 있는 친구들에게 소속감을 느끼죠. 저도 어릴 적에 그랬다는 것을 기억한 게 청소년 사역에 큰 도움이 되었어요. 소속감의 욕구는 절대 사라지지 않아요. 우리가 사는 이 시대와 우리가 마주하고 있는 모든 것을 고려해야 해요. 특히, 인종 차별 상황을 고려해야 해요. 소속감을 얻기 위한 여정은 현재의 사건들, 그리고 십대의 삶에서 일어나고 있는 일과 서로 엮여 있어요. 진짜 모습으로 살려는 욕구가 전에 없이 커진 것 같아요. 제가 가르치는 몇몇 십대와 세상에서 일어나는 온갖 일에 대해 어떤 생각을 하고 있는지 묻고 대화를 나눴어요. 그때마다 그 아이들이 어떤 감정을 어떻게 표출해야 한다고 가르치려 드는 사람이 아니라, 그냥 귀를 기울여줄 사람 앞에서 자신의 분노와 좌절감과 혼란을 이야기하고 싶어 한다는 것을 느꼈어요. 인종, 정의, 평등에 대한 중요한 대화를 나눌 때 십대들의 말에 귀 기울이고 그들과 그들의 생각을 있는 그대로 받아준다는 느낌을 주는 것이 중요해요. 아이들의 생각을 통제하려 하지 않고 솔직하게 대화하는 것이 소속감을 길러주는 데 정말 중요합니다.

"저는 당분간은 …에 소속되어 있어요"

이번 장 앞부분에서 우리는 고등학교 3학년 때 친한 친구들을 사귄 한나의 말을 들어보았다. 한나의 경우, 어린 시절 거부당한 경험이 나중에 진정으로 소속될 곳을 찾는 방식에 영향을 미쳤다. 한나는 중학교 때 괴롭힘당한 경험이 사람들을 보는 현재의 시각에 영향을 미쳤다고 말한다.

> 중학교 때 점심시간과 쉬는 시간 내내 화장실 안에 숨어 있었어요. 아니면 꾀병을 부려 할아버지가 저를 데리러 오시게 했죠. 그러다 보니 보건 선생님들이 제 친구 같았어요. 그런 일을 겪으면서 제 안에 연민의 마음이 많이 커진 것 같아요. 저는 다른 사람을 함부로 판단하는 대신, 좋게 생각하고 그들을 알려고 노력해요. 사람들에게 다가가려고 최선을 다해요.

정체성과 마찬가지로 십대는 소속감도 성장하면서 알아간다. 십대의 삶은 유동적이기 때문에 소속감에는 일시적인 속성이 있다. 그들은 자신이 어디에 어울리는지를 계속해서 다시 찾아야 한다.

대부분의 경우, 십대가 "나는 …에 소속되어 있어요"라고 말할 때는 '당분간'이라는 조건이 붙는다.

우리는 모두 영구적인 소속감을 갈망한다. 이는 안심하고 우리의 진짜 모습을 보일 수 있는지, 같은 것을 공유하는지, 다른 사람들이 우리를 필요로 하는지와 상관없는 종류의 소속감이다. 다음 장에서는 '나는 어디에 어울리는가?'라는 질문에 대한 그리스도 중심의 답을 살펴보고, 당신 주변의 십대가 예수님의 더 나은 답에 매일 "네"라고 답하도록 도울 수 있는 아이디어를 나눌 것이다.

숙고하고 적용하기

❶ 다음은 오늘날 십대가 소속감을 정의할 때 흔히 내놓는 세 가지 답이다. 이들에게 공감하기 위해 당신의 십대 시절을 돌아보라. 아래에 1위부터 3위까지 순위를 매기라. 1위는 당신이 가장 많이 했던 답이고, 3위는 당신이 가장 적게 한 답이다.

- ____ 나는 안심하고 진짜 모습을 보일 수 있는 곳에 어울린다.
- ____ 나는 _____을(를) 공유하는 곳에 어울린다.
- ____ 나는 나를 필요로 하는 곳에 어울린다.

❷ 돌이켜보면 어떤 답이 도움이 되었는가?

❸ 어떤 답이 당신이나 다른 사람에게 해로웠는가?

❹ 이제 당신이 아는 십대 한 명을 떠올리고 위와 똑같이 해보라. 소속감에 대해 그 아이가 자주 답했던 순서대로 1위부터 3위까지 순위를 매기라.

- ____ 나는 안심하고 진짜 모습을 보일 수 있는 곳에 어울린다.
- ____ 나는 _____을(를) 공유하는 곳에 어울린다.
- ____ 나는 나를 필요로 하는 곳에 어울린다.

❺ 수용과 포용은 다른 사람들과 함께할 수 있을 만큼 안전하다고 느끼는 데 꼭 필요하다. '전혀'는 1, '많이'는 10으로 해서, 당신이 생각하기에 그 아이가 주변의 또래들에게 수용과 포용을 얼마나 느끼고 있을지 1부터 10까지 점수를 매겨보라. 그 점수가 훨씬 높거나 낮은 특정한 상황이 있는가? 그 아이가 부모, 교사, 코치, 교회 리더, 멘토를 비롯한 주변의 어른들에게 느끼는 수용감은 몇 점이나 될까?

❻ 다음 장에서 소속감을 갈망하는 십대의 깊은 열망에 대한 그리스도 중심의 더 나은 답을 살펴볼 것이다. 혹시 '나는 어디에 어울리는가?'라는 중요한 질문에 대해 당신이 이미 생각해본 더 나은 답이 있는가?

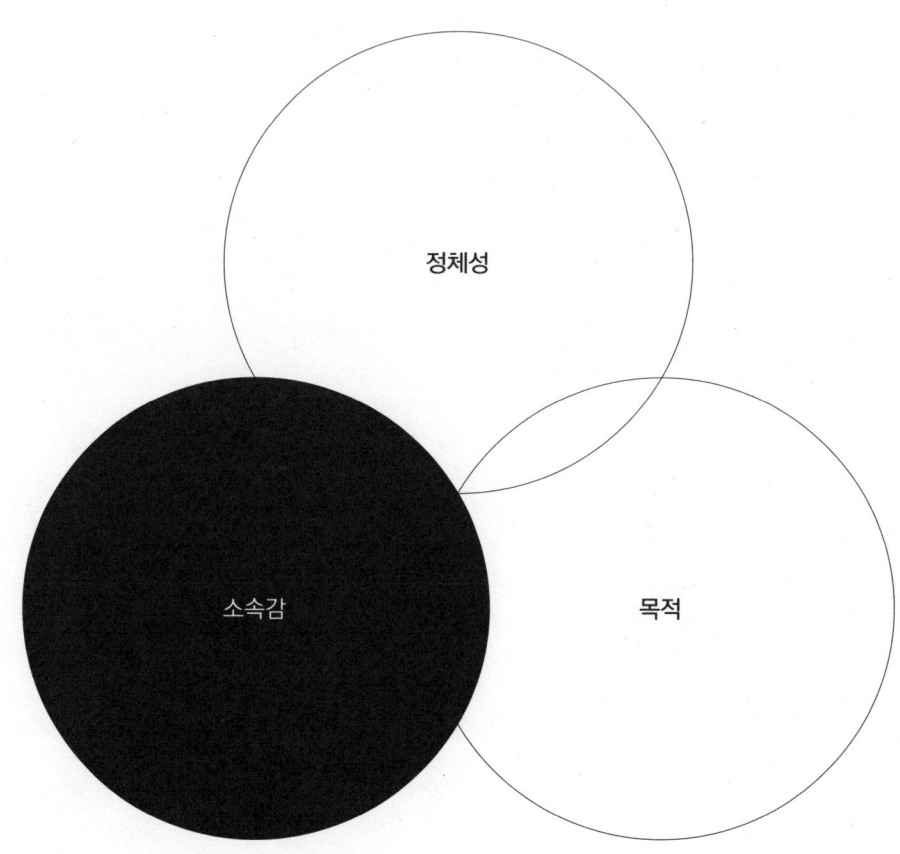

7장.
함께: 예수님의 더 나은 답

당신이 무리에 소속되지 못했다는 확증을 찾으려고 세상을 헤매는 것을 그만두라. 당신이 그것을 사명으로 삼았다면 어차피 찾을 것이다. 당신이 무리에 속하기에 충분하지 않다는 증거를 찾으려고 사람들의 얼굴을 훑어보는 것을 그만두라. 그것이 당신의 목표라면 어차피 찾을 것이다…당신보다 여기에 더 확실히 소속된 사람은 없다.

_브레네 브라운(Brene Brown)[1]

"당신보다 여기에 더 확실히 소속된 사람은 없"는 것처럼 사는 것은 어떤 삶일까? 당신이 어떤 말이나 행동을 해도 상관없이 '우리 중 하나'로 받아들여지고 환영받는다는 것을 안다는 것은 어떤 기분일까?

열여섯 살인 수는 다른 무리에서 거부당하면서도 교회 중고등부와 수영팀에서 답을 찾았다. 수는 주로 백인으로 구성된 남부의 교외 지역과 교회에서 아시아계 미국인으로 살다 보니 소속감을 느끼지 못할 때가 많다. 우리가 "너는 어디에서 가장 진짜 모습대로 사는 것 같니?"라고 묻자 수는 밝은 얼굴로 대답했다.

그건 바로 교회 중고등부예요. 중고등부 친구들과 있으면 다른 사람들의 시선을 신경 쓰지 않아요. 한번은 제가 중고등부 예배실에 들어가니까 친구들이 다 모여 있었어요. 그때 친구들은 모두 고개를 돌려 '수! 어서 와!'라고 큰소리로 말했죠. 그때 친구들이 저를 아끼고 사랑한다는 걸 느꼈어요. 그전에는 많이 소외당했기 때문에 사람들이 저를 대하는 태도의 차이도 분명히 알죠. 지금은 저의 진짜 모습으로 살 수 있어요. 제가 무슨 말을 하든 상관없이 친구들이 저를 좋아해줄 걸 알기 때문이에요.

수는 이런 경험을, 소속감이 없는 느낌과 비교했다. "아무도 저를 좋아하지 않는 것 같아 속상할 때가 있어요. 친구들과 함께 있는데 저만 소외된 기분이 들 때가 있죠. 아무도 저랑 어울리고 싶어 하지 않을 때는 정말 슬퍼요."

하나님에 대한 이야기를 해보라고 했더니 수는 즉시 하나님과 소속감을 연결했다. "가장 먼저 떠오르는 단어는 '안전'이에요. 하나님을 생각하면 안전하다는 느낌이 들고, 위로받는 것 같아요. 또한 하나님은 아버지와 같은 분이라고 말하고 싶어요. 하나님은 제가 필요로 할 때면 언제나 변함없이 도와주세요. 하나님은 항상 제 편이세요. 저의 가장 좋은 친구이자 아버지이시죠."

수의 중고등부 친구들은 안전한 신앙 공동체를 행동으로 보여주었다. 덕분에 수는 그들에게 다가갈 권리를 얻으려고 노력하지 않고도 자유롭게 진짜 모습으로 행동할 수 있다. 신앙 공동체에서 환영받은 경험이 매일 예수님께 순종하도록 도와주었다. 우리가 인터뷰한 십대 대부분과 마찬가지로, 수는 하나님의 백성에 소속되어 성장하고 있다.

한마디로 정리하는 그리스도 중심의 답: '함께'

수 같은 십대는 있는 모습 그대로 자신을 받아주고, 알아주며, 환영해주는 우정에 목말라 있다. 그들은 '나는 어디에 어울리는가?'라는 질문의 답을 찾고 있다. 우리는 그들이 '나는 하나님의 백성에 속해 있다'는 그리스도 중심의 답을 발견하도록 도와주어야 한다.

함께.

하나님은 우리가 예수님을 통해 그분과 함께 그리고 다른 사람과 함께 공동체를 이루어 살도록 창조하셨다. 우리는 사랑이나 환영 혹은 그리스도 안에서 우리 자리를 얻으려고 노력할 필요가 없다. 우리는 이미 하나님께 그리고 서로에게 속했다. 우리는 혼자가 아니다.

우리는 가족이다.

'함께'는 소속감에 대한 핵심 단어다. 그것은 우리에게 가까이 오셔서 우리 가운데 계시기 원하시는 하나님의 마음을 담고

> 풀러 청소년 연구소의 자료들을 자주 접했다면 '함께'가 우리가 정말 좋아하는 주제라는 사실을 알 것이다. 나(카라)는 스티브 아규와 함께 『함께 성장하기』(Growing With)라는 제목의 책을 썼다. 이 책에서 우리는 부모들이 십대 및 청년들과 '함께'하기 위한 방법을 탐구했다. 이 책에 대해 더 알고 싶다면 growingwithbook.com을 방문하라.

있기 때문이다. 하나님의 심장은 사랑하는 자녀인 우리를 위해서 뛴다. 하나님은 어떤 경우에도 우리 그리고 우리의 십대들과 '함께' 계신다.

이것은 '나 자신으로 살아도 안전하다'는 느낌보다 더 좋은 소식이다. 안전은 일시적이고 조건적이다. 안전은 다른 사람의 행동에 따라 얼마든지 달라질 수 있다. 오해하지는 말라. 안전은 관계적 연결에 '매우' 중요하다. 하지만 진정한 소속감은 다른 사람의 행동과 상관없다. 소속감은 하나님의 무조건적인 사랑으로 이미 결정되었다.

많은 십대가 고통스럽게 경험했듯이, 처음에는 소속감을 느끼게 해준 사람들이 결국에는 우리를 실망시키는 일이 자주 일어난다. 그 때문에 소속감은 세 가지 질문 중 가장 어려운 질문이다.

하나님은 우리와 함께하시고, 우리는 서로 함께한다:
요한복음 13-17장

이 땅에서 예수님의 지상 생애 전체는 우리와 함께하시겠다는 하나님의 약속을 이행하고, 서로 함께하는 것의 본을 보여주시는 것이었다. 복음서 전체에서 이러한 '함께'를 요한복음 13-17장만큼 잘 담아낸 부분은 없다. 이 부분의 도입부는 사랑을 선포하는데, 사랑은 바로 소속감의 핵심이다. "세상에 있는 자기 사람들을 사랑하시되 끝까지 사랑하시니라"(요 13:1).

때는 유월절이었다. 작은 무리의 제자가 예수님과 함께 식사하기 위해 모였다. 처음에는 보통의 유월절과 다름없었다. 하지만 예수님은 패턴을 바꾸셨다. 이 장들을 전체적으로 보면 소속감에 대한 질문에 예수님이 더 나은 답을 주시는 것을 알 수 있다.

우리는 발을 씻어주고 음식을 나누는 친구다

주님은 종이 하는 일을 맡아 제자들의 더러운 발을 씻어주셨다. 예수님은 몇 년 동안 가장 가까운 제자들과 모든 일을 함께하셨지만, 이것은 새로운 일이었고, 말도 안 되는 일이었다. 예수님은 굴욕적으로 여겨지는 일을 하셨다. 그분은 종의 자세로 무릎을 꿇으시고 길을 다니느라 더러워진 발 하나하나에 물을 부으셨다.

그러고 나서 예수님은 제자들에게 서로를 위해 계속 그렇게 하라고 명령하셨다(요 13:14-15). 그 명령은 우리에게까지 내려온다. 우리도 서로를 섬김으로 함께해야 한다.

곧이어 예수님은 친구들과 한 식탁에 앉으셨다. 그리고 심지어 자신을 배신할 제자들에게까지 떡을 건네셨다. 우리가 성찬식으로 거행하는 이 식사는 믿음이 강한 사람들만을 위한 것이 아니라 믿음이 흔들리는 사람들을 위한 것이기도 했다. 망가지고 불안해하는 사람들을 위한 식사이기도 했다. 예수님의 불완전한 친구가 될 사람들을 위한 식사이기도 했다.

예수님은 제자들의 발을 씻어주시고 그들과 함께 식사하면서 우정과 사랑에 대해 말씀하셨다. 그리고 그분이 곁에 없을 때도 어떻게 그들과 '함께하실' 것인지에 대해 말씀하셨다. 풀러 신학교 신약학 교수인 토미 기븐스(Tommy Givens)는 이 모든 것을, 우리를 연결하는 우정의 힘과 결부한다.

> 복음의 핵심이 하나님이 우리에게 서로 사랑할 힘을 주시는 것이라면, 이 힘을 가장 친밀하게 표현한 단어는 우정이다. 예수님이 제자들의 발을 씻어주시고 그들을 죽기까지 사랑하심으로 가르쳐주신 것이 바로 우정이다. 우정은 단순히 성경의 몇몇 이야기에서 본보기를 통해 가르치는 것도 아니고, 성경에서 다루는 많은 주제 중 하나도 아니다. 우정은 하나님이 막대한 고통을 당하시고 우리에게 가까이 오신 방식이다.

그로써 우리는 그분께로, 그리고 우리가 서로에게 가까이 다가갈 수 있게 되었다.[2]

기독교 공동체의 중심에는 우리와 기꺼이 함께하시는 관계적인 하나님이 계신다. 하나님은 냄새나는 발에도 아랑곳없이 우리 모두에게 가까이 다가오신다.[3]

사람들은 우리의 사랑으로 우리를 알아본다

복음의 진리를 증거하는 최고의 방법은 함께하는 삶이다.
_크리스틴 폴(Christine Pohl)[4]

요한은 이렇게 발을 씻기고 식사하는 것을 예수님을 통한 '하나님의 충만한 사랑'이라는 맥락에서 설명한다. 이어서 예수님은 우리의 소속감이 무조건적인 사랑에 근거한다고 선포하신다. "새 계명을 너희에게 주노니 서로 사랑하라 내가 너희를 사랑한 것같이 너희도 서로 사랑하라 너희가 서로 사랑하면 이로써 모든 사람이 너희가 내 제자인 줄 알리라"(요 13:34-35).

여기서 예수님은 강한 언어, 곧 명령의 언어를 사용하신다. 예수님은 자신의 권위를 바탕으로 사람들이 좋아하지 않고 실천하기 어려운 명령을 선포하신다.

무조건적인 사랑은 예수님의 공동체에 속한 우리 관계의 가장 중요한 특징이다. 그뿐만 아니라 그것은 외부인을 끌어당기는 요소다. 십대가 보통 아쉬운 대로 받아들이는 사랑과 달리, 무조건적인 사랑은 노력과 성과로 얻는 것이 아니다. 같은 경험을 공유하거나 서로 맞아야 얻을 수 있는 것도 아니다. 제임스 제닝스(James Jennings)는 이런 글을 썼다. "내가 당신과 함께 그리스도의 몸에 동참하여 당신의 하나님, 그리고 당신을 사랑한다면 당신은 무엇을 해줄 것인가?…사랑하는 것, 이것은 익숙한 것을 무너뜨리는 개입하심의 가장 두려운 측면이다."[5]

우리는 삼위일체 하나님께 속했다

요한은 그의 복음서 14장에서 예수님의 마지막 밤을 계속 설명한다. 그날 예수님은 제자들이 하나님의 집에서 그분과 함께 거할 방이 있을 것이라고 약속하신다. 예수님은 그 방이 어떤 것이고, 그런 일이 언제 일어날지 자세히 말씀하지는 않으셨다. 다만, 기다리는 동안 누구도 외롭지 않을 것이라고 분명히 말씀하셨다. 예수님은 성령이 보혜사로 "너희와 함께 거하심이요 또 너희 속에 계시겠음이라"(17절)고 약속하신다.

가톨릭 저자 칼 맥콜먼(Carl McColman)은 성부와 성자와 성령의 춤이라는 초기 기독교의 이미지를 사용하여 성령이 우리 안에 어떻게 거하시는지를 설명한다.

우리는 그리스도 안에 있기 때문에 하나님이 우리 안에 계신다. 신비로운 몸의 지체로서 모든 그리스도인은 삼위일체의 신성한 본질에 실제로 참여한다. 우리는 단순히 춤을 '지켜보는' 것이 아니라 함께 춤을 '춘다.' 우리는 그리스도와 손을 잡으며, 성령이 우리를 통해 그리고 우리 사이에서 흐른다. 우리는 항상 아버지의 따스한 품 안에서 스텝을 밟는다. 우리는 그리스도의 신비로운 몸의 지체이기 때문에 성자의 눈으로 아버지의 기쁨 가득한 사랑을 본다. 그리고 우리는 숨 쉴 때마다 성령을 호흡한다.[6]

성령은 매 순간 우리와 함께하시는 하나님이시다. 예수님은 우리에게 이 연합을 약속하신다. "내가 아버지 안에, 너희가 내 안에, 내가 너희 안에 있는 것"(20절). 예수님은 이런 상호 연결의 이미지를 거듭 사용하여 이렇게 말씀하신다. "나와 연결된 상태를 유지하라. 내 안에 거하라"(요 15:4-10). 이런 함께함은 기쁨(11절), 하나님과의 우정(15절), 역경 속에서 평안을 누리는(16:33) 비결이다.

설령 이 땅의 교회 공동체가 우리를 실망시킨다 해도 우리는 성령이 우리와 함께하시고 우리 안에 계신다는 약속을 붙들 수 있다. 하지만 예수님은 교회가 그 이상이 되기를 원하신다.

> 우리는 모두 다른 배경에서 왔지만, 여전히 서로를 사랑합니다. 가끔 다툴 수도 있지만, 결국 우리는 한 가족이나 다름없어요.
>
> ─ 나탈리

우리는 교회의 구성원으로 서로에게 속했다

요한복음 17장에서 예수님은 기도를 시작하시면서 우리가 모두 하나 된 미래를 바라보신다. 우리가 하나 될 때 세상 사람들에게 그것은 예수님이 우리를 사랑하시고, 하나님이 우리와 함께 하시려고 예수님을 보내셨다는 증거가 된다. 교회 구성원으로서 우리는 예수님의 이름으로 서로에게 다가간다.[7]

우리가 분열되지 않고 서로를 형제자매로 대하며 서로를 세워주면 연합하게 되고, 그 연합은 세상에 증거가 된다.[8] 나(브래드)의 친구 워런이 우리 교인들에게 자주 말하듯이 이 연합은 '독립적인 영혼들의 느슨한 연합' 그 이상이다. 우리는 한 몸이다. 우리는 서로를 의지하고, 서로를 통해 하나님을 경험한다.

이것이 바로 하나님의 백성이 된다는 의미다.

이렇게 서로에게 온전히 속하면 우리의 가치가 높아진다. 이 연구를 진행하는 동안 나(브래드)는 십대를 돕는 한 치료사와 긴 대화를 나누었다. 그 치료사는 십대들을 상담하면서 다음의 패턴을 거듭 관찰했다고 말했다. 그것은 십대들이 소속감을 느끼면 자신이 사랑받을 가치가 있다고 느낀다는 것이다. 우리가 주변의 십대들을 받아주면 그들은 스스로를 가치 있게 여기게 된다.

여기서 중요한 점은 '연합'이 '획일성'과는 다르다는 것이다.[9] 그리스도 안에서 우리가 연합한다고 해서 다양성이 묵살되지는 않는다. 오히려 우리는 세상의 번영을 위해 다양성을 권장하고 심지어 요구하기까지 한다. 우리는 각기 다른 목소리를 통해 하나님의 진리를 여러 가지 방식으로 전할 수 있다.[10] 예수님은 인종, 민족, 성(性), 나이를 비롯해 그 무엇에 대한 배타주의도 반대하시고 극복하신다.[11] 우리가 그리스도의 형상으로 온전히 완성되려면 서로가 필요하다.

큰 질문	초점	설명	현재의 답	그리스도 중심의 답
나는 누구인가?	정체성	자신을 보는 시각	"나는 _____이다." · 다른 사람이 기대하는 모습 · 충분히 _____(하)지 않다. · 내가 만든 이미지 · 꼬리표를 뛰어넘는다.	나는 예수님으로 충분하다.
나는 어디에 어울리는가?	소속감	다른 사람과의 연결	"나는 _____에 어울린다." · 안심하고 진짜 모습을 보일 수 있는 곳 · _____을(를) 공유하는 곳 · 나를 필요로 하는 곳	나는 하나님의 백성에게 속했다.

'함께'를 적용하기: 대화와 연결

우리는 모두와 친밀한 관계를 맺으라는 말을 끊임없이

들으면서도 분리라는 환상에 안주한다.
_그레고리 보일(Gregory Boyle)[12]

어떻게 하면 십대가 하나님이 신비로운 방식으로 자신들과 함께하신다는 사실을 아는 것을 넘어, 함께하시는 하나님의 백성에게 속해 매일의 삶에서 실제로 그들과 함께하도록 도울 수 있을까? 십대들과 다음과 같은 대화와 연결을 시도해보라.

소속감에 대한 대화

무조건적인 소속감을 탐구하는 대화

십대에게 다양한 상황에서 소속감을 통해 평가하게 하고, 어디서 무조건적인 소속감을 느끼는지 스스로 파악하도록 도우라.

지금
① 언제 다른 사람들과 어울리는 것이 가장 편하니?
② 언제 가장 불편하니?
③ 너의 삶에서 소속감을 느끼게 해주는 사람은 누구니?
④ 어디서 무조건적인 소속감을 느끼니?

하나님

⑤ 네가 하나님의 백성에게 속했다는 것을 어떻게 아니?

⑥ 네가 무조건적인 소속감을 느끼도록 우리 교회나 사역이 어떤 도움을 주니? 우리 교회나 사역이 어떤 부분을 개선 했으면 좋겠니?

어떻게

⑦ 네가 무조건적인 소속감을 느끼기 위해 다른 사람들이 어떻게 해주면 좋겠니?

⑧ 다른 사람들이 무조건적인 소속감을 느끼도록 너는 무엇을 해줄 수 있을까?

⑨ 네가 하나님의 백성에게 속했다는 사실을 기억할 수 있도록 내가 어떻게 도와주면 좋을까?

십대가 교회에 가기 싫어할 때 나누는 대화

"교회에 안 갈래요."

우리는 모두 가정이나 사역에서 십대에게 이런 말을 들은 적이 있다. 우리는 아이를 교회에서 더 멀어지게 하는 말이나 행동을 절대 하고 싶지 않다. 얽히고설킨 대화를 푸는 데 도움이 되는 몇 가지 질문은 다음과 같다.

지금

① 교회에 가기 싫은 이유가 뭐니?

② 교회가 어떻게 달라졌으면 좋겠니?

③ 교회에서 너에게 중요한 사람은 누구니?

하나님

④ 교회는 내게 어떤 의미냐면…. (소속감에 초점을 맞춘 짧은 간증을 전하라.)

⑤ 하나님이 너의 삶에서 다른 교인을 어떻게 사용하셨니?

⑥ 하나님이 교회에 실망한 너를 사용하셔서 어떤 새로운 것을 만들어내실까?

⑦ 어떻게 하면 교회가 네게 의미 있는 곳이 될까?

어떻게

⑧ 교회에서 너의 생각이나 기분을 이야기하고 싶은 목사님이나 리더가 계시니? 그렇게 하면 어떤 유익이 있을까? 그것을 털어놓으면 어떤 면에서 손해일까?

⑨ 교회가 어떻게 해야 네가 소속감을 느낄 수 있을까?

⑩ 네가 교회에 다시 마음을 열도록 내가 도와줄 수 있는 한 가지는 무엇일까?

⑪ 네가 다음 몇 주간 무엇을 시도하면 교회를 다르게 느낄 수 있을까? 한 가지만 말해볼래?

관계를 회복하기 위한 대화

한 친구가 내게 이렇게 말했다. "우리 가정에서 제일 중요한 건 회복이야."

이 친구와 그의 남편은 둘 다 역기능 가정에서 자랐다. 두 사람 모두 어른이 되면서 관계 회복과 갈등 관리를 위해 많이 노력했지만, 여전히 부부 관계와 자녀 양육에서 큰 다툼이나 감정 폭발 같은 위기 상황을 겪는다. 그런 순간들이 지나간 뒤, 그들은 "결국 중요한 건 회복이야"라는 말을 한다.

> 평화가 없다면 그것은 우리가 서로에게 속해 있다는 사실을 망각했기 때문이다.
> _테레사 수녀[13]

사실, 회복은 관계에서 중요한 기술이다. 골이 더 깊어지기 전에 관계를 다시 이어야 한다. 서로에게 잘못을 고백하고 용서를 구해야 한다. 물론, 서로 떨어져 있는 시간이 필요하고, 외부의 개입이 필요한 경우도 있다. 특히, 감정적인 혹은 육체적인 학대가 벌어지는 경우는 그렇다. 하지만 우리가 조금만 도와주면 십대는 많은 문제를 헤쳐나갈 수 있다.

지금
① 이 관계에서 어떤 일이 있었는지 더 얘기해줄래?
② 지금 어떤 상처가 가장 고통스럽니?
③ 그 일에 대해 어떤 사과를 받고 싶니?
④ 혹시 네가 사과해야 할 부분이 있을까?

하나님
⑤ 하나님이 이 관계를 어떻게 치유해주실 수 있을까?
⑥ 용서는 자유를 얻는 거야. 네가 용서해야 할 사람과 네가 둘 다 자유를 얻는 거지. 네가 원망에서 자유로워지면 상황이 어떻게 달라질까? 상대방은 어떻게 자유로워질까?
⑦ 이 관계가 회복되면 두 사람 주변의 관계는 어떻게 될까?

어떻게
⑧ 회개나 용서를 구체적으로 어떻게 할 수 있을까? 네가 무슨 말이나 행동을 하면 좋을까?
⑨ (학생이 사과하고 회개해야 할 필요성이 있다면) 어떻게 사과할래? 나와 함께 연습해보지 않을래?
⑩ (학생이 용서해야 한다면) 상처가 남아 있는데도 용서하려면 어떻게 해야 할까? 나와 함께 연습해보지 않을래?
⑪ 이 관계를 회복하려면 어떻게 해야 할까?
⑫ 상대가 용서나 관계 회복에 전혀 관심이 없다면, 그와 상

관없이 네가 치유를 위해 할 수 있는 일은 무엇이 있을까?

성경 속 '함께'에 대한 대화

성경에는 소속감에 대한 구절이 많다. 특히, 신약은 '교회는 무엇이며, 누구인가?'라는 질문에 대해 계속해서 답한다. 요한복음 13-17장과 함께 다음 구절을 묵상하고, 암송하며, 문자로 보내고, 소그룹이나 청소년 사역 교육 자료로 만들기에 매우 적합하다.

- **마태복음 1장 18-25절, 특히 23절**: 예수님은 갓난아기로 세상에 오심으로써 임마누엘, 곧 우리와 함께하시는 하나님으로 선포되셨다.
- **요한복음 1장 1-14절, 특히 14절**: 영원한 말씀이신 예수님은 태초부터 하나님과 함께 계셨고, 우리와 함께하시려고 육신을 입으셨다.
- **사도행전 2장 42-47절**: 갓 태어난 첫 교회는 매일 함께 모여 기도하고, 음식을 나누며, 어려운 사람들에게 필요한 것을 나누어주었다.
- **사도행전 16장 6-15절, 특히 15절**: 빌립보 교회는 자신도 하나님과 함께하는 백성에 속했는지 고민했던 이방인 새 신자 루디아를 세우고 이끌었다.
- **사도행전 17장 22-28절, 특히 26절**: 바울은 아테네

사람들에게 하나님이 한 조상으로 모든 민족을 이루셨다고
말했다. 이 구절은 우리가 서로에게 속해 있음을
상기해준다(이것은 1960년대 미국 민권 운동 당시 가장 자주
인용된 성경 구절 중 하나다).[14]

- **로마서 12장 3-8절, 고린도전서 12장 12-31절, 에베소서 4장 1-16절**: "그리스도의 몸"에 대한 구절들은 우리가 모두 그리스도의 몸 안에서 서로에게 속했다는 사실을 거듭 가르쳐준다(롬 12:5).
- **갈라디아서 3장 26-29절, 특히 28절**: 바울은 우리가 다 다르지만, 예수 그리스도 안에서 모두 하나라고 선포한다.
- **요한계시록 7장 9-10절**: 이 구절은 마지막 날에 문화를 초월하여 모두가 하나님의 백성으로 어린양의 보좌 앞에서 함께 찬양하는 영광스러운 환상이다.

환대를 통해 소속감 세우기

우리의 삶은 강렬한 감정이 아니라 공유된 역사, 사명, 결단,
이야기, 희생으로 함께 얽혀 있다.
_크리스틴 폴[15]

'환대'는 우리가 '누군가에게 저녁 식사를 대접'한다는 의미

로 흔히 사용하는 표현이다. 혹은 호텔이나 요식업에서 자주 사용된다. 하지만 기독교 제자도의 전통에서 환대는 훨씬 더 깊은 의미를 지닌다. 환대는 다른 사람을 위한 자리를 마련하는 것을 의미한다. 즉, 나그네를 환영하는 것이다. 기대하지도 않은 사람에게 "당신은 여기에 속해 있습니다"라고 말하는 것이다.

우리 동료인 스콧 코모드(Scott Cordmode)가 자주 하는 말을 빌리자면 "환대는 외부인에게 내부인의 특권을 주는 것을 의미한다."[16]

환대는 공동체에 들어올 자격을 얻지 못한 사람들을 공동체로 초대하는 것이다. 사실, 모든 인간의 삶은 하나님의 환대로 시작되었다. 하나님은 새로 창조하신 세상에 우리를 위한 자리를 마련해주셨다. 신학자 미로슬라브 볼프(Miroslav Volf)는 우리가 하나님을 본받도록 창조되었기 때문에 환대를 행한다고 말한다. "하나님이 우리를 받아주셨기 때문에 우리도 다른 사람을 위한 자리를 마련하고 원수까지도 초대해야 한다."[17]

신명기 10장 19절은 하나님의 백성에게 이렇게 가르친다. "너희는 나그네를 사랑하라 전에 너희도 애굽 땅에서 나그네 되었음이니라." 구약 성경 후반부에서 선지자들은 하나님의 백성이 과부, 고아, 이민자를 어떻게 돌보았는지, 즉 외부인을 어떻게 대했는지에 따라 하나님께 심판받을 것이라고 말했다.

신약 성경에서 예수님은 환대를 베푸시는 동시에 받으셨다. 그분은 '죄인들'과 함께 식사하셨다. 복음이 전파된 주된 이유 중 하나는 그리스도인들이 새로운 종류의 환대를 실천했기 때문이다. 그들은 사회적으로 중요한 사람들만이 아니라 가장 소외된 사람들까지 환대했다. 이것이 초대 교회가 사랑의 공동체라는 명성을 떨친 이유다.

기독교의 환대는 호혜적이다. 즉, 복은 환대하는 사람에게서 손님에게로만 흘러가는 것이 아니라 양방향으로 흐른다. 음식을 나누는 것은 분명 환대의 한 방법이지만, 우리는 집과 교회와 여타 관계 속에서 환대에 대해 훨씬 더 큰 비전을 품고 실천하도록 부름받았다. 매일 하나님께 순종하는 삶의 한 부분으로서 환대를 통해 십대들과 연결되기 위한 몇 가지 방법은 다음과 같다.

환대를 통해 교회와 연결되기

신앙 공동체를 포함해 어느 공동체든 배경과 경험을 공유하지 않고 그곳에 속하기는 어렵다. 예배와 관련된 의식만큼 서로를 환대하고 서로를 연결해주는 공동 활동은 드물다. 함께 찬양하고, 기도하고, 신경을 암송하고, 성찬식을 하고, 세례식에 증인으로 참석하고, 무릎을 꿇고, 손을 높이 들고, 서로 포옹하는 것에는 그런 힘이 있다.

이런 상호작용이 내성적이거나 사회적 불안을 안고 있는 십대에게는 힘들 수 있다. 인종, 문화, 성별, 생활 방식과 같은 배경 때문에 모임에 참석하는 것이 부담스러울 수도 있다. 예배 시간에 십대를 환대하는 데 도움이 되는 몇 가지 아이디어를 살펴보자.

- 그들을 주목하라: 2장에서 십대는 다른 사람들이 자신의 존재를 알아주고, 자신의 말을 들어주기를 원한다고 말했다. 입구에서 따뜻하게 환영해주고, 설교 시간에 십대 시절의 경험을 언급하는 식으로 그들을 주목한다는 것을 알려주라. 십대가 다른 십대에게 환영받는 것도 중요하다. 따라서 헌신적인 아이들과 협력하여 새로 온 아이들 혹은 주변에서 맴도는 아이들에게 적극적으로 다가가라.
- 그들을 참여시키라: 아이들에게 할 일을 주는 것만큼 그들을 교회에 끈끈하게 연결시키는 것도 없다.[18] 어른들이 하는 모든 역할에 십대를 참여시키라. 그들을 아동 사역의 리더로 세워 전면에 나서게 해도 좋고, 보이지 않는 곳에서 나이 든 성도들을 섬기게 해도 좋다.
- 그들이 중요하다는 것을 알려주라: 십대에게 "네가 빠지면 우리는 온전한 공동체가 아니야"라는 메시지를 전하라. 그들이 그리스도의 몸에서 없어서는 안 되는 존재라는 메시지를 계속해서 전해주라.
- 예배를 의미 있게 만들라: 교회에서 지루하게 보내는 것을 좋아하는 사람은 아무도 없다. 하지만 재미없는 예배의 해독제는 오락거리가 아니라 '의미'다. 당신의 교회에서 예배 시간에 하는 모든 활동에 대해 "이 일은

우리 교회에서는 서로를 '형제'나 '자매'로 불러요. 우리가 그리스도
안에서 실제로 형제자매이기 때문이에요. 하나님은 우리를 평등하게
지으셨어요. 우리는 서로를 가족처럼 대해요. 모두가 그리스도
안에서 한 가족이 된 교회는 그렇게 해야 해요. 우리는 서로 긴밀하게
연결되어 있어요.

———————————————————————— 대니얼

무슨 의미가 있을까?"와 "이것이 의미를 만드는 데 어떤
도움이 될까?"라고 질문하라. 때로 예배에서 하는 활동을
설명해주기만 해도 몸만 왔다 갔다 하던 십대의 마음이 열릴
수 있다. 예배의 일반적인 구성 요소를 나열하고, 그것을
아이들에게 다시 소개하는 창의적인 방법을 구상하는
것부터 시작해보라.

- 가상 공간에서 연결되라: 주로 코로나 19 팬데믹
  기간부터 시작해 지금 대부분 교회는 디지털을 기반으로
  더 나은 소속감을 제공해 대면 환대를 보완하고 있다.
  물론 가상 공간에서 서로가 하나라는 의식을 심어주려면
  오프라인에서보다 더 많은 노력이 필요하다. 하지만 충분히
  그렇게 할 수 있다. 사려 깊은 대화로 모임을 시작하고,
  참여자들에게 세심하게 공감해주며, 소그룹으로 나누어
  주기적으로 활동하고, 모임을 계획하고 진행하는 일을
  십대에게 맡기면 그들은 어깨를 맞댄 모임에서만이 아니라

> **사역자를 위한 팁: 장애가 있는 십대와 연결되기**

어린이와 청소년 6명 중 한 명이 어떤 종류든 발달 장애 진단을 받았다. 특히 54명 중 한 명은 자폐 스펙트럼 장애를 앓고 있다. 이 수치는 지난 20년 동안 꾸준히 증가하고 있다.[a] 이는 우리 대부분이 장애를 가진 청소년을 한 명 이상 알고 있다는 뜻이다. 사역자는 학생들의 장애에 어떻게 반응해야 할지, 그리고 그 아이들이 그리스도 몸의 한 지체로 성장하도록 환대하는 환경을 어떻게 조성할지 늘 고민한다.

자폐증은 주로 사회적인 상호 작용과 예상하지 못한 행동으로 나타난다. 이는 관계를 중심으로 이루어지는 중고등부 사역에서는 특히 큰 걸림돌로 작용할 수 있다. 개인마다 통하는 전략이 다를 수 있지만, 전문가인 에이미 펜턴 리(Amy Fenton Lee)는 이런 십대를 포용하는 환경을 조성하도록 다음과 같은 팁을 제시한다.

- 부모의 신뢰를 얻고 협력을 이끌어낼 수 있도록 먼저 경청으로 시작하여 부모와 좋은 관계를 쌓으라.
- 교사들에게 학생들을 환영하고 환대하는 훈련을 시켜 학생들이 그들을 도와줄 어른들에게 둘러싸이게 만들라.
- 특히 사회적 신호와 불문율을 잘 이해하지 못하는 학생들을 위해 각 사역 환경을 위한 가이드라인을 인쇄해서 나누어주라.
- 의사소통에 어려움을 겪는 학생과 또래 친구 모두를 위한 대화 모델을 제시하라.
- 학생들에게 봉사할 곳을 찾아주라. 여느 학생과 마찬가지로 장애가 있는 십대도 교회와 지역 사회에 도움이 되는 은사와 기술, 열정이 있다.

- 그들에게서 배우라! 장애를 가진 학생들도 교회에 가르쳐줄 것을 많이 갖고 있다. 마음을 열면 그들의 시각에서 배울 수 있다.[b]

---

[a] "Data & Statistics on Autism Spectrum Disorder," 2020년 6월 16일, Centers for Disease Control and Prevention, https://www.cdc.gov/ncbddd/autism/data.html.

[b] Amy Fenton Lee의 다음 두 글에서 발췌함. "Refusing to Ignore Teenagers with Special Needs," Fuller Youth Institute, 2014년 9월 14일, https://fulleryouthinstitute .org /articles /special-needs; "Sticky Faith and Special Needs," Fuller Youth Institute, 2014년 10월 14일, https://fulleryouthinstitute.org/articles/sticky-faith-and-special-needs.

온라인 모임에서도 서로가 서로를 안다는 느낌을 받을 수 있다.

환대하는 식탁을 통해 연결되기

함께 밥을 먹는다고 해서 십대들이 무조건 소속감을 느끼지는 않는다. 학생 한 명이든 여러 명이든 다음과 같은 질문을 던지라.

- 어떤 음식을 좋아하니? 그걸 왜 좋아하니?
- 다른 사람들과 함께 식사하는 것이 어떤 면에서 좋니? 어떤 면에서 부담스럽니?
- 식사 자리에서 어떤 경우에 소속감을 느끼니?
- 식사 자리에서 빨리 벗어나고 싶을 때는 언제니?

예수님의 부활 직후 엠마오로 가던 제자들에게 일어난 이야기를 읽어보라. "그들과 함께 음식 잡수실 때에 떡을 가지사 축사하시고 떼어 그들에게 주시니 그들의 눈이 밝아져 그인 줄 알아보더니 예수는 그들에게 보이지 아니하시는지라 그들이 서로 말하되 길에서 우리에게 말씀하시고 우리에게 성경을 풀어주실 때에 우리 속에서 마음이 뜨겁지 아니하더냐 하고"(눅 24:30-32). 말씀을 읽은 뒤 이렇게 물으라.

- 예수님이 식사를 위해 떡을 떼어주시는 동안 그분이 예수님이신 것을 알았을 때 제자들은 기분이 어땠을까?
- 우리가 서로 떡을 뗄 때 예수님을 본다는 것은 구체적으로 무슨 의미일까?
- 함께 식사하면 왜 서로 연결될 수 있을까?

십대들과 머리를 맞대고 식사할 때의 규칙을 마련해보라. 다음과 같은 질문으로 시작하라.

- 어떻게 하면 식사하는 자리가 서로 연결되기에 좋은 자리가 될 수 있을까?
- 함께 먹고 대화할 때 서로에게 어떤 것을 지키기로 약속하면 좋을까?

학생들이 답을 잘 내놓지 못하면 다음과 같은 예를 들면서 시작해도 좋다.

- 모두를 환영한다. 모든 사람이 이 식탁에 속했다.
- 시작하기 전에 휴대폰을 같은 곳에 내려놓는다.
- 서로의 말을 좋게 해석한다.
- ("더 말해봐"와 같은) 후속 질문을 던진다.
- 모두가 충분히 먹는다.
- 자신보다 다른 사람이 먼저 먹도록 음식을 준다.
- 새로 온 학생은 항상 '기존 멤버들' 사이에 앉는다.

실제로 식사하면서 새로운 규칙을 연습하고 나서 무엇이 달라졌고, 이런 식사 방식이 환대와 소속감에 어떤 도움이 되었는지를 토론하라.

우리의 이야기를 통해 연결되기

당연한 말처럼 들릴지 모르지만, 서로 이야기를 나누고 듣는 것은 환대의 행위다. 일대일로 또는 그룹으로 모여 다음과 같은 질문을 통해 이야기를 나누어보라.

- 너에 대해 가족에게서 들은 이야기 중 가장 오래된 것은

전자 기기와 소셜미디어를 통한 연결

십대들이 서로 혹은 어른들과 항상 직접 만나서 어울릴 수는 없다. 2020년 코로나 19 팬데믹 때는 더욱 그러했다. 그 당시 십대들이 '휴대폰을 손에서 놓지 않는 것'에 대한 어른들의 걱정은 하룻밤 사이에 안도감으로 바뀌었다. 십대들이 '적어도 휴대폰으로는' 친구들과 연결될 수 있었기 때문이다. 어른들은 디지털 미디어와 기술을 십대들을 위한 사회적 안전망의 일부로 보기 시작했다.[a]

팬데믹 기간이든 아니든 십대들은 가상 플랫폼에서 소속감 또는 배제를 위한 공간을 만든다. 이러한 공간은 최신 앱이나 게임을 기반으로 계속 진화하고 있지만, 자신이 무리에 속해 있다는 중요한 신호 중 하나는 그룹 채팅에 초대되는 것이다. 나(브래드)의 십대 자녀들은 같은 친구 그룹 혹은 그 그룹의 일부와 여러 플랫폼에서 여러 개의 그룹 채팅을 하는 일이 드물지 않다. 내게는 엄두도 나지 않는 일이다. 하지만 오늘날 십대에게는 가상 공간에서 서로 메시지를 주고받는 그룹의 일원이 되는 것이 소속감의 중요한 일부다. 나는 우리 교회에서 새로 온 십대들이 채팅에 초대되면 분위기가 완전히 달라지는 것을 자주 보았다. 이런 초대를 통해 방문자는 '우리 중 하나'가 된다.

---

[a] 다른 사회적 안전망도 그렇지만, 전자 기기를 마련하고 그것을 잘 사용하도록 도움을 받는지는 사회경제적 상황에 따라 다르다. 미국 청소년 두 명 중 한 명은 빈곤선 아래나 저소득층 가정에서 자라고 있기 때문에 많은 청소년이 디지털 세상에서 격차를 경험하고 있다. Candice L. Odgers와 Michael B. Robb, Tweens, *Teens, Tech, and Mental Health* (San Francisco: Common Sense Media, 2020), 11.

무엇이니?

- 어렸을 적 일어난 일 중 네게 가장 큰 영향을 끼친 것은 무엇이니?
- 너희 가족의 문화적 배경을 설명해주겠니? 너희 가족이 다른 나라에서 미국으로 이민을 왔거나 미국 원주민이라면

너희 가족은 그것에 대해 어떻게 이야기하니? (혹은 하지 않니?)

- 지금까지 너의 삶을 돌아보면 교회와 신앙에 대한 경험 중 가장 기억에 남는 것은 무엇이니? 너는 교회에서 '자랐다'고 말할 수 있니? 그렇게 자라는 것이 어땠니?
- 또래든 어른이든 너에게 중요한 한 친구에 대해 이야기해줄래?

소그룹 안에서 더 깊이 연결되기

소그룹이 연결에 중요한 역할을 한다는 것은 청소년 사역자라면 누구나 아는 사실이다. 하지만 좋은 소그룹을 세우는 비결은 모르는 사람이 많다.

캐리는 미니애폴리스 외곽의 백인이 중심을 이루며 경쟁이 치열한 분위기의 지역에서 사역하는 중고등부 전도사다. 그녀는 피상적인 관계에 갇혀 있는 듯 보이는 학생들을 보며 고민이 많았다. 그들이 겉으로 보이는 모습 이면에 많은 고통이 숨어 있지만, 그 지역의 분위기와 환경 때문에 학생들이 고통과 문제를 억누르고 숨긴다는 것을 알게 되었다. 학생들은 겨우겨우 선헤엄을 치며 살아갔고, 때로는 절망의 깊은 바다에서 허우적거렸다. 하지만 겉으로는 문제가 없는 완벽한 학생인 척했다. 심지어 매주 모이는 소그룹에서도 완벽한 모습을 연기해야 했다.

제가 속하기로 선택하는 곳이 바로 제가 속한 곳이에요. 다른 곳에서 사람들을 도와야 한다면, 다른 나라로 가야 하다면, 거리 건너편으로 가야 한다면, 그곳에 저를 필요로 하는 사람이 있다면, 바로 거기가 제가 속한 곳이에요. 어디든 하나님이 저를 보내시는 곳이 제가 속한 곳이에요. 어디든 하나님이 저를 두신 곳이 제가 속한 곳이에요. 결국, 제가 속하기로 선택하는 곳이 바로 제가 속한 곳이에요.

― 시몬

이런 상황이 답답했던 캐리와 사역팀은 솔직하게 자신을 드러내고, 더 깊이 연결되도록 돕는 몇 가지 소그룹 활동을 실험하기로 했다. 그들은 '좋은 일과 나쁜 일'을 나누는 전형적인 방식에서 벗어나 자신을 더 솔직히 털어놓는 시간을 마련했다. 처음 몇 달간 학생이나 어른이나 할 것 없이 소그룹에 참여하는 모든 사람은 다음의 빈 칸을 채웠다.

나의 진짜 모습은 _____이다.
하나님께 뭐든 말씀드릴 수 있다면 _____라고 말할 것이다.

리더들은 학생들이 서로 더 솔직한 대화를 나누고, 하나님께 모든 것을 솔직히 말씀드릴 수 있기를 바랐다. 그리고 그들의 방법은 통했다. 캐리는 이렇게 말했다. "이 활동은 뿌리 깊은 틀을 깨고 소그룹 안에서 솔직한 대화의 문을 여는 데 큰 도움이 되었어요."

당신이 리더들을 더 나은 리더로 훈련시키고 있든, 캐리의 팀처럼 새로운 대화법을 도입하고 있든, 이번 장에서 살펴본 모든 아이디어를 활용하여 당신의 소그룹을 더 깊은 소속감이 느껴지는 곳으로 만들라.

반쪽짜리 소속감에서 진정한 소속감으로

누구에게나 소속감과 관련된 이야기가 있다. 어떤 면에서 우리 모두는 무리에 속하지 못했거나 반쯤만 속한 경험을 해본 적이 있다. 우리는 완전히 속한 것도 아니고 속하지 않은 것도 아닌 어정쩡한 기분을 느낀 적이 있다.

내(브래드)가 반쪽짜리 소속감을 경험했던 때는 중학교 시절이다. 앞서 2장에서 그 힘든 시기에 나를 주목하고 나와 동행해준 선생님에 대해 이야기했다. 나는 많은 곳에서 거부당했었기 때문에 그 선생님이 나를 받아주신 것이 너무도 중요했다.

나는 무리에 속하려고 많이 시도했다. 다행히 너무 해로운 행동은 시도하지 않았다. 나의 가장 절박한 시도는 기껏해야 패션을 이용하는 것이었다. (얼마든지 웃어도 좋다.)

처음 입었던 코카콜라 셔츠가 지금도 생생히 기억난다. 다른 곳은 몰라도 1980년대 후반 미국 남부에서는 그 셔츠가 유행했다. 문제의 이 셔츠는 가슴 부분에 굵은 흰색 가로줄이 하나 있었고, 빨간 코카콜라 로고가 선명히 박혀 있었다.

코카콜라가 어떻게 패션계에까지 진출했는지는 지금까지도 미스터리로 남아 있지만, 어쨌든 나는 그 유행에 뒤처지고 싶지 않았다. 내가 어울리고 싶은 친구들은 자랑하듯 늘 브랜드 옷을 입고 학교에 왔다. 당시 내게는 그것이 인생의 전부인 것처럼 느껴졌다. 엄마를 어떻게 설득해서 코카콜라 셔츠를 살 수 있을지 고민했던 기억이 난다. 엄마는 당시나 지금이나 내가 아는 가장 꽉 막힌 분이다. 그래서 이것은 절대 쉬운 일이 아니었다.

결국 나는 오매불망하던 그 옷을 쟁취했다. 최소한 일주일에 한 번씩 그 옷을 입고 자랑스럽게 학교 정문을 통과했다. 그 셔츠는 내가 무리에 소속되었다는 확실한 증거였다. 마침내 나는 멋진 친구들과 어울릴 수 있는 제대로 된 옷을 걸친 것이다. 나는 그들이 내 친구이고, 내가 그 무리에 속한 것처럼 느끼고 싶었다.

하지만 그것이 가짜라는 생각을 지울 수 없었다. 실제로 그것은 진정한 소속감이 아니었다. 그들과 잠시 어울리는 것일 뿐이었다.

고등학교에 가기 전까지는 진정한 소속감과 우정을 경험할 수 없었다. 하지만 그 일로 모든 사람이 때로 반쪽짜리 소속감을 느낀다는 것을 알았다. 아니, 때로가 아니라 자주 그럴지도 모른다.

혹시 당신도 무리와 어울리려고 부모님에게 특정한 브랜드 옷을 사달라고 졸랐던 기억이 있는가? (카라에게는 형광 티셔츠가 그런 옷이었다. 그녀는 확실한 80년대생이다.) 아니면 옷이 아니고 다른 것이었는가? 팀이나 동아리에 들어가는 것, 혹은 특정한 스타일의 음악을 듣는 것이 중요했는가? 당신과 내가 옛날에나 지금이나 알아야 하는 것은 우리가 유행하는 옷을 입거나 유행하는 말을 하는지와 상관없이 하나님께 속했고, 하나님께 사랑받고 있으며, 그분이 우리와 함께하시고, 우리가 그분의 백성이라는 것이다.

진정한 소속감은 원하는 무리와 어떻게든 어울려야 한다는 생각을 버릴 때 시작된다. 사실, 그냥 어울리기만 하는 곳은 다른 부류를 배척하는 곳이다. 교회가 환대와 소속감의 메시지를 실천하는 공동체가 되면 젊은 세대, 나아가 모든 세대의 이 갈망을 채워줄 수 있다.

그리스도 중심의 소속감 요약

이번 장에서 우리는 당신과 당신 주변의 십대를 위한 몇 가지 요약 문장을 소개할 것이다. 이 문구는 단순히 내용 요약이 아니라 매일 기억하게 하려는 것이다. 소속감에 대해 기억하고 싶은 메시지를 선택했다면, 다음 단계는 그 진리를 매일 기억할 수 있는 시스템을 마련하는 것이다.

휴대폰에 매일 알람을 맞춰놓아도 좋다. 이런 진리에 대해 생각할 시간이 되었다는 것을 기억하기 위해 아침에 출근 준비를 하는 시간이나 저녁에 하루를 마무리하는 시간에 알람을 맞춰놓으라.

아날로그 방식도 좋다. 하나님의 복된 말씀을 포스트잇에 써서 화장실 거울이나 자동차 계기판 혹은 사무실 책꽂이에 붙이라.

학생들과 함께 번갈아가며 서로에게 중요한 메시지를 문자로 보내도 좋다. 그렇게 하면 하나님의 백성과 함께하겠다는 결심이 강해질 수 있다.

어떤 방법을 선택하든, 십대에게 가르치기만 하지 말고 당신도 실천하라. 그럴 때 진정한 소속감을 깨닫는 당신의 여행도 크게 진전할 것이다.

다음은 이번 장의 내용을 요약한 문구다.

- 나는 함께하시는 하나님의 백성에 속했다.
- 나보다 이곳에 더 확실히 소속된 사람은 없다.
- 우리는 가족이다.
- 하나님이 우리와 함께하신다.
- 사람들은 우리의 사랑을 보고 우리를 알아본다.
- 우리는 그리스도의 몸이다.
- 나는 하나님께 속해 있기 때문에 어디에나 속해 있다.
- 환대는 외부인에게 내부인의 특권을 주는 것을 의미한다.
- 진정한 소속감은 원하는 무리와 어떻게든 어울려야 한다는 생각을 버릴 때 시작된다.

숙고하고 적용하기

❶ 이번 장에서 소개한 대화나 환대에 대한 아이디어 중 당신과 당신이 아는 십대에게 무엇이 가장 유익할까?

❷ 이런 대화나 연결이 당신과 당신 주변 십대의 소속감을 어떻게 변화시킬까?

❸ 당신과 당신 주변의 십대들은 이런 변화를 도모할 시간을 내기 위해 관계나 일과를 어떻게 조정해야 하는가?

❹ 우리가 함께하시는 하나님의 백성에 속했다는 사실을 당신뿐 아니라 당신 주변의 십대들이 더 깊이 이해하기를 원하는가? 이를 위해 어떻게 기도하면 좋을까?

4부

내가 어떤 변화를 만들 수 있는가?

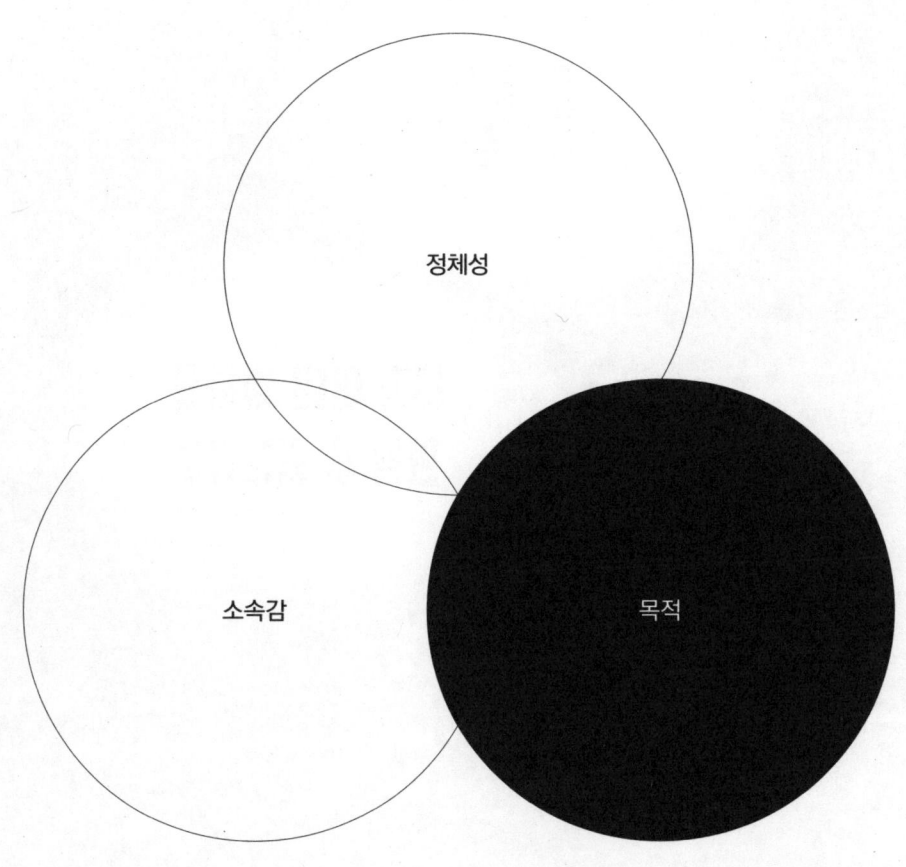

8장.
목적에 대한 큰 질문

저의 가장 중요한 목적은 다른 사람에게 친절하게 대하는 거예요.
그러면 사람들이 저를 더 좋아하게 되죠. 다들 친절한 사람을
좋아하니까 모든 것이 편해져요.
_레오

리베카는 이렇게 결심했다. "나는 다른 사람을 사랑하는 사람으로 알려지고 싶어. 사랑하는 것이 정말 어려울 때도 사랑하는 사람이 되고 싶어."

고등학교 3학년인 리베카가 다니는 기독교 학교의 교사가 반 학생들에게 남기고 싶은 유산을 생각해보도록 권하기 전까지 리베카는 그런 생각을 해본 적이 없었다. 하지만 자신감 넘치는 성격과 타고난 리더십 덕분에 리베카는 그전부터 오랫동안 좋은 관계들을 쌓아오고 있었다.

중고등부 리더팀의 일원인 리베카는 교회와 학교에서 모범

이 되려고 한 걸음 더 나아갔다. 지난달에는 수요일 중고등부 모임에서 수백 명의 학생 앞에서 간증하는 모험도 했다. 기분이 어땠냐는 질문에 리베카는 특유의 열정적인 목소리로 대답했다. "정말 재미있었어요! 유익했고요. 너무 신나요!"

리베카는 고등학교를 졸업하면 중고등부 여름 사역을 위해 보조 교사로 봉사하면서 교회 리더십을 자세히 배우고 싶어 한다. 리베카가 태어난 뒤로 엄마와 아빠는 리베카와 남동생을 주일마다 교회에 데려갔다. 리베카가 운전할 수 있게 된 지금은 오히려 부모님이 가끔 주일 예배를 빠지기도 한다. 하지만 리베카는 꼭 교회에 간다. 주일만이 아니라 주 중에도 여러 번 간다.

부모님이 교회에 가끔 빠지는데도 리베카가 그토록 교회에 끌리는 중요한 이유 중 하나는 소그룹이다. 초등학교 6학년 때부터 리베카는 매주 모이는 소그룹에 빠짐없이 참석하고 있다. 그 소그룹은 주로 리베카와 같은 학교에 다니는 여자아이들로 구성되어 있다. 이 아이들은 소그룹으로 함께 모이는 것 외에도 문자로 늘 소통하면서 '혼자서 할 수 있는 일은 없다'는 사실을 매일 되새긴다.

이 아이들이 가장 똘똘 뭉쳤던 때는 고등학교 2학년 가을이었다. 그 시기는 리베카의 친구 중 한 명인 앨리슨의 엄마가 말기 암 진단을 받았을 때다. 리베카는 힘이 닿는 데까지 앨리슨과 가족을 도왔다. 그래서 오후부터 저녁까지 앨리슨의 집에 머무는 경우가 많았다.

2월에 앨리슨의 엄마가 세상을 떠나시자 리베카의 믿음은 크게 휘청거렸다. 리베카는 그 시기를 이렇게 설명했다. "제가 아끼는 사람이 비극을 맞은 것은 그때가 처음이었어요. 긴 시간 동안 하나님과의 관계가 크게 흔들렸어요."

여름 수련회가 되어서야 리베카는 중고등부 전도사님에게 앨리슨의 엄마를 죽게 두신 하나님께 화가 난다고 털어놓았다. 1년 뒤에도 리베카는 하나님이 앨리슨의 엄마를 고쳐주시지 않은 이유를 여전히 이해하지 못했다. 하지만 그사이에 깨달은 것이 있다. "하나님은 저나 앨리슨이나 그 가족에게 벌을 주신 게 아니에요. 저는 그 일을 겪은 뒤 은혜에 대해 많은 것을 배웠고, 상황이 좋지 않을 때도 하나님은 여전히 선하시다는 것을 믿을 수 있게 되었어요."

앨리슨과 리베카가 앨리슨의 엄마 없이 함께 보낸 고등학교 3학년 시절의 가장 특별한 순간은 달콤하면서도 씁쓸했다. 학생회가 앨리슨을 올해의 여학생으로 뽑은 때였다. 그 감격의 순간에 앨리슨은 리베카에게 이렇게 말했다. "엄마가 여기 함께 계셨다면 얼마나 좋을까?"

리베카는 엄마와 사이가 좋다. "엄마는 제가 겪고 있는 일을 들으시면 '이해해. 네가 어떤 기분인지 알 것 같아. 일리가 있구나'라고 말씀하세요." 리베카는 엄마의 뛰어난 공감 능력과 심리 치료사인 소그룹 리더의 영향을 받아 상담사가 되고 싶어 한다. 다른 누구보다도 신앙 공동체 덕분에 리베카는 자신의 정체성, 자신

앞서 보았듯이 정체성, 소속감, 목적에 대한 세 가지 중요한 질문은 서로를 끊임없이 반영하고 강화한다. 실제로, 소속감을 느끼는 것이 목적을 발견하는 데 중요한 선행 조건이라는 사실이 많은 연구로 확인되었다.[a] 우리가 인터뷰한 학생 중 사회 활동을 통해 목적을 표현한 아이들은 그 일을 '다른 사람과 함께' 하는 것을 즐기며, 그렇게 할 때 목적과 소속감 모두를 채우는 것으로 보였다.

하지만 동시에 세 가지 중요한 질문은 각기 다른 기능과 목표가 있다. 예를 들어, 정체성은 내가 '어떤 사람'이 되기를 원하는지와 관련이 있는 반면, 목적은 내가 '무엇을' 성취하기를 원하는지와 관련이 있다.[b]

[a] Kendall Cotton Bronk, *Purpose in Life: A Critical Component of Optimal Youth Development* (Dordrecht, Netherlands: Springer Science & Business Media, 2014), 118.
[b] Bronk, *Purpose in Life*, 72.

이 열정을 쏟는 곳, 자신이 다른 사람에게 미치고 싶은 영향을 하나로 연결하여 자신의 목적을 찾아낼 수 있었다.

목적 정의하기: 내가 어떤 변화를 만들 수 있는가?

우리의 목적은 세상에 기여하는 것이다. 북쪽을 가리키는 나침반처럼 삶의 목적은 리베카뿐 아니라 모든 사람에게 삶의 방향을 제시한다.[1] 목적은 이토록 중요한 것이지만, 미국인 10명 중 4명은 아직 만족스러운 인생의 목적을 찾지 못한 것으로 추정된다.[2]

인생의 목적에 대한 우리의 이해는 시기에 따라 변한다. 보통 청소년기와 청년기가 목적이 분명해지는 시기다. 이런 '분명한 목적'은 '좋은 대학'이나 '좋은 직장'에 들어가려고 정해진 길을 따라야 한다는 압박감을 주는 동시에 미래로 가는 무한히 많은 길을 바라볼 때의 긴장을 풀어주기도 한다. 그런가 하면 오랫동안 자신이 무엇을 못하는지만 알고 있다가 마침내 자신이 잘하는 것을 알게 될 때 목적이 분명해진다.

나이나 목적의 명확함의 정도와 상관없이 목적은 두 가지 (때로는 서로 완전히 다른 내용의) 관심을 하나로 묶어준다. 하나는 '내게' 가치 있는 것을 향한 관심이고, 다른 하나는 '내 주변' 세상에 중요한 것을 향한 관심이다.[3] 간단히 말해, 목적은 나와 나를 제외한 사람 모두에게 의미 있는 것이다.[4]

목적에 대한 4가지 현재의 답: 나는 …할 때 변화를 만들 수 있다

목적을 연구하고 교회에 다니는 십대를 대상으로 전국적인 인터뷰를 진행한 결과, '나는 어떤 변화를 만들 수 있는가?'라는 질문에 대한 답이 네 가지로 요약되었다.

나는 다른 사람을 도울 때 변화를 만들 수 있다

──저는 다른 사람을 돌보고, 그들을 행복하게 해주면서 필요한 사람이 될 때, 즉 누군가가 저를 의지할 때 변화를 만들 수 있어요.

정체성, 소속감, 목적에 대한 인터뷰에서 중고등부 학생들은 다른 사람을 돕고 싶은 마음을 표현했다. 우리가 만난 십대는 하나같이 '돕는 것'에 대해 말했다. 세 번의 인터뷰 중 최소한 한 번은 그렇게 표현했다. 사실, 그 아이들은 목적을 이루기 위한 그 어떤 방법보다도 다른 사람을 돕고 섬기는 것을 이야기했다.

스티브는 보이스카우트와 교회, 가정에서 '최대한 많은 사람을 돕기' 원했다. "마음의 짐을 털어놓고 싶은 사람의 말을 들어주는 것이든, 집안의 물건을 치우는 일을 도와주는 것이든, 저는 언제 어디서나 누군가를 도울 때 목적 의식을 느껴요."

아서는 자신이 해야 할 일을 하고 있다고 느끼는 순간을 설명했다. "사람들을 가르칠 때 그래요. 학교에서 누군가가 노래를 가르쳐달라거나 혼자서 풀 수 없는 수학 문제를 풀어달라고 할 때 한 번도 스트레스를 받은 적이 없어요."

사회 운동을 통해 돕기

스탠퍼드 대학교 인류학 교수인 로버타 카츠(Roberta Katz)는 소위 '아메리칸드림'의 실패 사례들을 살펴보고 이렇게 결론 내렸다. 오늘날의 십대는 "자신들의 미래가 몹시 어려우리라는 것을 거창한 일이 아니라 "정말 친절하네. 저런 일을 하다니 멋지네"라는 말을 들을 수 있는 일로 다른 사람들에게 영향을 미치고 싶어요.

— 수

안다. 단순히 일자리를 찾거나 자기 집을 마련하기 힘들 뿐 아니라, 기후 변화, 인공 지능, 유전 공학, 3D 프린트 총, 팬데믹 질병을 어떻게 다룰지가 걱정이다. 이런 상황에서 사람에 따라 두려움에 짓눌리거나, 모든 것을 포기하거나, 열정을 발휘할 것이다."[5] (카츠는 전 세계적인 질병이 미국에 상륙하기 불과 몇 달 전 자신이 '팬데믹 질병'을 경고한 것이 얼마나 예언적이었는지 예상하지 못했다.)

두려워한다. 포기한다. 열정을 발휘한다. 우리는 이 세 가지 반응을 모두 보았지만, 마지막 반응이 압도적으로 많았다.

인종 간의 평등을 위한 운동은 이 학생들에게 열정을 불어넣었다. 우리가 인터뷰했던 한 고등학교 3학년 학생은 다양한 인종으로 이루어진 교회 중고등부에서 활동했다. 그 학생은 그 중고등부 학생들을 돕고자 인종 화해를 위한 세미나를 기획했다. 2장에서 소개했듯이, 자넬은 자신이 다니는 학교에서 흑인 학생 연합회 리더로 활동하면서, 미국 흑인들의 정신 건강 문제에 대한 캠페인에 앞장섰다.

지구를 돌보는 일도 우리가 인터뷰한 십대들의 큰 관심사였다. 릴리는 자신을 비롯한 십대들이 무엇에 대해 걱정하느냐는 질문에 이렇게 대답했다. "기후 변화가 큰 문제 같아요. 제가 이 말을 하면서 플라스틱 컵으로 음료수를 마시고 있는 것이 정말 아이러니해요. 쓰레기를 줄이거나 올바로 재활용하는 게 중요해요. 지구의 자연 자원을 소중하게 다뤄야 해요."

고등학교 2학년 학생인 대니얼은 그 질문에 훨씬 더 구체적으로 답했다. 아버지가 몸이 아파 무직이었을 때 1년간 노숙자로 지낸 적이 있던 터라 대니얼은 동네에 노숙 중인 가정의 아이들에게 관심이 많다. 대니얼은 환경 오염에서 범죄까지 자신이 목격한 노숙의 폐해를 자세히 나열했다. 이제 자기 가족은 아파트에서 지내고 있기 때문에 대니얼은 노숙자를 도우려고 모금 활동을 벌이고 있다. 거리의 쓰레기도 줍는다. 또한 시 공무원들과 함께 노숙자 쉼터 확충을 위해서도 힘쓰고 있다.

다른 사람을 도울 때 발생하는 긍정적 효과와 부정적 효과

자신의 자원과 기술을 사용하여 다른 사람에게 유익을 끼치는 십대의 행복 지수는 평균보다 높다.[6] 리베카, 릴리, 대니얼 같은 아이들은 다른 사람을 도울 때 기분이 좋아진다는 말을 자주 했다. 나탈리는 주변의 노숙자들을 위해 선물 꾸러미를 만들 때 기분이 얼마나 좋은지를 설명하면서 환하게 웃었다. "이런 일을 할 때 누가 뭐라고 말하건 상관없이 제가 사랑이 많은 사람이라는 확신이 들어요. 저는 누가 뭐래도 친절한 사람이에요."

클라우디아는 대학교 지원에 필요한 에세이를 쓰면서 기자가 되고 싶은 꿈이 분명해졌다. "아침마다 일어나 기쁜 마음으로

> 누군가를 위해 기도하고 나면 하나님의 이름으로 그 사람을 축복한 것이기에 기분이 좋아져요. 저는 사람들을 격려하며 용기를 줄 때 가장 뿌듯해요.
>
> — 새뮤얼

직장에 가면서 제 목적을 이루어갈 거예요. 그 일이 다른 사람들에게 도움이 된다는 걸 알기 때문에 그렇게 할 수 있어요."

다른 사람을 돕는 것에 대한 이야기를 한 십대 대부분은 이와 비슷한 기쁨을 표현했지만, 우리가 추정하기로는 이들 중 3분 1은 몸이 상할 정도로 다른 사람들을 섬기고 있었다. 드라마나 영화에서 좋아하는 캐릭터가 누구냐고 묻자 소피아는 논란이 많은 넷플릭스 시리즈 〈루머의 루머의 루머〉(13 Reasons Why)에 나오는 클레이를 꼽았다. "그는 항상 다른 사람을 도우려고 해요. 자신은 잘 챙기지 못할 정도로요. 클레이는 저와 비슷한 것 같아요. 저도 항상 다른 사람을 먼저 챙기고 저 자신은 별로 신경 쓰지 않거든요."

릴리는 다른 사람을 섬길 때 치러야 할 대가를 더 구체적으로 말했다. "다른 사람을 행복하게 해주려고 하다가 저 자신의 육체적, 정신적, 정서적 건강이 약해지곤 해요. 다른 사람의 행복이 커지면 저 자신의 행복은 줄어들기도 하죠. 그래도 상관없이 다른 사람을 돕고 싶어요."

교회에서 보조 교사로 봉사하는 세바스티안은 다른 리더들이 신경 쓸 일이 없도록 하나부터 열까지 자신이 다 챙기려고 노력한다. "목사님이 아무 걱정 없이 사역하셨으면 좋겠어요. 목사님이 설교에만 전념하실 수 있도록 다른 일을 제가 다 처리하는 게 목표예요."

세바스티안은 다른 리더들과 교인들을 돕느라 주일마다 교회에서 아침 7시부터 밤 9시까지 보낸다. 그러다 보니 교회 친구들과 함께 보낼 시간이 없다. "저는 거의 예배실 뒤쪽에 있는 음향실에 틀어박혀 있어요. 그래서 교회 사람들과 어울릴 시간이 거의 없죠. 가끔 친구들이 음향실 앞을 지나가며 '안녕, 잘 지내?'라고 묻죠. 하지만 저는 일에 집중하느라 대답을 잘 못해요."

목적을 경험하기

제인 홍 구즈만 드 레온은 두 곳의 신생 대형교회에서 청소년부와 대학부와 가정 사역을 한 뒤, 지금은 풀러 청소년 연구소 팀원으로 미국 전역의 청소년 사역자들을 섬기고 있다. 제인은 독특한 배경과 다양한 인생 경험을 바탕으로 인종과 목적의 연관성에 대한 통찰과 더불어 십대가 하나님께 받은 잠재력을 끌어내도록 도울 방안을 제시한다.

카라   제인, 십대 시절에 어떤 목적 의식을 품으셨나요?

제인   중학교 때 구원받은 뒤로 하나님의 임재를 강하게 느꼈어요. 그리고 그때부터 늘 사람들을 돕고 싶었어요.

십대 시절에 한 친구가 정서적 고통 때문에 자해했다는
말을 털어놓았어요. 그 친구를 돕고 싶었지만 방법을
몰랐죠. 우리 교회에서는 좋은 중고등부 프로그램을
운영했지만, 교회에서 제시하는 답은 우리가 던지는
질문과 맞지 않을 때도 많았어요. 그때 정말 힘들었어요.
저는 사람을 돕는 일에서 목적을 발견했고, 그
목적대로 의미 있는 삶을 살고 싶었거든요. 그래서
하나님께 고통과 고난에 대한 복잡한 질문만 던져서는
안 되겠다는 생각이 들었어요. 치유와 변화를 위한
하나님의 역사에 협력할 구체적인 방법을 찾기
시작했답니다.

카라 어릴 적에 한인 교회에 다니셨죠? 그 교회가 목적 의식에
어떤 영향을 미쳤나요?

제인 제 목적 의식은 처음에는 삶을 공동체적으로 보는 그
교회의 시각에 많은 영향을 받았어요. 문화적으로
우리는 마치 한 가족처럼 늘 모여서 함께 생활했죠.
교회에서 식사는 물론이고, 기쁨과 슬픔까지 모든 것을
함께 나누고 서로를 위해 희생했답니다. 하나님을 위한
일을 할 때는 항상 온 교회가 함께 했어요.
또한 제 부모님 같은 이민 1세대들이 역경을 딛고
끈덕지게 앞으로 나아가는 모습을 보면서 기도의 힘과
신앙의 끈기를 배웠답니다. 한인 교회의 교인들은 고난이

신앙 여정의 일부라는 점을 이해해요. 우리의 삶을 향한 하나님의 더 큰 목적을 바라보며 함께 힘을 얻습니다. 하지만 그런 공동체적인 환경에서 목적을 찾을 때 불리한 점도 있어요. 그것은 교회가 함께하는 일 외에 하나님이 '나'를 어떻게 독특하게 사용하실지 알아낼 기회가 별로 없다는 거예요. 그래서 개인으로서 저의 목적의식을 발견하기까지는 꽤 많은 시간과 노력이 필요했어요.

카라 십대들을 인터뷰하면서 목적에 대해 배우신 게 있나요?

제인 그들이 하나님을 경험하고 그리스도의 몸에 실질적으로 참여하도록 초대해야 한다는 걸 새삼 깨달았어요. 십대들이 그냥 어른들의 말을 듣고 믿음에 대해 이야기를 나누는 것만으로는 살아 있는 믿음을 배울 수 없어요. 직접 경험해야 해요. 스스로 다른 사람을 위해 기도하고 돕는 경험을 해야 해요. 어른들은 더 오래 살았기 때문에 십대들이 보지 못하는 잠재력과 가능성을 볼 수 있어요. 십대들은 자신에게 관심을 기울이며 "너에게 이런 열정이 있는 걸 아니? 하나님이 그 열정을 네 마음속에 두신 데는 분명한 이유가 있어. 그 열정을 더 다듬고 키우면 어떨까?"라고 말해주는 어른들이 필요해요.

나는 대본을 따를 때 변화를 만들 수 있다

──── 저는 분명한 역할과 대본을 받고 그것을 따를 때, 해야 할 일(주로 가정이나 교회에서 하라고 하는 것)을 알고 그 일을 할 때 변화를 만들 수 있어요.

'다른 사람을 돕는 것'만큼은 아니지만, 십대들이 목적에 대한 질문에 대해 두 번째로 많이 한 답은 다른 사람이 부여한 역할과 대본을 따르는 것이었다. 우리가 인터뷰한 학생들은 가도 되는 길이 앞에 놓여 있을 때 편안해 보였다. 그들은 친구나 가족, 교회가 분명한 혹은 암묵적인 '규칙'을 정해주기를 원했다. 인터뷰 대상자들은 개성을 표현하고 싶은 욕구가 있으면서도, 세상에 선택 사항이 많다 보니 한편으로는 이미 잘 닦여 있는 길들을 원하기도 했다.

학업에 대한 압박은 인종과 배경을 가리지 않지만, 최근 미국으로 이민 온 가정의 학생들은 부모의 희생 때문에 공부를 잘해야 한다는 압박을 더 많이 느끼는 경우가 많다. 클라우디아는 미국에서 공부하게 해준 엄마에게 감사한다. 그래서 자신이 엄마의 고생에 보답하려면 열심히 공부해서 성공해야 한다고 생각한다. "엄마는 자신은 많이 배우지 못했지만, 자식들은 잘 배워서 더 나은 미래를 누려야 한다고 말씀하세요."

어떤 가정의 대본에는 동생을 돌봐야 할 책임이 적혀 있다. 소피아는 학교 수업이 끝나면 여동생을 돌보고 집안일을 도우려고 부리나케 귀가한다. 소피아는 이렇게 말했다. "여동생이 태어나자마자 엄마는 다시 일을 시작하셨어요. 동생이 아기였을 때도 많이 힘들었어요. 그런데 두 살이 되어 뭐든 닥치는 대로 입에 넣기 시작하면서 훨씬 더 힘들어졌죠. 그때부터는 동생에게서 한시도 눈을 뗄 수 없어요."

우리가 인터뷰했던 모든 십대는 목사나 교회 리더가 추천한 아이들이기 때문에 그들이 받아들인 규칙에는 신앙과 신앙 공동체에 대한 전제가 포함되어 있었다. 많은 학생이 외부에서 대본을 받는 것에서 벗어나 스스로 대본을 쓰게 된 과정을 이야기했다. 리베카와 친구들은 교회에서 꾸준히 복음을 먹으며 자랐다. 그런데 그들은 '어릴 적부터 항상 그것만 먹다 보니' 복음이 '물릴' 때가 많았다. 친구 엄마의 죽음을 겪은 뒤 리베카는 점점 자신만의 신앙을 갖추어가기 시작했다. "하나님과의 관계를 스스로 선택해야 한다는 것을 깨달았어요. 제 것이 아닌 신앙으로 몸만 교회에 왔다 갔다 할 수는 없었어요. 그 상태로 더는 견딜 수 없었어요."

십대들은 자신의 미래에 대한 하나님의 계획을 발견하려고 노력할 때 평안함과 압박감을 동시에 느낀다. 릴리는 이것을 조심스럽게 인정했다. "가고 싶은 직장이 있는데, 그것이 하나님이 원하시는 것인지 잘 모르겠어요. 그 직장에 가려고 열심히 노력했는데, 저를 향한 하나님의 계획이 아니면 어쩌죠? 결국 하지도 않을 일을 위해 4년간 공부한 꼴이 되잖아요. 제가 하고 싶은 일이 수시로 바뀌어요. 하나님이 원하시는 것을 발견하기까지 몇 번이나 방향을 바꾸어야 할지 모르겠어요."

릴리는 자신의 삶을 향한 하나님의 계획을 놓칠까 봐 불안해한다. 그 불안은 중학교 때 목사님이 좋은 의도로 준 가르침에서 비롯되었다. "목사님은 우리를 향한 하나님의 비전을 알아야 한다고 많이 강조하셨어요. 그 뒤로 저는 여러 진로에 관심을 갖고 노력했지만, 저와 잘 맞지 않았어요. 그러다 보니 저를 향한 하나님의 비전이 무엇인지 혼란스러워요. 저는 사람의 목적이 하나님 나라를 확장하는 것이라고 배웠어요. 그래서 그렇게 하고 싶지만, 어떻게 해야 할지를 모르겠어요. 스트레스를 많이 받아요."

자신에 대한 하나님의 계획과 일치하는 분명한 비전을 찾아야 한다는 압박감은 우리가 인터뷰했던 학생의 3분의 1이 언급했다. 특히, 고등학교 3학년 학생 대부분은 그 압박감을 언급했다. 마이클은 자신을 '실패자처럼 느끼고' 있다. 그 이유는 이렇다. "매년 이맘때면 모두가 자신이 무엇을 할지 말하고 다니죠. 저만 빼고 다들 앞으로 무엇을 할지 정확히 아는 것 같아요. 그런데 그것을 모르는 저는 혼자 별종처럼 느껴져요."

내 삶에 대한 선택권을 가질 때 변화를 만들 수 있다

—— 적어도 제 삶의 일부를 선택할 주체성과 힘이 제게 있다는 확신이 들 때 변화를 만들 수 있어요.

우리가 인터뷰했던 십대들은 뜻밖에도 자신에게 주어진 대

> 저는 흑인이다 보니 피부색 때문에 어려움이 있다는 것을 알아요. 하지만 단지 제 피부가 검다는 이유로 하고 싶은 일을 포기하지는 않을 거예요. 예를 들어, 어떤 직장에 들어가고 싶은데 백인과 제가 경쟁할 수 있죠. 하지만 제가 흑인이라는 이유로 그 직장에 들어가지 못한다는 생각은 하지 않을 거예요. 누가 뭐라고 하든 상관없이 저는 그 직장에 들어가기 위해 노력할 거예요.
>
> ─ 제이슨

본을 원망하지 않았다. 하지만 목적을 향한 그들의 세 번째 길은 자신의 인생(최소한 일부)을 스스로 선택하는 것이었다. 그들은 자신의 관심사, 목표, 가치관을 스스로 발전시키기를 원했다.[7]

오늘날 십대들은 가시적인 보상이나 공개적인 인정에 덜 연연하는 것처럼 보인다. 대신 그들은 스스로 결정하기를 원한다. 그리고 자신의 결정이 세상에 영향을 미치기를 원한다.[8]

대니얼의 가족은 주거 문제로 고생하던 해에도 거리에 나앉지는 않았다. 대니얼의 엄마가 방법을 찾은 덕분에 대니얼의 가족은 떠돌이 생활을 하지 않고 친구들의 손님방에서 잠을 잘 수 있었다. 그래서 비슷한 상황에 처한 수많은 사람처럼 고생하지 않을 수 있었다. 그런 경험 덕분에 대니얼이 얻은 생존 본능은 미래를 위해 철저히 계획하겠다는 결심으로 이어졌다. 대니얼은 열정적으로 말했다. "저는 자기가 맡은 일을 하지 않는 게으른 사람들과 어울리지 않으려고 노력해요. 그들은 자신의 미래를 생각하지 않아요. 하지만 저는 항상 미래를 위한 꿈을 품고 있어요. 저는 세상을 바꾸는 데 도움이 되는 과학자가 되고 싶어요. 차세대 구글 같은 것을 만들 생각이에요. 재미있으면서도 중요한 일을 하고 싶어요."

한 가지 커리어를 일편단심으로 추구하는 대니얼과 달리, 우리가 만난 많은 학생은 클라우디아와 같았다. 클라우디아는 필요하면 여러 번이라도 계획을 바꿀 수 있는 융통성을 중시한다. 그 아이는 원래 수의사가 되고 싶었다면서 장난스러운 미소를 지었다. "하지만 어떤 여성이 바이러스에 감염된 고양이 발톱에 긁혀서 죽었다는 다큐멘터리를 보게 되었죠. 저는 그렇게 죽고 싶지 않았어요. 그러던 중에 변호사에 관심이 생겼어요. 하지만 변호사는 하루도 쉴 날이 없을 것 같더라고요. 다시 생각해보니, 제가 읽고 쓰고 세상이 돌아가는 방식에 대해 말하기를 좋아한다는 걸 깨달았어요. 그래서 작가나 기자가 되고 싶다고 생각했어요. 그렇게 하면 사람들이 아마존 열대 우림을 태우지 못하도록 경고할 수 있겠더라고요. 그래서 일단 지금은 그런 일을 하고 싶어요."

우리가 인터뷰한 십대들은 자신만의 가치 있는 일을 스스로 선택하기를 원할 뿐 아니라, 어른들이 그 일에 신뢰와 지지를 보내주기 원했다. 그런 의미에서 세바스티안은 교회가 맡겨준 책임들을 자랑스러워한다. "우리 교회는 열일곱 살 소년에게는 맡기지 않을 만한 일을 제게 맡겼어요. 저는 교회 건물의 비밀번호를 알고 있어요. 한마디로 열쇠를 갖고 있는 거죠. 저는 주일 헌금 위원도 하고 있어요. 이건 보통 중요한 일이 아니죠. 교회 어른들이 제게 이렇게 중요한 일을 맡기니까 제가 여기에 소속된 사람이라고 느껴져요. 그리고 제 삶에 의미가 있다고 느껴져요."

나는 좋은 미래를 향해 나아갈 때 변화를 만들 수 있다

―― 저와 제가 아끼는 사람들을 위해 좋은 미래를 만들어갈 때, 제가 중요한 일을 하고 그 일에서 두각을 나타낼 때, 제가 모두를 위한 '좋은 삶'을 만들어갈 때, 제가 최선의 모습으로 살고 있을 때 저는 변화를 만들 수 있어요.

"우리의 미래는 암담하지만, 나의 미래는 밝다." 이것은 십대와 청년을 연구하는 소피아 핑크(Sophia Pink)가 미국 전역을 돌며 21세 청년들을 인터뷰하고 결론 내린 '낙관론의 격차'다. 그들은 미국의 미래에 대해 '두려움', '파괴적', '재앙' 같은 표현을 사용했다. 하지만 자신의 미래에 대해서는 '희망적', '결단', '사랑 가득한' 같은 표현을 사용했다.[9] 풀러 청소년 연구소가 2,092명의 십대를 조사했을 때도 그들 자신의 삶과 미래를 긍정적으로 보는 경향이 드러났다.

21세 청년들이 보여준 자신에 대한 낙관론은 목적에 대한 우리의 인터뷰에서 나온 네 번째 답변과 일치한다. 정확한 목적은 저마다 다르고 때로 애매하기도 했지만, 다수의 십대는 자신이 생각하는 '좋은 삶'을 추구하고 있었다.

우리가 인터뷰한 많은 학생의 목표에는 세 가지 영역이 포함되었다. 신앙, 재정적 성공, 성취감이었다. 마이클은 자신이 꿈꾸

> 15세에서 21세의 청소년 중 약 3분의 2는 국가의 미래를 매우 혹은 꽤 걱정하고 있다(68퍼센트). 그리고 그중 많은 숫자가 미국이 전보다 더 건강해지고 있다고 생각하지 않는다(66퍼센트).[a]
>
> ---
>
> [a] American Psychological Association, "Stress in America: Generation Z," 2018년 10월 3장, https://www.apa.org/news/press/release/stress/2018/stress-gen-z.pdf.

는 미래를 이야기하면서 아버지처럼 되고 싶다고 했다. "제가 성공할 수 있는 일을 찾고 싶어요. 그리고 이왕이면 좋아하는 일이었으면 좋겠어요. 억지로 출근하고 싶지 않거든요. 뭐든 열심히 하겠지만, 즐길 수 있는 일이면 좋겠어요. 동료들이 저를 좋은 사람이라고 평가해주면 좋겠어요. 문제가 생겨도 저는 그리스도인이라서 다르다는 걸 보여주고 싶어요."

나탈리는 배우라는 직업에 매력을 느낀다. 하지만 자신이 원하는 재정적 안정을 보장해줄 다른 직업을 선택할 생각이다. 중학교 3학년인 나탈리는 요즘 의료 분야에 끌리고 있다. 그 이유는 이렇다. "세상을 더 좋은 곳으로 만들면서도 재정적으로 안정된 기반을 갖출 수 있으니까요. 재정적으로 안정되면 세상을 더 좋은 곳으로 만드는 데 더 많은 힘을 쏟을 수 있어요. 지금 우리 나라만 봐도 그렇잖아요."

대부분 학생이 재정적 풍요와 개인적 성취가 결합된 미래를 가장 좋은 것으로 보았지만, 몇몇 학생은 개인적 관계를 가장 우선시했다. 졸업을 앞둔 고등학교 3학년인 아서는 무엇보다도 친밀한

> 예일대학교 교수이자 이 프로젝트의 자문위원인 알메다 라이트(Almeda Wright)는 인종에 따라 미래에 대한 비전이 다를 수 있다는 점을 지적한다. "죽음, 폭력, 억압, 인종 차별은 모든 아프리카계 미국인 청소년의 이야기가 되었다. 이 일을 직접 경험하고 있든, 소셜미디어를 통해 간접 경험을 했든 상관이 없다. 부모와 청소년 사역자들도 이런 세상에서 이들과 어떻게 동행할지 몰라 고민하고 있다. 어떤 청소년들은 더 나은 미래가 있을 것이라고 꿈조차 꾸지 않는다. 그저 자신이 성인이 될 때까지 살아남을 수 있을지가 고민일 뿐이다."[a]
>
> ---
>
> [a] Almeda M. Wright, *The Spiritual Lives of Young African Americans* (New York: Oxford University Press, 2017), 198.

관계를 소중히 여긴다. "모든 것을 가질 수는 없어요. 저는 지금 가진 것에 만족하면서 저를 사랑하는 주변 사람들을 소중히 여기고 싶어요. 대부분 사람은 원하는 걸 다 가져야 행복이라고 말하죠. 하지만 때로는 다 가져도 공허할 수 있어요. 저는 제가 만나는 모든 사람을 사랑할 수 있는 것이 최고의 행복이라고 생각해요."

릴리는 '행복한 삶'을 한 문장으로 더 간결하게 정의했다. "하나님이 제게 주신 것에 만족하고, 무엇보다도 하나님으로 인해 만족하며, 불평하기보다는 충실하게 사는 법을 배우는 게 행복이에요."

무엇을 '좋은 삶'으로 여기든 간에, 그리스도인 십대들은 그 이상을 현실로 이루기 위해 열심히 노력하고 있다. 사실, 너무 노력한다. 세바스티안은 교회에서 자원봉사에 너무 많은 시간을 보내다 보니 주변에서 "네 삶도 즐기고 친구들과 어울리기도 해야

큰 질문	초점	설명	현재의 답	그리스도 중심의 답
나는 누구인가?	정체성	자신을 보는 시각	"나는 _____ 이다." · 다른 사람이 기대하는 모습 · 충분히 _____(하)지 않다. · 내가 만든 이미지 · 꼬리표를 뛰어넘는다.	나는 예수님으로 충분하다.
나는 어디에 어울리는가?	소속감	다른 사람과의 연결	"나는 _____ 에 어울린다." · 안심하고 진짜 모습을 보일 수 있는 곳 · _____을(를) 공유하는 곳 · 나를 필요로 하는 곳	나는 하나님의 백성에게 속했다.
나는 어떤 변화를 만들 수 있는가?	목적	세상에 대한 기여	"나는 _____ 할 때 변화를 만들 수 있다." · 다른 사람을 도울 때 · 대본을 따를 때 · 내 삶에 대한 선택권을 가질 때 · 좋은 미래를 향해 나아갈 때	

지"라는 말을 자주 듣는다. 이에 대해 세바스티안은 이렇게 말했다. "제가 청소년 사역자가 되겠다는 미래의 목표에 너무 집중하는 건 사실이에요. 그래서 목표를 향해서만 질주하기보다는 현재를 즐겨야 한다는 사실을 항상 기억하려고 노력해요."

분명하지만 여전히 부족한 점

십대를 변화시키는 세 가지 중요한 질문에 대해 우리가 인터뷰했던 학생들은 정체성이나 소속감보다도 목적에 대해 더 일관된 답을 내놓았다. 아마도 학생들이 세상에 어떻게 기여할지에 대해 가족, 친구, 교사, 멘토, 목회자에게 구체적인 대본을 받았기 때문에 그 대본을 그대로 읊은 것이 아닐까 싶다.

우리가 인터뷰한 학생들은 세상을 변화시키려는 열정을 품고 있었지만, 그들의 계획은 깊이가 없고 평면적으로 느껴지는 경우가 많았다.

하나같이 2차원적이었다.

무언가 특징이 없고 밋밋했다.

다음 장에서 살펴보겠지만, 그들의 목적에는 세상을 변화시키기 위해 은혜로 변화된 사람들의 생동감과 다채로움이 없었다.

숙고하고 적용하기

❶ 다음은 오늘날 십대들이 자신의 목적을 정의할 때 흔히 내놓는 네 가지 답이다. 이들에게 공감하기 위해 당신의 십대 시절을 돌아보라. 아래에 1위부터 4위까지 순위를 매기라. 1위는 당신이 가장 많이 했던 답이고, 4위는 당신이 가장 적게 한 답이다.

- ____ 다른 사람을 도울 때 변화를 만들 수 있다.
- ____ 대본을 따를 때 변화를 만들 수 있다.
- ____ 내 삶에 대한 선택권을 가질 때 변화를 만들 수 있다.
- ____ 좋은 미래를 향해 나아갈 때 변화를 만들 수 있다.

❷ 돌이켜보면 어떤 답이 도움이 되었는가?

❸ 어떤 답이 당신이나 다른 사람에게 해로웠는가?

❹ 이제 당신이 아는 십대 한 명을 떠올리고 위와 똑같이 해보라. 목적에 대해 그 아이가 가장 자주 답했던 순서대로 1위부터 4위까지 순위를 매기라.

- ____ 다른 사람을 도울 때 변화를 만들 수 있다.
- ____ 대본을 따를 때 변화를 만들 수 있다.
- ____ 내 삶에 대한 선택권을 가질 때 변화를 만들 수 있다.
- ____ 좋은 미래를 향해 나아갈 때 변화를 만들 수 있다.

❺ 그 아이가 가장 많이 한 두 개의 답은 어떤 면에서 유익한가?

❻ 그 답들은 어떤 면에서 해로운가?

❼ 네 가지 답에서 공통으로 드러나는 모습은 십대들이 목적을 찾으려고 열심히 노력하고 있다는 것과 미래에 대한 불확실성이 그들을 불안하게 한다는 것이다. 당신이 가장 아끼는 십대들은 어떠한가? 그들에게서 이런 모습 중 하나 혹은 둘 다를 볼 수 있는가?

❽ 다음 장에서는 소속감의 욕구에 대한 그리스도 중심의 더 나은 답을 탐구할 것이다. 다음 장을 미리 보지 말고(커닝하지 말고) 답해보라. 혹시 목적에 대한 질문에 대해 당신이 이미 찾은 그리스도 중심의 더 나은 답이 있는가?

9장.
이야기: 예수님의 더 나은 답

저는 저 자신이 연필과 같다고 생각해요. 그런데 제가 연필이 아닌 포크나 젓가락 같은 식사 도구가 되려고 할 수도 있어요. 하지만 그것은 제 목적이 아니죠. 만약 제가 글을 쓰지 않는다면, 저는 하나님의 목적을 위해 쓰임받는 게 아니에요.
_케빈

교회는 제자들이 다가올 하나님 나라를 미리 시연해주는 복음의 극장이다.
_케빈 J. 밴후저(Kevin J. Vanhoozer)[1]

"지금 저는 모든 교회 일에 열심히 참여하고 있어요. 교회는 제게 가족 같아요. 제게는 사명감, 목적, 정체성, 소속감이 있어요. 이것은 제 또래 애들에게 대체로 없는 것이죠."

혼혈인 고등학교 3학년 케빈은 첫 인터뷰에서 '목적, 정체성, 소속감'을 언급했다. 심지어 내(카라)가 그것을 말하기도 전에 언급했다. 당연히 나는 크게 감명받았다.

나는 질문지를 내려놓고 이렇게 물을 수밖에 없었다. "케빈, 방금 너는 정체성, 소속감, 목적을 언급했어. 이 인터뷰의 나머지 부분은 주로 그 세 단어에 대한 거야. 정말 궁금하구나. 전에 그런 단어를 들은 적 있니?"

케빈은 깔깔 웃으면서 인정했다. "들켰네요. 사실, 지난밤에 선생님과 풀러 청소년 연구소를 검색하고 선생님의 동영상 몇 개를 봤어요."

학생이 이 세 단어를 스스로 생각해낸 것만큼 놀랍지는 않지만, 그래도 이 반응은 대단한 것이다. 케빈은 우리가 인터뷰한 학생 중 미리 우리를 연구한 유일한 학생이었다.

풀러 청소년 연구소를 사전 조사할 만큼 주도적인 케빈의 성격은 고등학교의 마지막 절반 동안 자신의 목적을 실험한 모습에서도 그대로 나타났다. 2년 전 케빈은 예수님을 전하려고 유튜브 채널을 개설했다. 케빈은 이렇게 밝혔다. "저는 동영상을 제작하지는 않아요. 다만, 철학, 윤리, 도덕 등에 대한 가장 유익하고 인기 있는 수많은 동영상과 블로그를 편집해서 소개하죠."

케빈은 대학교에 진학하고서도 그리고 졸업 후에도 십대에게 예수님의 삶과 가르침을 소개하는 쉽고 흥미진진한 글을 쓰는 작가가 되고 싶어한다. "『윔피 키드』(Diary of a Wimpy Kid, 미래엔 아이세움 역간)라는 책을 읽어보신 적 있어요? 저는 그런 글을 쓰고 싶어요. 뭔가 쿨한 글 말이에요. 삽화도 넣으면 좋을 것 같아요. 단, 교회의 시각에서 쓸 거예요. 제 또래들을 위해 쓰려고 해요."

첫 모임 한 달 전, 케빈은 자신이 다니는 교회의 유급 사역자로 채용되었다. 현재 케빈은 (주로 어른들인) 교사들의 모임에 의자와 테이블을 배치하는 일을 관리한다.

교회에서 받는 급여는 얼마 되지 않지만, 케빈은 교회의 영향력을 높이겠다는 꿈을 꾸며 열심히 사역하고 있다. "교회는 도움이 필요한 사람들을 치료하는 영적 병원이라고 생각해요. 또한 길을 잃은 사람들에게 다가가기 위한 영적 군사 기지와도 같죠. 교회 중고등부는 주중에 이런 일을 하기 위해 훈련받고 서로 책임을 져주는 곳이어야 해요."

17세 청소년과 이야기를 나누는 내내 27세 청년과 대화하는 것처럼 느껴졌다. 케빈은 하나님 나라에서 자신의 역할을 분명히 아는 것처럼 보였다. 그 아이는 자신을 하나님의 더 큰 계획에 참여하는 일꾼으로 본다. "저는 역사상 가장 위대한 이야기, 즉 복음의 일부예요. 항상 저 자신에게 이렇게 물어요. '하나님의 계획이 이루어지려면 내 이야기가 어떻게 펼쳐져야 할까? 저자이신 하나님은 어느 곳에서 내 배역을 필요로 하실까?' 저는 주인공이 아니에요. 주인공이신 예수님을 섬기는 사람이죠."

한마디로 정리하는 그리스도 중심의 답: '이야기'

케빈과 마찬가지로 우리 연구팀은 그리스도 중심의 목적이 우리가 하나님의 더 큰 이야기로 초대받았음을 아는 데서 시작된다고 믿는다.

당신은 하나의 소설이다. 당신은 주인공을 묘사하는 긴 이야기다.

_댄 P. 맥애덤스(Dan P. McAdams)[2]

우리의 삶은 다른 사람을 돕는다고 해서 의미가 생기는 것이 아니다.

옳은 규칙을 따를 때 생기는 것도 아니다.

'좋은 삶'을 추구하기로 선택할 때 생기는 것도 아니다.

"나는 어떤 변화를 만들어낼 수 있는가?"라는 질문에 대한 최선의 답은 우리 삶이 중요하다는 것이다. 왜냐하면 우리는 하나님이 이 세상에서 행하셨고, 행하고 계시며, 행하실 역사의 일부이기 때문이다.

우리는 우리의 관심을 끌고 목적을 제시하려는 이야기들에 둘러싸여 있다. 스코틀랜드 철학자 알래스데어 매킨타이어(Alasdair MacIntyre)는 『덕의 상실』(After Virtue, 문예출판사 역간)이라는 책에서 이렇게 말했다. "'나는 어떤 이야기의 일부인가?'라는 질문에 답하지 못한다면 '내가 무엇을 해야 하는가?'라는 질문에 답할 수 없다."[3]

이것이 이번 장에서 가장 중요한 문장일지도 모른다.

우리가 세상에 어떻게 기여할지는 누구를 우리 삶의 중심으로 삼느냐에 달려 있다.

팬데믹 기간 중 장기간 진행된 사회적 거리 두기에 대해 세 청

> 우리의 인생 이야기는 우리가 누구인지, 어디로 향하고 있는지에 따라 형성된다.
> 이것은 정체성과 목적의 또 다른 교차점이다.
> 나아가, 우리 삶에서 가장 영향력이 있는 사람들은 우리의 이야기에서 등장인물이 되기 때문에 우리의 관계와 우리의 이야기를 형성하는 데 영향을 미친다.
>
> > 누구의 이야기도 홀로 존재할 수 없다. 각 이야기는 수많은 다른 이야기와 얽혀 있다. 내 이야기에서 실 한 가닥을 당기면 지구 반 바퀴만큼 떨어진 공간과 2천 년 떨어진 시간 속에서도 진동을 느낄 수 있다.[a]
>
> ---
> a Daniel Taylor, *Tell Me a Story: The Life-Shaping Power of Our Stories* (St. Paul: Bog Walk Press, 2001), 6.

소년이 각각 다른 이야기를 전개한다고 상상해보라. 고등학교 1학년 콜린의 이야기는 친구들과 야구 사랑을 중심으로 쓰인다. 그래서 이 두 가지에서 오랫동안 멀어지는 것이 콜린은 두려울 수 있다. 고등학교 2학년 오드리의 이야기는 가족을 중심으로 펼쳐진다. 그래서 오드리는 가족이 공백을 메워줄 수 있다는 것을 알기에 마음이 편하다. 고등학교 3학년인 에두아르도의 주된 이야기는 다른 사람을 돕는 것이다. 그래서 그 아이는 격리 기간에 자기 방에서 인터넷으로 친구와 가족을 동원하여 이웃의 어려움을 돕는다.

이 중 어떤 이야기도 나쁜 것이 없다. 친구, 가족, 이웃과 연결되고 돕는 것은 다 가치 있는 목적이다.

하지만 그들은 하나님의 이야기를 삶의 중심 이야기로 삼아야만 찾을 수 있는 온전한 목적을 놓치기 쉽다. 친구는 다 흠이 있어서 결국 우리를 실망시킨다. 가족은 좋지만 완벽하지는 않다. 이웃은 우리에게 고마워하겠지만, 우리를 무조건 사랑해주지는 않는다.

한 사람의 최고의 이야기는 자신의 이야기를 하나님의 이야기라는 궁극적인 이야기 속에 심을 때 펼쳐진다. 우리는 모두 저자이자 주인공이신 하나님, 예수님, 성령님의 조연으로 살 때 최고의 의미와 목적을 발견할 수 있다. 지금은 세상을 떠난 목사이자 신학자이며 시인이었던 유진 피터슨은 이렇게 말했다. "하나님은 우리 이야기의 더 큰 배경이요 줄거리시다."⁴ 히브리서의 표현을 빌리자면 예수님은 "믿음의 주요 또 온전하게 하시는 이"(12:2)시다.

우리는 하나님의 더 위대한 이야기에 초대받았다: 고린도전서 3장 5-9절

하나님은 우리 없이도 얼마든지 이 위대한 이야기를 펼치실 수 있지만, 그렇게 하지 않기로 하셨다. 우리 인간은 무대 뒤에서 목적 없이 떠도는 보이지 않는 엑스트라가 아니다. 고린도전서 3장 5-9절에 나오는 바울의 가르침을 보면, 세상 역사는 하나님의 드라마이지만, 오늘날 우리와 십대들도 거기서 중요한 역할을 감당할 수 있다.

하나님의 이야기는 더 큰 이야기다

고린도라는 도시에는 경제적, 사회적으로 출세하기를 원하는 시민으로 가득했다. 그 방법은 주로 지역의 리더나 유명인과 인맥을 쌓는 것이었다. 심지어 그리스도를 따르는 사람들도 자신의 뒤를 봐줄 사람을 찾았다.[5]

바울은 이런 문화와 싸웠다. 그는 제자들이 자신과 또 다른 유명한 리더인 아볼로를 추종하며 편을 가르는 고린도 교인들에게 이렇게 말했다. "그런즉 아볼로는 무엇이며 바울은 무엇이냐 그들은 주께서 각각 주신 대로 너희로 하여금 믿게 한 사역자들이니라"(고전 3:5). 바울은 이 글을 읽는 이들이 인간에게 충성하지 않도록 우주를 운행하시는 분을 가리킨다.

바울은 고린도 교인들에게 익숙한 농사의 비유로 '하나님의 중심성'이라는 주제를 설명한다. "나는 심었고 아볼로는 물을 주었으되 오직 하나님께서 자라나게 하셨나니 그런즉 심는 이나 물 주는 이는 아무것도 아니로되 오직 자라게 하시는 이는 하나님뿐이니라 심는 이와 물 주는 이는 한가지이나 각각 자기가 일한 대로 자기의 상을 받으리라 우리는 하나님의 동역자들이요 너희는 하나님의 밭이요 하나님의 집이니라"(6-9절).

1세기의 농부들은 자신들이 날씨와 자연의 힘을 통제할 수 없다는 것을 잘 알았다. 바울은 이 점을 강조하며 모든 것을 자라게 하시는 분이 하나님이시라고 선포한다. 여기서 '자라다'라는 동사는 시제로 볼 때 '계속해서 자라다'라는 의미를 담고 있다. 성경의 지속적인 역사는 어제도 성장을 이루었고, 오늘도 성장하고 있으며, 내일도 성장할 것이다. 바울과 아볼로는 '하나님의 동역자'로 불리는 영광을 누렸지만, 그 사역이 맺는 열매에 대한 모든 영광은 하나님께 돌아가야 마땅하다.

하나님의 이야기를 정의하고 우리의 역할을 감당하기

브래드와 나는 성경을 하나님의 드라마 중 6분의 5로 본다.[6] 지난 역사는 알려져 있다. 창조, 타락, 언약, 예수님이 1-4막을 구성한다. 그리고 성경은 그리스도의 재림과 새로운 창조에 대한 힌트를 통해 6막을 미리 보여준다.[7]

하지만 이 드라마에서 우리가 동참하는 부분이 있다. 바로 5막이다. 5막의 일부는 아직 완성되지 않았다. 성령님의 도우심으로 신약의 교회는 5막의 첫 번째 부분을 열었다. 그리고 같은 성령님이 오늘날 그리스도의 제자들 안에서 그리고 그들을 통해 역사하고 계신다. 지금 우리의 삶, 즉 하나님의 백성이 살아가는 하루하루는 5부의 두 번째 부분이다. 이것이 우리가 제자도를 매일 예수님께 "네"라고 말하는 것으로 생각하는 이유다.

케빈이 온라인에서 복음을 전하는 것은 계속해서 펼쳐지고 있는 하나님의 드라마에서 5막을 쓰는 것이다. 케빈은 교회에서 자원봉사자를 동원해 하나님의 이야기를 보고 들을 수 있는 형태로 공연한다. 즉, 그 아이는 예수님의 제자가 되어가는 중이다.

하나님은 케빈의 제자도를 다른 사람들의 제자도와 하나로 엮어 하나의 위대한 이야기를 만들고 계신다. 고린도전서 후반부에서 바울은 우리의 이야기를 이런 식으로 엮어내는 힘에 대해 기술한다. "은사는 여러 가지나 성령은 같고 직분은 여러 가지나 주는 같으며 또 사역은 여러 가지나 모든 것을 모든 사람 가운데서 이루시는 하나님은 같으니"(12:4-6).

다시 말해, 이 드라마에서는 모두가 각자의 역할을 맡는다.

큰 질문	초점	설명	현재의 답	그리스도 중심의 답
나는 누구인가?	정체성	자신을 보는 시각	"나는 _____이다." · 다른 사람이 기대하는 모습 · 충분히 _____(하)지 않다. · 내가 만든 이미지 · 꼬리표를 뛰어넘는다.	나는 예수님으로 충분하다.
나는 어디에 어울리는가?	소속감	다른 사람과의 연결	"나는 _____에 어울린다." · 안심하고 진짜 모습을 보일 수 있는 곳 · _____을(를) 공유하는 곳 · 나를 필요로 하는 곳	나는 하나님의 백성에게 속했다.
나는 어떤 변화를 만들 수 있는가?	목적	세상에 대한 기여	"나는 _____할 때 변화를 만들 수 있다." · 다른 사람을 도울 때 · 대본을 따를 때 · 내 삶에 대한 선택권을 가질 때 · 좋은 미래를 향해 나아갈 때	나는 하나님의 더 큰 이야기 속으로 초대받았다.

'이야기'를 적용하기: 대화와 연결

나(브래드)는 하나님의 이야기 속으로 들어간다는 간단한 개념에 끌린다. 그것은 중고등학교 시절, 세 가지 중요한 질문을 탐구할 때 내게 연극이 중요했기 때문이다. 나는 이 표현을 워낙 좋아해서 어린이와 중학생을 연령별 프로그램 장소로 보낼 때 자주 사용한다. "너희가 오늘 하나님의 이야기 속으로 들어갈 때 성령이 너희의 마음을 열어주셨으면 좋겠어."

기독교 윤리학자 새뮤얼 웰스(Samuel Wells)는 이렇게 말했다. "사람이 성경의 이야기 속으로 들어간다는 것은 곧 교회가 공연하는 그 이야기 속으로 들어가는 것이다…그것은 책으로 쓰이는 것이 아니라 연극에 참여하는 것이다."[8]

우리가 하나님의 이야기를 실천하는 공동체의 일원이 되면, 그 이야기는 동화가 아닌 현실이 된다.

이것이 십대와 대화하고 연결되는 것이 중요한 여러 가지 이유 중 하나다. 매일, 매주 우리는 이번 장의 개념을 사용하여 십대가 하나님의 이야기에서 자신의 역할을 발견하고 연습하도록 도와야 한다.

목적에 대한 대화

자신의 이야기에 대한 대화

이야기에 대한 다음 질문은 대부분 우리의 인터뷰 원고에서 발췌한 것이다.[9] 한 번의 대화로만 끝내지 않고, 여러 번의 대화에서 십대에게 이 질문을 던지는 것이 좋다.

지금

① 때때로 사람들은 자신의 인생을 여러 장으로 구성된 한 권의 책으로 여긴단다. 너나 다른 누군가가 지금까지 너의 삶을 책으로 쓴다면 몇 장으로 구성하면 좋을까?
② 어떤 장이 너에게 가장 중요하니?
③ 너의 인생 이야기를 몇 가지 형용사로 표현해야 한다면 어떤 것이 있을까?
④ 현재 네 이야기의 등장인물로서 너 자신을 묘사한다면 어떤 단어를 사용하겠니?
⑤ 너의 이야기에서 다른 중요한 인물은 누구니? 그들은 어떤 역할을 하니?

하나님

⑥ 너의 이야기에서 하나님은 어떤 역할을 하시니? 주인공?

감독? 엑스트라?

⑦ 하나님이 너의 이야기에서 어떤 역할을 하셨으면 좋겠니? 그 역할을 선택한 이유가 궁금하구나.

어떻게

⑧ 네 인생 이야기에서 어떤 품성이 더 분명하게 나타났으면 좋겠니?

⑨ 너는 누구의 이야기에서 중요한 인물이었니? 그들의 이야기를 더 좋게 만들려면 네가 어떤 행동을 할 수 있을까?

⑩ 네가 아는 사람들이 너의 이야기에 대해 뭐라고 말하면 좋겠니? 그것이 네가 내리는 결정에 어떤 영향을 미칠까?

하나님의 이야기에 대한 대화

당신과 주변 십대의 이야기에서 하나님이 주인공이신지 엑스트라이신지를 판단할 수 있도록 다음과 같은 질문을 던지라.

지금

① 하나님을 친구에게 어떻게 소개해주겠니? '하나님'을 생각하면 떠오르는 이미지나 표현이 있니?

② 지금 너의 이야기에서 하나님이 얼마나 많은 부분을 차지하고 계시니? 너의 이야기에는 너의 신앙이 어느 정도 스

저는 다른 사람을 위해 많은 곡을 써요. 제가 본 것을 토대로 작곡하죠. 한번은 하루 종일 한 친구를 위해 곡을 썼어요. 친구를 격려하고 싶었거든요. 완성된 곡을 들려주었더니 친구가 눈물을 흘렸어요. 다른 사람을 위해 곡을 쓸 때면 제 목적을 이루고 있다는 느낌이 들어요. 그 느낌은 정말 좋아요.

― 시몬

며들어 있는지 1부터 10까지 점수를 매겨보자. 1은 '별로 그렇지 않다'이고, 10은 '완전히 그렇다'야.

하나님

③ 너에게 특히 와닿는 하나님에 대한 이야기가 있니?

④ 하나님의 이야기 전체 혹은 복음을 설명한다면 어떻게 하겠니? (아이들의 사고를 자극하기 위해 앞에서 소개한 6막의 하나님 이야기를 예시로 소개해주어도 좋다. 그중 어떤 부분이 마음에 드는지, 어떤 부분을 바꾸거나 삭제하고 싶은지, 무엇을 추가하고 싶은지 물어보라.)

⑤ 네가 판단할 때 하나님과 그분의 이야기에서 어떤 성경 구절이 특히 중요해 보이니?

어떻게

⑥ 하나님의 이야기 중 예전에는 믿었지만, '더는' 믿지 않는 것은 무엇이니?

나(카라)는 하나님의 이야기를 간략하게 정리하는 것을 좋아한다. 내가 다음과 같은 각색본을 만든 이유 중 하나는 간단하고 이해하기 쉽기 때문이다. 열한 살짜리 아이도 모두 G로 시작되는 이 다섯 가지 핵심 단어를 충분히 이해할 수 있다.[a] (브래드의 한마디: 읽어보면 알겠지만, 카라가 정리한 하나님의 이야기는 목록처럼 보인다. 15년간 동역하면서 보니 카라는 목록을 정말 좋아한다.)

> 선한(Good): 첫 번째 G는 '선한'이다. 우리는 모두 하나님의 형상을 따라 선하게 창조되었다.
> 죄(Guilt): 두 번째 G는 '죄'다. 우리는 모두 죄를 지어 하나님에게서 멀어졌다.
> 은혜(Grace): '은혜'의 하나님은 우리를 회복시키시려고 예수님을 보내셔서 십자가 위에서 죽게 하시고 다시 살리셨다. 회개하면 우리는 이 땅에서 참된 삶을 살 뿐 아니라 하나님과 영원히 함께 산다.
> 하나님의 백성(God's People): 그리스도의 몸으로 입양되면 우리는 세상에서 하나님의 다스리심을 구현할 수 있다. 우리는 '하나님 백성' 중 한 명으로 그리스도처럼 하나님의 역사에 동참한다.
> 감사(Gratitude): 이 마지막 G는 앞선 네 개의 G와 성경의 명령을 하나로 연결한다.[b] 왜 우리는 하나님의 명령에 순종하려고 노력하는가? 그렇게 하면 하나님이 우리를 더 사랑하시거나 더 좋아하시기 때문이 아니다. 우리가 뿌듯함을 느끼기 때문도 아니다.
> 그것은 우리가 감사로 충만하기 때문이다. 남편과 나는 십대 자녀 세 명을 가르치려고 애쓰면서 하나님이 우리에게 베풀어주신 모든 일에 끊임없이 감사를 표현했다.

---

[a] Kara E. Powell, *The Sticky Faith Guide for Your Family* (Grand Rapids: Zondervan, 2014) 46-47에서 각색함. 내 러티브 신학자라면 내가 하나님의 이야기를 이런 원칙으로 정리한 것, 특히 모두 같은 철자로 시작되는 것을 보고 웃음을 터뜨릴지도 모른다. 하지만 십대에게 분명하고도 이해하기 쉬운 복음을 제시한다는 실용적인 측면에서는 이런 형식이 꽤 유용하다.

> **b** "감사는 속으로만, 말로만 하는 것이 아니다…감사한다는 것은 하나님이 우리에게 주신 모든 것에서 그분의 사랑을 깨닫는 것이다. 그분은 우리에게 모든 것을 주셨다. *우리가 쉬는 모든 숨은 그분이 주신 사랑의 선물이고, 존재의 모든 순간은 은혜다.* 그 안에는 그분에게서 오는 엄청난 은혜가 있다. 따라서 감사는 그 무엇도 당연하게 여기지 않는 것이다. 감사는 둔감하지 않고 새로운 경이를 늘 깨달으며, 하나님의 선하심을 찬양하는 것이다. 감사할 줄 아는 사람은 하나님의 선하심을 들어서가 아니라 직접 경험해서 안다. 이것이 결정적인 차이점이다."
> Thomas Merton, *Thoughts in Solitude* (New York: Farrar, Straus & Giroux, 1999), 20, 강조체 원저자.

⑦ 하나님의 이야기 중 예전에는 믿지 않았지만, '지금은' 믿는 것은 무엇이니?

은사에 대한 대화

목적에 대한 유익한 대화를 나누면 십대가 성령이 주신 자신만의 독특한 은사를 발견하고 발휘하도록 도와줄 수 있다. 당신과 가장 가까운 십대가 자신의 은사를 분명하게 파악하고 있든, 아니면 혼란스러워하든 상관없이 다음과 같은 질문으로 토론하라.

<u>지금</u>
① 너는 무엇을 하기를 좋아하니?
② 언제 가장 살아 있다는 기분을 느끼니?
③ 다른 사람들은 너에게 어떤 은사나 재능이 있다고 말하니?

<u>하나님</u>
④ 보통 무엇을 할 때 다른 사람들과 가장 깊이 연결된 기분

지난 10년 동안, 슈퍼히어로에 대한 영화와 드라마가 십대에게 큰 인기를 끌었다. 이러한 캐릭터들은 자신의 삶과 세상의 이야기를 계속해서 새로 쓰고 있다. 이런 이야기에서 십대와 성인 슈퍼히어로들은 정체성과 소속감, 목적에 대한 질문을 다룬다. 이것이 바로 슈퍼히어로가 십대에게 그토록 인기를 모으는 이유 중 하나다. 이 캐릭터들은 자신의 재능을 발견하고, 그것을 세상에서 어떻게 사용할지 알아낼 기회가 한 번 이상 있다는 메시지를 전한다.[a]

자신의 슈퍼파워를 세계 무대에서 발휘한 스웨덴의 십대 그레타 툰베리(Greta Thunberg)의 이야기를 아는가? 그레타는 1년간 의회 밖에서 거의 홀로 기후 파업을 벌이며 자기 세대의 생명과 건강을 위한 변화를 촉구했다. 2019년 가을, 그레타가 유엔에서 연설하자 소셜미디어가 마비될 지경에 이르렀다. 그때 전 세계적으로 무려 4백만 명의 젊은이가 저항에 동참했다. 그레타는 주로 어른들의 반발에 부딪혔다. 이에 대해 그레타는 전혀 무기처럼 보이지 않는 한 가지 사실을 밝혔다. 그것은 자신이 아스퍼거 증후군을 앓고 있다는 것이었다.

그레타는 소셜미디어에 이렇게 썼다. "당신을 미워하는 사람이 당신의 외모와 차이점을 공격한다면 그것은 더는 공격할 곳이 없다는 뜻이에요. 다시 말해, 당신이 이기고 있는 거죠! 저는 아스퍼거 증후군을 앓고 있어요. 이것은 제가 일반적인 사람들과 조금 다르다는 뜻이죠. 그런데 그 다름이 상황에 따라 슈퍼파워가 될 수 있어요."

마블 영화 속의 주인공처럼 그레타는 자신에게 부여된 이야기를 새로 쓰기 위해 노력하고 있다.

---

[a] 슈퍼히어로의 세계에 대해 깊은 통찰을 나누어주고, 그것을 세 가지 큰 질문의 답을 찾는 십대들의 탐구와 연결해준 크리스 로페즈(Chris Lopez)와 우리의 동료인 로슬린 에르난데스에게 감사한다.

을 느끼니?

⑤ 무엇을 할 때 하나님이 가장 가깝게 느껴지니?

어떻게

⑥ 미래에 무슨 일을 하고 싶니?

⑦ 그 일을 어떻게 미리 연습할 수 있을까?

소명을 탐색하는 대화

십대 한 명과 일대일로 토론하든 그룹으로 토론하든, 이 토론은 한 학생을 중심으로 하라(다른 학생들에게도 나중에 차례가 돌아가게 하라). 한 학생에게 그 아이가 갖춘 모든 기술과 재능을 쓰게 하고, 당신(그리고 함께 있는 학생들)도 그 학생이 지닌 기술과 재능을 적으라.

그런 다음, 그 학생에게 자신이 관심을 두고 있는 사회 문제, 주제, 이슈들로 두 번째 목록을 작성하게 하라. 당신(그리고 함께 있는 학생들)도 그 학생의 관심사를 적으라.

다 하고 나면, 큰 종이나 화이트보드에 '하나님의 이야기'라고 쓰고 두 칸으로 나누라. 왼쪽 칸에는 기술과 재능의 목록을 적고, 오른쪽 칸에는 관심사의 목록을 적으라. 그런 다음, 직업이나 소명의식(유급 노동을 통해서든, 다른 방식을 통해서든)에 비추어 이 항목들을 토론하라.

지금

① 왼쪽에 쓴 기술 목록에서 무엇이 특별히 눈에 들어오니?

② 오른쪽에 쓴 관심사 목록에서는 무엇이 특별히 눈에 들어오니?

하나님

③ 첫 번째 목록에서 한두 가지 기술과 재능을 두 번째 목록의 한두 가지 관심사와 연결해 소명을 찾아보자. 어떤 소명이 너에게 맞을까? (가능하면 서너 개, 아니 더 많은 잠재적 소명을 찾아보라. 소명을 직업이나 커리어로 제한할 필요는 없다.)

④ 이 활동을 해보니 새로운 길을 찾는 데 공동체가 어떤 도움을 줄 수 있다고 생각하니?

어떻게

⑤ 이 소명 중 무엇이 가장 매력적이니? 왜 그것이 매력적이니?

⑥ 오늘 네가 찾은 다른 소명 중 무엇이 특별히 눈에 들어오니? 어떤 점이 눈에 들어오니?

⑦ 이런 소명이 네 삶을 향한 하나님의 이야기와 어떻게 연결되는지 더 분명히 이해하기 위해 이제 어떤 일을 해보면 좋을까?

성경 속 '이야기'에 대한 대화

하나님은 우리를 그분의 이야기 속으로 초대하신다. 이 의미를 온전히 이해하기 위해 십대와 함께 다음 성경 구절을 탐구해보라. 이 구절들은 묵상하거나, 암송하거나, 문자로 보내거나, 소그룹 혹은 중고등부 교육 시리즈로 만들기에 딱 좋다.

- **여호수아 1장 1-18절, 특히 7절**: 하나님의 이야기에 등장하는 인물로서 우리는 강하고 담대할 수 있다.
- **이사야 52장 1-12절, 특히 7절**: 우리는 다른 사람들도 하나님의 이야기에서 역할을 맡도록 초대해야 한다.
- **예레미야 1장 4-19절, 특히 5절**: 하나님은 우리가 태어나기 전부터 우리를 아셨고, 그분의 이야기에서 우리에게 가장 잘 맞는 부분이 무엇인지도 아신다.
- **마태복음 16장 21-28절, 특히 24-25절**: 하나님의 이야기에 헌신하기 위해 우리가 자신을 부인하고 자신의 생명을 버리면 결국 생명을 찾게 된다.
- **로마서 12장 1-2절, 특히 1절**: 하나님의 이야기에 등장하는 인물인 우리는 하나님을 예배하고, 자신을 거룩한 제물로 드려야 한다.
- **고린도전서 12장 12-31절, 특히 27-31절**: 우리는 모두 하나님의 이야기에 기여하도록 각기 다른 은사를 받았다.

> ### 가족을 위한 팁
>
> 십대에게 어른의 질문은 잔소리처럼 들릴 수 있다. 특히, 그 어른이 부모나 양부모, 보호자인 경우는 더욱 그렇다. 우리는 단지 우리 아이들이 할머니의 문자에 답장할 것인지, 혹은 수학 시험을 보지 못한 것에 대해 선생님과 상의할 것인지를 알고 싶을 뿐인데도 그렇다. 하지만 이런 질문이 아이들의 귀에는 잔소리처럼 들릴 수 있다.
>
> 그래서 나(카라)는 이 간단한 질문이 참으로 고맙다. "너의 계획은 무엇이니?"[a]
> 지난 24시간 동안 나는 우리 집 십대들에게 다음과 같이 질문했다.
>
> - 네 방을 청소하기 위한 계획은 무엇이니?
> - 오늘 어떤 계획을 세웠니?
> - 대학 진학 상담 선생님과 만날 때 무슨 말을 할지 계획이 있니?
>
> 십대들은 자신들이 결정권을 쥐고 있다고 느낀다(실제로 그렇다!). 그리고 나는 (적어도 어느 정도는) 아이들이 모든 것을 잘 처리할 것이라고 믿는다.
>
> ---
>
> [a] 이 질문은 Christine Carter, *The New Adolescence: Raising Happy and Successful Teens in an Age of Anxiety and Distraction* (Dallas: BenBella Books, 2020), 25에 나온다.

- **에베소서 2장 1-10절, 특히 10절**: 우리는 하나님의 이야기를 구성하는 일부로서, 선한 일을 하도록 창조된 하나님의 걸작이다.

- **빌립보서 2장 1-11절, 특히 3-4절**: 우리는 하나님의 이야기 속으로 초대받았기 때문에 다른 사람들을 이타적으로 섬길 기회를 찾아야 한다.

정의를 중심으로 목적 세우기

목적은 강요하기보다 스스로 원해서 찾게 해야 한다. 십대들이 하나님의 이야기에서 적극적인 등장인물이 되고 싶도록 하는데 정의(正義)가 큰 역할을 한다.

정의는 제자 훈련의 일환으로서 하나님, 다른 사람, 자연, 우리 자신과의 관계에서 전체적인 번영, 즉 '샬롬'을 회복하는 것을 목적으로 한다.[10] 간단히 말해, 정의는 '잘못을 바로잡는 것'에 전념하는 것이다.[11]

'정의'에 해당하는 히브리어는 '미쉬파트'(mishpat)다. 이 단어는 다음 구절을 포함해 구약에서 421번 사용된다.

- "너희는 재판할 때에 불의를 행하지 말며 가난한 자의 편을 들지 말며 세력 있는 자라고 두둔하지 말고 공의로 사람을 재판할지며"(레 19:15).
- "무릇 나 여호와는 정의를 사랑하며"(사 61:8).
- "사람아 주께서 선한 것이 무엇임을 네게 보이셨나니 여호와께서 네게 구하시는 것은 오직 정의를 행하며 인자를 사랑하며 겸손하게 네 하나님과 함께 행하는 것이 아니냐"(미 6:8).

8장에서 살펴보았듯이, 우리의 인터뷰에서 교회에 다니는 십대들은 이미 다른 사람을 섬기는 일에서 목적을 찾았다. 이것은 훌륭한 첫 단계다. 하지만 잘못된 것을 바로잡고 하나님의 이야기를 온전히 경험하기 위해 필요한 구조적 해법에는 아직 미치지 못한다. 격동하는 1960년 미국 공민권 운동과 베트남 전쟁의 혼란 속에서 마틴 루터 킹 주니어(Martin Luther King Jr.)는 선한 사마리아인의 비유를 들어 이렇게 주장했다.

> 한편으로 우리는 인생의 길가에서 선한 사마리아인 역할을 하도록 부름받았습니다. 하지만 이것은 첫 행동일 뿐입니다. 언젠가 우리는 여리고 도성 전체를 변화시켜 모든 남녀가 인생길을 가다가 끊임없이 매를 맞거나 강도당하는 일이 없도록 만들어야 합니다. 진정한 연민은 걸인에게 동전 한 닢을 던져주는 것 이상입니다. 이런 행동은 즉흥적이고 피상적일 뿐입니다. 걸인을 양산하는 사회 구조를 뜯어고쳐야 한다는 사실을 보아야 합니다.[12]

이 말을 현재 상황에 적용하면, 노숙자 쉼터에서 음식을 제공하는 것은 분명 중요한 행동이지만, 그것은 정의의 행동이 아니다. 정의는 주변 사람이 굶주리고 집 없이 떠도는 '이유'를 물은 뒤, 그 상황을 근본적으로 해결하려고 함께 노력하는 것이다.

정의와 우리의 깊은 기쁨을 연결하기

"하나님이 우리를 부르시는 곳은 우리의 깊은 기쁨과 세상의 깊은 굶주림이 만나는 곳이다."[13] 프레드릭 비크너(Frederick Buechner)는 정의를 추구하는 소명을 이렇게 기술했다. 이 유명한 말에 함축된 의미는 브래드와 나, 당신, 당신과 가장 가까운 십대를 포함해 우리가 모두 각기 다른 곳에서 '깊은 기쁨'을 얻는다는 것이다. 우리는 모두 잘못된 것을 바로잡는 하나님의 위대한 이야기에서 각기 다른 이야기에 열정을 느낀다.

우리는 십대가 기도나 의미 있는 취미를 통해 세상의 깊은 굶주림과 자신의 깊은 기쁨이 분명하게 만나는 지점을 알아내도록 도와야 한다. 다음과 같이 해보라.

① 당신의 지역 사회, 나라 혹은 세상에서 벌어지는 불의에 대한 뉴스에 관심을 기울이라.
② 주변에서 잘못된 것을 바로잡고 있는 사람들(특히 십대)에 대한 소셜미디어 게시물이나 기사를 수집하라.
③ 학생들에게 주변 지역에서 특히 관심이 가는 한 가지 불의를 지적하게 하라.
④ 그들이 개인적으로 경험한 불의와 그것과 관련해 구체적으로 어떤 일을 하고 싶은지를 나누라.
⑤ 학생들에게 다른 사람의 좋은 삶을 위해 노력하고 희생하고

있는, 존경하는 또래나 어른이 있다면 나누게 하라. 학생들이 그들을 존경하는 이유를 찾도록 돕고, 가능하면 그들을 초대해 그들이 하는 일을 듣고 배우는 시간을 마련하라.

학생들이 세상의 굶주림과 자신의 깊은 기쁨에 대해 고민할 때, 한 교회의 본을 따라 그들이 간단한 '소명 선언문'을 작성하게 하는 것도 좋다. 다음과 같은 간단한 문장을 제시하고, 두 개의 빈 칸을 채우게 하라.

"하나님은 _____을(를) 위해 내가 _____을(를) 하도록 나를 이 땅에 살게 하셨다."

한 차례 사건이 아닌 하나의 과정으로 정의에 연결되기

요즘 많은 십대가 저항, 행진, 연좌데모, 평등과 정의를 추구하는 외침으로 다른 사람을 섬기려는 열정을 소셜미디어에서 표출하고 있다.

하지만 그런 섬김이 그들을 변화시키고 있는가? 매년 그리스도인으로서 섬김을 실천하고 선교 여행을 하는 미국의 200만 명이 넘는 십대의 6명 중 5명은 그런 활동이 자신들의 삶에 큰 변화를 일으키지 못했다고 말한다.[14]

> 우리 교회의 모토는 '하나님을 사랑하고, 이웃을 사랑하며, 세상을 변화시키자'입니다. 청소년 사역에서 아웃리치까지 모든 사역이 이 목적을 중심으로 이루어지고 있어요. 이 목적이 가장 중요해요. 제가 우리 교회에서 배운 가장 중요한 것이 바로 이 목적이에요.
>
> ─ 새뮤얼

우리는 지난 10년 동안 정의를 실천하는 활동이 십대에게 깊은 영향을 미치도록 도우려고 연구를 진행했다. 이를 통해 우리는 섬김과 사회적 운동을 세 단계 과정으로 보는 것이 유익하다고 결론 내렸다.[15]

1단계: 섬기기 전. 섬김의 경험이 십대의 마음속 깊이 각인되려면 그들을 기다리고 있는 정의와 관련한 사소한 경험과 충격적 경험을 위해 그들을 '준비시켜야' 한다. 함께 기도하고, 그들이 섬기거나 저항하는 이유에 대해 대화하며, 그들 마음에 새겨야 할 성경 구절과 나아가 그들이 섬기는 사람들의 문화, 필요, 자원을 연구함으로 그런 준비를 할 수 있다.

2단계: 섬기는 도중. 십대가 공동체에서 목격한 가치가 무엇인지, 어떻게 해서 그들의 섬김이나 연좌데모가 하나님 사역의 일부인지, 그리고 이 일을 통해 공동체 사람들, 그들 자신, 그들의 신앙에 대해 배운 것을 기도하는 마음으로 토론하고 '성찰하게' 해야 한다. 그렇게 하면 정의를 위한 사역이 그들에게 미치는 영향이 더 커진다.

> **사역자를 위한 팁**
>
> 아이오와주 펠라에 있는 한 청소년 사역 단체는 학생들이 한 차례 행사가 아닌 과정으로서 정의를 경험하도록 여러 그룹으로 나누어 매주 수요일 밤에 모일 동네를 정하게 했다. 먼저, 학생들은 하나님과 주민들의 목소리를 들으며, 그 지역에 무엇이 필요한지를 파악하는 시간을 가졌다.
>
> 정의를 위한 이 노력은 하루 종일 진행된 '펠라 사랑 섬김의 날'에 정점에 이르렀다. 그날 수많은 학생과 어른들이 각자 맡은 동네에 모여 음식을 나누어주고, 잔디를 깎고, 벽화를 그리고, 두툼한 햄버거를 만들며 마을 파티를 열었다. 한 그룹은 심지어 900만 원 이상의 기저귀를 지역의 한 자선단체에 기부했다. 그날 학생들은 '펠라 사랑 섬김의 날'을 마무리하려고 다 함께 모여 묵상하고 기도하며 간증하는 시간을 보냈다.

3단계: 섬긴 후. 학생들이 주일에 예배 후 벽에 그림을 그렸던 학교와 매주 월요일 등굣길에 지나치는 노숙자 여성 사이의 연관성을 보도록 도와주면, 그들의 섬김이 마음속에 더 깊이 각인된다. 섬긴 직후뿐 아니라 1-2주 뒤에 섬김을 통해 하나님의 이야기에 어떻게 연결되었으며, 앞으로 어떻게 사람들을 섬기고 그들도 그 섬김에 동참시킬지에 대해 이야기하는 시간을 마련하라.

정의를 실천하는 일에서 십대들과 협력할 때 '결과의 양'보다 '반성의 질'에 집중하면 더 큰 효과를 거둘 수 있다. 목적을 연구한 한 저자는 이렇게 말했다. "십대들이 계속해서 활동에 참여만 하는 것보다, 활동을 줄이고 각 활동의 의미를 더 깊이 돌아보는 시간을 갖도록 격려해야 한다."[16]

어른들의 이야기도 확장된다

시카고 외곽에서 사역하는 중고등부 전도사인 젠은 십대들과 정의에 대해 대화하며 서로 연결되기로 마음먹고, 교회 중고등부를 위한 새로운 '목적' 중심의 커리큘럼을 만들기로 했다. 도움이 필요했던 젠은 은퇴한 종교 및 윤리 교사인 린다를 찾아갔다. 린다는 학생들을 향한 열정이 여전히 컸다.

젠이 도와줄 수 있냐고 묻자마자 린다는 왈칵 울음을 터뜨렸다. 린다는 항암 치료를 받으며 투병 생활을 해왔고, 지난 2년 동안 병세가 호전되었다. 그런데 그사이 암이 재발했다. 린다는 가까운 친구와 가족 외에는 아무에게도 그 이야기를 하지 않고 홀로 아파하고 있었다.

린다는 눈물을 닦으며 이렇게 설명했다. "암이 재발하면 사람들은 버킷리스트를 물어보죠. 대부분 사람은 여행을 가고 싶어 해요. 하지만 제 버킷리스트는 십대를 돕는 거예요. 저는 항암 치료를 받는 동안 집에서 학생들을 섬길 수 있게 해달라고 기도하고 있었어요. 지금 전도사님이 제게 그 길을 제시하고 있는 겁니다."

그래서 이후 몇 달 동안 매주 젠은 린다에게 자신이 작성한 토론 질문과 활동 계획을 보냈다. 린다는 그것을 세밀하게 분석해 깊이와 현실성을 더해 하나님의 이야기에 더 분명하게 연결했다. 젠은 린다가 죽은 후 이렇게 말했다. "린다 선생님은 제가 만난 사람 중 가장 창의적인 분이었어요. 저는 선생님이 더해주신 것에 매주 감사했고, 선생님은 말 그대로 생명을 불어넣는 방식으로 자신의 재능을 사용할 수 있게 해주어 감사하다는 말을 거듭 하셨어요."

당신과 내가 십대들이 하나님의 이야기를 통해 목적을 찾도록 도우면 우리의 이야기도 점점 더 확장되고 더 풍성해진다.

그리스도 중심의 목적 요약

이번 장에서 우리는 당신과 당신 주변의 십대를 위한 몇 가지 요약 문장을 소개할 것이다. 이 문구는 단순히 내용 요약이 아니라 매일 기억하게 하려는 것이다. 목적에 대해 기억하고 싶은 메시지를 선택했다면, 다음 단계는 그 진리를 매일 기억할 수 있는 시스템을 마련하는 것이다.

휴대폰에 매일 알람을 맞춰놓아도 좋다. 이런 진리에 대해 생각할 시간이 되었다는 것을 기억하기 위해 아침에 출근 준비를 하는 시간이나 저녁에 하루를 마무리하는 시간에 알람을 맞춰놓으라.

아날로그 방식도 좋다. 하나님의 복된 말씀을 포스트잇에 써서 화장실 거울이나 자동차 계기판 혹은 사무실 책꽂이에 붙이라.

학생들과 함께 번갈아가면서 서로에게 중요한 메시지를 문자로 보내도 좋다. 그렇게 하면 하나님의 더 큰 이야기 속으로 들어가겠다는 결심이 함께 강해질 수 있다.

어떤 방법을 선택하든, 십대에게 가르치기만 하지 말고 본을 보이라. 그럴 때 참된 목적을 이루기 위한 당신의 여행도 크게 전진할 것이다.

다음의 메시지 목록에서 하나를 선택해보라.

- 우리는 하나님의 더 큰 이야기로 초대받았다.
- 하나님의 이야기는 더 크고 더 좋은 이야기다.
- "먼저 '나는 어떤 이야기의 일부인가?'라는 질문에 답하기 전에 '나는 무엇을 해야 하는가?'라는 질문에 답할 수 없다."[17]
- 하나님의 이야기는 6막으로 이루어져 있고, 나는 5막을 쓰는 일을 돕고 있다.
- 선한. 죄. 은혜. 하나님의 백성. 감사.
- "하나님은 우리의 이야기가 속한 더 큰 배경이요 줄거리다."[18]
- 나는 나만의 재능을 찾고 있다.
- 성과에서 목적으로.
- 정의는 잘못된 것을 바로잡는다는 의미다.
- "하나님이 우리를 부르시는 곳은 우리의 깊은 기쁨과 세상의 깊은 굶주림이 만나는 곳이다."[19]

숙고하고 적용하기

❶ 이번 장에 소개한 정의에 대한 대화나 연결 중 당신과 당신이 아는 십대에게 가장 유익한 것은 무엇인가?

❷ 이런 대화나 연결이 당신과 주변 십대들의 목적의식을 어떻게 변화시키는가?

❸ 당신과 십대들은 이런 변화를 위한 시간을 내려고 관계나 일상을 어떻게 조정해야 하는가? 이런 변화가 왜 가치 있는가?

❹ 우리가 모두 하나님의 더 큰 이야기로 초대받았다는 사실을 당신뿐 아니라 십대들이 더 깊이 이해하기를 원하는가? 이를 위해 어떻게 기도할 것인가?

# 5부

고난의 때를 위한 질문

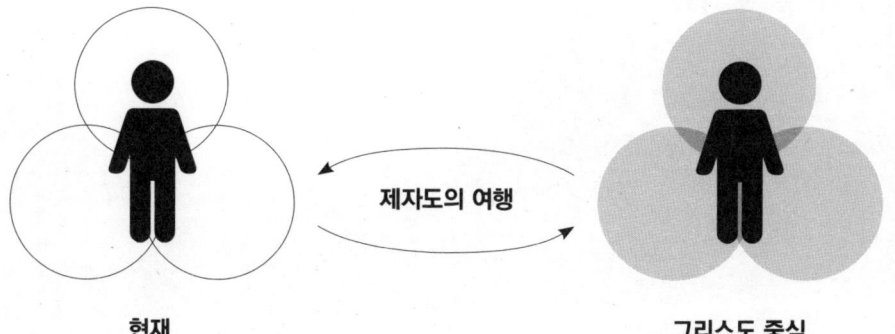

10장.
힘든 시기에 나누는 대화와 연결

제 삶은 제 감정 상태에 따라
오락가락하는 것 같아요.
그래서 제 삶은 1년 내내 수시로 달라져요.
_카리

2020년에 이 책을 쓰기 시작할 때만 해도 우리는 어떤 일이 펼쳐질지 전혀 예상하지 못했다. 3월 13일 금요일, 우리(브래드) 아이들은 여느 때처럼 학교에 갔다. 교육부는 전날 밤 휴교하지 않고, '팬데믹'으로 불리기 시작한 코로나 바이러스의 확산 추이를 주시하기로 결정했다. 그런데 낮에 교육부의 방침이 바뀌었다. 그 금요일에 학생들은 서로 작별 인사도 제대로 못한 채 학교를 떠났다. 다들 여름 방학을 한 주간 추가로 보낸 뒤 돌아올 줄 알았다.

한 주간의 추가 방학은 두 달로 연장되었다. 그해 봄, 수업은 재개되지 않았다. 그리고 다음 해에도 한동안 그러했다. 전국의 아동, 십대, 청년들은 친구, 교사, 교수나 코치들과 떨어져 수개월 동안 집에서 격리에 들어갔다. 어떤 이들은 지루함을 견디다 못해 분노했다. 부모가 실직한 이들도 있었고, 가족이 팬데믹에 맞서 최전선에서 싸우는 이들도 있었다. 정서적으로나 신체적으로 안전하지 못한 집 안에 갇힌 이들도 있었다. 그들은 모두 매일 최악의 상황이 벌어질까 두려워했다. 그리고 너무도 많은 사람에게 최악의 상황이 찾아왔다. 죽음이 그들의 가정, 친척, 친구들에게 찾아왔다.

우리에게는 모두 코로나 19 팬데믹과 관련한 개인적 이야기가 있다. 우리 집 맏딸 안나는 고등학교 3학년 때 가장 고대했던 순간을 놓쳤다. 졸업식 파티, 아니 졸업식 자체가 열리지 않았다. 학교 친구들과 좋아하는 선생님들의 얼굴을 다시는 보지 못할지도 몰랐다. 평생에 한 번뿐인 행사가 모두 무산되었다. 급기야 대학교 첫 가을 학기에 캠퍼스에서 수업을 듣는 것도 통째로 날아갔다. 무엇보다도 녀석의 할아버지(나의 아버지)가 돌아가셨다. 우리는 켄터키주에서 거행된 장례식에 참석할 수도 없었다. 모든 것이 비현실처럼 느껴졌다.

이와 비슷하게, 카라의 막내딸 제시카도 중학교 2학년 때 가장 기대했던 일을 놓쳤다. 파월 집안의 딸들이 14년 연속으로 참여한 중학교 릴레이 행진이 코로나 19로 갑자기 중단된 것이다. 교사들과 교육부 행정가들은 사회적 거리 두기를 유지한 채 주차장 졸업식을 강행했지만, 그것은 제시카가 예전에 보았던 선배들의 졸업식과 너무도 달랐다.

여기서 끝이 아니었다. 팬데믹이 심화되면서 극심한 경기 침체가 찾아왔다. 아울러 인종 폭력 사건들에 대한 대중의 의식이 훨씬 더 민감해졌다. 폭력은 전혀 새로운 것이 아니었지만, 아마드 아베리(Ahmaud Arbery), 브리오나 테일러(Breonna Taylor), 조지 플로이드(George Floyd)의 죽음 같은 일련의 극적인 사건 속에서 곪아 있던 상처가 터져버렸다. 표면 아래서 흐르던 불의의 강은 국가적인 위기로 발전했다. 평화로운 저항은 폭동으로 변했다. (나와 카라의 가족들을 포함한) 젊은이들은 어른들과 함께 목소리를 높이면서 집회를 이끌었다. 전국에서 군중이 모여 흑인의 인권을 외쳤다.

정체성, 소속감, 목적에 대한 세 가지 중요한 질문과 씨름해 오던 십대에게 세상이 전쟁터로 변한 것처럼 느껴졌다. 온 세상이 충격적인 일로 가득했다.

충격적인 사건의 영향

'충격적인'은 2020년에 자주 사용된 표현 중 하나다. 모든 계획이 다 무너졌다. 꿈꿨던 일들이 미뤄지거나 완전히 사라졌다. 인종 차별에 대한 분노가 행동을 촉발했다.

거대한 대격변의 한복판에서 예상하지 못한 일들이 벌어졌다. 많은 십대가 격리 기간에 창의력을 발휘했다. 그들은 음악을 만들고, 빵을 굽고, 멀리서 서로를 격려하며 어떻게든 주변 사람을 도울 방법을 찾았다.

또한 그들은 힘을 합쳐 변화를 촉구했다. 내슈빌에서 딱 일주일 동안 여섯 명의 십대가 X(구 트위터)를 통해 행진을 계획했다. 그때 만 명 이상의 평화로운 저항자가 길거리로 쏟아져나왔다. 14세에서 16세 사이의 이 소녀들은 행진 전까지는 한 번도 만난 적이 없었지만, 함께 '평등을 추구하는 십대'(Teens for Equality)를 설립했다. 공동 설립자인 케네디 그린(Kennedy Green)은 네 시간의 저항이 불러온 변화를 돌아보면서 이렇게 말했다. "저는 미래를 믿어요. 미래를 변화시키고 있는 아이들이 정말 많기 때문이에요. 그들은 미국의 백인우월주의, 혐오, 인종 차별을 끝내려고 노력하고 있어요."[1]

우리도 미래를 믿고 있다고 케네디에게 말해주고 싶다.

실제로 법과 정책이 변하기 시작했다. 정의에 반하는 의미가 담긴 기념비가 철거되기 시작했다. 흑인의 삶을 이해하고 존중하려는 모습이 나타나기 시작했다. 물론 이것이 이 변화의 끝은 아니었지만, 중요한 모퉁이를 도는 것 같았다.

결과적으로, 뜻밖에 찾아오는 고난은 변화를 일으키는 강력한 촉매제가 될 수 있다.

다양한 장소와 환경에 처하다 보니 적응하는 법을 배울 수 있었어요. 다양한 환경을 경험한 덕분에 제가 누구인지, 어떻게 소속감을 느낄 수 있는지를 이해하는 데 도움이 되었어요.

― 아서

안정성과 불안정성

삶은 불안정성과 장애물로 가득하다. 우리는 이런 변화를 고대하지도 않고, 환영하지도 않는다. 다음과 같은 상황을 상상해보라. 부모가 이혼한다. 아주 먼 곳으로 이사한다. 새엄마가 직장을 잃는다. 오빠가 만성 질환에 걸린다. 우리 자신이 끔찍한 교통사고를 당한다.

심지어 팀에서 원하는 포지션을 얻지 못한 것 같은 불안정성도 십대를 힘들게 할 수 있다. 가장 좋아하는 과목에서 시험을 망치거나, (1장에서 소개한 카라의 이야기처럼) 학교 선거에서 지는 것도 힘든 일이다.

하지만 생각을 바꾸어보자. 불안정성은 정체성, 소속감, 목적을 찾는 과정에서 성장할 수 있는 온실이 될 수도 있다. 고난은 밭을 갈아준다. 혹은 우리를 전혀 다른 밭으로 옮겨 심어준다. 그 밭에서 십대는 새로운 뿌리를 내리고 새로운 싹을 틔워, 결국 많은 열매를 거두는 법을 배우게 된다.[2]

긍정적인 고생은 우리를 성장하게 한다. 나(카라)의 아들 네

> 이번 장에서는 역경의 긍정적 측면을 살펴보지만, 십대가 겪지 않도록 보호해야 할 고난도 많다는 것을 인정하지 않을 수 없다. 일단 학대, 빈곤, 인종 차별의 경험이 있다. 누구도 이런 비인간적이고 고통스러운 일을 겪지 않아야 한다. 특히 십대를 이 세 가지 위험에 빠뜨리는 시스템을 허용하고, 심지어 지지한다는 것은 생각할 수도 없는 일이다. 성장을 위한 역경의 힘이라고 이름 붙인다고 해서 이런 잔인한 일들이 긍정적이거나 정당하다는 뜻은 전혀 아니다.[a]
>
> [a] '어린 시절의 부정적 경험'(Adverse Childhood Experiences, ACE)의 악영향에 관한 연구 결과가 많다. 이 경험은 (출생부터 17세까지) 아동기나 청소년기의 충격적 사건으로 구성된다. 미국 질병통제예방센터(CDC)에 따르면 이 경험은 "성인기의 만성 질병, 정신 질환, 약물 중독과 연관이 있다. 또한 교육과 취업에도 부정적 영향을 미칠 수 있다." "Preventing Adverse Childhood Experiences," Centers for Disease Control and Prevention, 2020년 6월 22일 확인, https://www.cdc.gov/violenceprevention/childabuseandneglect/aces/fastfact.html.

이선이 대학에 입학했을 때 우리는 당연히 새로운 환경에서 고생하리라 예상했다. 아니나 다를까, 아들이 방학을 맞아 집에 돌아왔을 때 많이 달라진 것을 느낄 수 있었다. 특히, 1학년을 보내는 동안 아들의 정체성과 목적의식이 크게 성장했다. 아들은 나와 남편과 여전히 가깝지만, 자신이 어떤 면에서 우리와 비슷하고 어떤 면에서 다른지를 더욱 분명히 알게 되었다. 아들은 이제 '어른'이 다 되었다.

긍정적인 고생을 하든 부정적인 고난을 겪든 그것을 피해서 도망쳐서는 안 된다. 그것을 뚫고 나갈 길을 찾아야 한다. 고난에서 의미를 찾아내야 한다. 사역자와 부모로서 우리는 자녀가 아무런 고생도 하지 않도록 보호하고 싶다. 하지만 그렇게 할 수 없다. 설령 그렇게 할 수 있다 해도, 그것은 자녀에게 필요한 성장을

방해하는 길이다.³

　이 책에서 우리는 세 가지 크고도 중요한 질문에 대해 대화하고 연결되려고 여러 가지 조언을 했다. 가장 힘든 시기에 십대와 동행하는 데 도움이 되는 몇 가지 팁을 더 소개한다.

힘든 시기에 관한 대화

　십대를 돕고 있다면, 고통스러운 경험이 오히려 가장 좋은 대화의 문을 열 수 있다는 것을 알 것이다. 무엇보다도 그런 경험을 통해 정체성, 소속감, 목적에 관한 대화를 할 수 있다. 십대들의 인생이 힘들 때 우리는 그들에게 다가가 그런 시기에도, 아니 그런 시기일수록 매일 예수님께 "네"라고 말할 수 있도록 도울 수 있다.

고통스러운 경험을 극복하기 위한 대화

　십대는 충격적인 사건이나 상실의 경험을 이야기할 때 매우 감정적 반응을 보일 수도 있고, 정반대로 감정적으로 메마른 모습을 보일 수도 있다. 어느 쪽이든 그 아이들의 시각에서, 그 아이들에게 어떤 영향을 미치는지의 관점에서 그 사건을 이해해야 한다. 구체적인 사실을 파악하기보다 그 사건을 바라보는 십대의 시각을 이해하는 것이 더 중요하다. 힘든 일이 발생하자마자 너무 세세히 캐묻지 않도록 조심하라. 상황을 다룰 준비가 되기까지는 꽤 시간이 필요할 수 있다.

지금

① 무슨 일이 있었는지 말해줄래? (이미 알고 있더라도 아이가 자신의 말로 표현할 시간을 주라.)
② 기분이 어땠니?
③ 지금은 기분이 어떠니?
④ 지금 무엇이 필요한 것 같니?

하나님

⑤ 이 상황에서 하나님은 어디 계실까? (하나님이 역사하고 계신 것 같니? 침묵하고 계신 것 같니? 신경 쓰시지 않는 것 같니? 듣지 않으시는 것 같니? 너와 함께 계신 것 같니?)
⑥ 하나님은 이 상황에 대해 어떻게 생각하시거나 느끼실 것 같니?
⑦ 하나님이 지금 너와 함께 계신다는 사실을 기억하려면 어떻게 해야 할까?

어떻게

문제 해결 단계로 너무 빨리 돌입하지 하지 말고, 다음과 같은 질문으로 시작하는 것이 좋다.

⑧ 어떤 도움을 받고 싶니? 내가 네 말을 계속 들으면서 다음 단계를 생각하도록 도와줄 수도 있고, 잠시 멈추고 나중에 다시 이야기해도 괜찮아.
⑨ 이 일에 관해 이야기할 사람이 또 있니?
⑩ 다음 단계로 네가 취할 수 있는 조치는 무엇이니? 그 조치를 취하려면 어떤 지원이 필요할까?
⑪ 내가 어떻게 기도해주면 좋겠니?

십대가 공동체에서 폭력을 당할 때를 위한 대화

샌디 훅 초등학교와 파크랜드 고등학교에서 벌어진 총기 난사 사건으로 이 세대는 어떤 공동체도 폭력에서 자유롭지 못하다는 사실을 잘 알고 있다. 동네나 학교에서 총기 난사 사건이 심심치 않게 벌어지는 지금, 십대에게 다음과 같은 대화 도구를 사용할 수 있다.

지금

십대가 안심하고 말할 수 있는 표현을 사용하라. 기본적인 질문으로 시작하라.
① 무슨 일이 일어났니? 어떤 일을 겪었니?

(그들이 보았거나 들었거나 이미 충분히 고민해본 일들에 대해 들어보라. 그러면 무엇을 더 묻거나 말해야 할지 파악할 수 있다. 그들의 인식 수준에 맞추어 말하라. 특히 그들이 혼란스럽거나 슬프거나 두려울 때 다음과 같은 열린 질문을 던지면 더 편안하게 말할 가능성이 높다.)

② (너의 감정에 대해, 네 말이 무슨 의미인지에 대해, 네가 어떤 경험을 하고 있는지에 대해) 더 말해줄래?

③ (그 사람이 어떻게 느낄지, 우리가 어떻게 도울 수 있는지, 이 일이 네게 어떤 영향을 미치는지에 대해) 궁금하구나.

④ (나중에 더 이야기하고 싶은지, 이런 문제로 힘들어하는 친구가 또 있는지, 걱정되거나 두려운지에 대해) 알려줄래?

하나님

⑤ 이 경험으로 하나님에 대해 무엇을 느꼈니? 하나님이 함께 계시는 것 같니? 아니면 함께 계시지 않는 것 같니?

⑥ 어떤 질문과 씨름하고 있니?

어떻게

십대가 답할 수 없는 질문을 당신이 던질 수 있다. 그럴 때 "나는 모르지만…"이라는 말로 접근하면 도움이 된다.[4] 이렇게 말하면 그들은 더 편안하게 이야기할 수 있다.

⑦ 나는 모르지만…. (이건 중요한 질문이구나, 나도 궁금해, 나중에 다시 만나서 이야기해보면 어떨까?)

고통스러운 일을 겪고 있는 십대와 대화할 때처럼 너무 빨리 문제 해결로 넘어가지 말라. 비극을 겪은 뒤에는 다음과 같은 질문으로 대화를 이끌라.

⑧ 지금 무엇이 도움이 될 것 같니?
⑨ 뭔가 필요한 게 있니? (밥은 먹었니? 잠은 잘 자고 있어?)
⑩ 네가 이 문제를 극복하도록 도와주는 사람이 또 있니?
⑪ 언제 또 만나서 이야기를 나누면 좋을까?

절망감, 무감각, 방어적 태도, 두려움, 감정 기복, 수면이나 식이 장애, 행동 장애, 여타 신체적 고통 같은 외상 후 스트레스의 징후를 눈여겨보라. 십대가 이런 증상을 겪고 있다면 당분간 그 사건을 다루는 뉴스를 보지 말라고 권하라. 외상 후 스트레스의 징후가 2주 이상 지속되면 전문가의 도움을 받도록 권해야 한다.

풀러 신학교에서 심리학, 결혼, 가정에 대해 가르치는 트라우마 전문가 신시아 에릭손(Cynthia Eriksson)은 외상 후 스트레스를 겪는 십대를 다룰 때 다음과 같이 할 것을 조언한다.

우리는 아이들이 하나님과의 관계에서 모든 것을 표현하도록 해야 한다. 목사와 부모로서 우리는 그들이 더는 의심하지 않도록 어떤 식으로든 답을 제시하려는 경향이 있다. 하지만 가장 중요한 첫 단계는 듣는 것이다. 심지어 하나님에 대한 참담한 생각이라도 들어주어야 한다. 신학적인 답을 제시하려고 하지 말고, 목회적인 자세를 유지하라. 이런 경험을 하는 동안에는 하나님을 보기 어렵다는 사실을 인정해야 한다.

의심의 한가운데 있는 사람에게 "하나님이 이 일을 극복하게 해주실 거예요"라는 식으로 말하면, 상대방은 스스로 그런 소망을 품지 못했다는 죄책감이나 비판받는 기분을 느낄 수 있다. 시편 88편을 처음 읽었던 순간을 잊을 수 없다. 그 시편은 하나님의 신실하심에 대한 고백이 아니라 '죽을 것 같다'는 심정을 표현하면서 끝난다. 살다 보면 희망이 전혀 보이지 않는 순간, 하나님의 선하심을 보기가 불가능한 듯한 순간이 있다. 사건의 한복판에서 하나님을 보기까지는 보통 꽤 많은 시간이 필요하다. 상대방을 가장 배려하는 행동은 그의 의심을 들어주는 것이다. 그를 '바로잡거나' 의심을 떨쳐내도록 설득하려 하지 않는 것이다.[5]

친구가 자살을 시도하거나 자살했을 때

안타깝게도 십대 대부분은 친구나 같은 동네에 사는 또래가 자살을 시도하거나 자살로 사망하는 일을 겪는다. 그런 일이 생길 때 어른들은 어떻게 해야 할지 몰라 무력감에 빠지기 쉽다.

경찰 사목이자 풀러 신학교 교수인 메리 글렌(Mary Glenn)은 이런 상황을 수없이 다룬 경험이 있다. 글렌은 이런 슬픔의 시기에 십대를 도우려는 사람들에게 다음과 같은 가이드라인을 제시한다.[a]

1. 곁에 있어주라. 슬픔에 빠진 사람에게는 고립이 아닌 공동체가 필요하다. 고통의 한복판에서 상대방의 곁에 앉아 있는 것만으로도 하나님의 평안과 임재를 보여줄 수 있다. 때로는 별다른 말을 하지 않는 편이 좋다.

2. 상투적인 문구나 섣부른 답을 제시하지 말라. 예를 들어 "다 괜찮아질 거야"와 같은 말은 오히려 고통을 더할 수 있다. 누군가가 스스로 목숨을 끊으면 주변 사람은 큰 영향을 받을 수밖에 없다. 절대, 삶이 전과 똑같을 수 없다. 하지만 우리는 이런 상실을 겪은 뒤에도 조금씩 나아진다는 사실을 믿으며 회복의 길을 함께 걸어갈 수 있다.

3. 죄책감, 수치심, 분노를 떨쳐내라. 미리 알고 조치를 취했어야 한다는 생각이 들 수 있다. 하지만 그렇게 생각한다고 해서 죽은 사람이 다시 돌아오지는 않는다. 이미 일어난 일을 바꿀 수는 없다. 하지만 우리가 느끼는 감정은 현실이다. 그 감정을 표현할 건강한 통로가 필요하다.

4. 죽음은 깊은 인상을 남긴다는 사실을 인정하라. 충격적인 일을 보거나 경험하면 우리의 뇌는 그것을 사진으로 찍어서 보관한다. 죽음은 우리 안에 깊은 인상을 남긴다. 특정한 냄새, 광경, 소리가 고통스러운 기억을 불러일으킬 수 있다. 이런 일은 예기치 못한 순간에 일어난다. 십대가 이런 모습을 보일 때 인내심을 갖고 민감하게 반응하라.

5. 하나님이 우리와 함께하신다는 사실을 강조하라. 비극적인 상실과 고통 속에서도 우리는 하나님이 우리와 함께하신다는 사실을 기억하도록 서로 도와야 한다. 예수님은 우리에게 오셔서 직접 고난을 당하셨기 때문에 우리의 고통과 깊이 자리 잡은 트라우마를 공감하신다. 우리는 하나님이 어떻게든 극복할 길을 마련해주신다는 소망을 붙들어야 한다.
6. 필요한 경우 전문가를 소개해주라. 전문 치료나, 애도 상담, 목회 상담이 다음 단계가 될 수 있다. 십대와 그 가족에게 지역의 전문가를 소개해줄 수 있도록 준비하라. 다음과 같은 기관을 참고해보라.

보건복지 상담센터: www.129.go.kr/ 자살예방 상담전화: 109/ 청소년상담: (지역번호) 1388/ 한국생명의전화: 1588-9191/ 정신건강 상담전화: 1577-0199/ 다들어줄개(청소년 모바일 상담센터, 전화상담 불가): 문자상담 1661-5004, 카카오톡 플러스친구에서 '다들어줄개' 친구 추가, 어플 '다들어줄개' 다운로드 후 가입, 페이스북 '다들어줄개' 메시지

고통을 대수롭지 않게 여기거나 모든 것이 괜찮을 것이라는 공허한 약속을 하지 말고 다음과 같은 말을 사용하라.

- "네가 이런 일을 겪다니 너무 마음이 아프구나. 내가 함께 있어줄게. 너를 혼자 두지 않을 거야."
- "네게 필요한 도움을 함께 찾아보자."
- "네 기분이 어떨지 정확히 알 수는 없지만, 나는 너를 아껴. 내가 도와주고 싶구나."

---

[a] Mary Glenn, "In the Aftermath of Suicide: Helping Communities Heal," Fuller Youth Institute, 2014년 2월 26일, https://www.fulleryouthinstitute.org/articles/in-the-aftermath-of-suicide. 이에 대한 통찰을 더해준 애런 로살레스(Aaron Rosales)와 한나 리(Hannah Lee)에게 감사한다.

애통함으로 힘겨운 날들과 연결되기

"왜 이렇게 멀리 계십니까? 왜 제게서 얼굴을 숨기십니까?"

나쁜 일이 생기면 하나님을 의심하고 분노하기 쉽다. 그분을 믿기 어려워진다. 이럴 때 가장 적절한 반응은 애통해하는 것이다. 애통은 기도와 예배로 고통과 비극에 대처하도록 하나님이 주신 도구다.[6] 애통의 시편은 읽기가 불편하고 때로는 거북하기까지 하다. 그런데도 성경에서 애통의 시편(65편 이상 있음)은 평소에는 적절하지 않을 수 있는 방식으로 하나님께 부르짖을 수 있는 언어를 제공한다. 바로 이 때문에 애통의 시편이 있는 것이다.

청소년 사역자나 부모인 우리는 아이들이 하나님에 대한 솔직한 의심, 분노, 실망을 표현하게 하는 것이 두려울 수 있다. 하지만 솔직하게 애통할 기회를 주지 않으면, 영적으로나 심리적으로 진정한 치유가 불가능하다. 애통함으로 우리는 방향을 잃은 삶에 그리스도의 소망과 회복의 능력을 제시할 수 있다.[7]

애통의 시편을 읽고 기도함으로 연결되기

일대일로 하든 소그룹으로 하든 애통의 시편을 함께 읽으라. 시편 6, 10, 13, 42, 61, 74, 77, 80, 88, 126, 142편으로 시작해보라.

아이들이 이런 시편을 처음 읽는다면, 먼저 시편 13편부터 시작하라. 시편 13편은 단 여섯 구절밖에 되지 않지만, 솔직한 절망에서 탄원을 거쳐 소망에 이르는 애통의 리듬을 잘 보여준다. 이 시편은 "여호와여 어느 때까지니이까? 나를 영원히 잊으시나이까"(1절)로 시작해 "나는 오직 주의 사랑을 의지하였사오니"(5절)로 이어진다. 중간에는 "나를 생각하사 응답하시고…두렵건대 내가 사망의 잠을 잘까 하오며"(3절)라며 간곡히 요청한다.

아이들이 애통의 시편을 읽고 적용할 수 있도록 다음과 같이 해보라.

- "하나님께 이렇게 말씀드려도 괜찮을까?", "이 시편에서 어떤 점에 놀랐니?" 같은 묵상 질문을 던지라.
- 시편을 여러 번 읽은 다음, 아이들에게 몇 분 동안 자신의 기도문을 써보게 하라.
- 아이들이 먼저 시편으로 기도를 드리게 한 뒤, 그 시편에 자신만의 구절을 더해보게 하라.
- 아이들이 다음 패턴을 따라 자신만의 애통 시편을 써보게 하라.
  - 하나님, 언제까지 견뎌야 하나요?
  - 도와주세요! 응답해주세요!
  - 하지만 하나님이 …해주실 줄 믿습니다.
- 학생들이 자신의 상실감을 그림이나 조각으로 표현해보게 하라.

- 애통을 상징하는 촛불을 켜라.
- 아이들이 일주일 동안 매일 시편으로 기도하게 하라. 나중에 다시 모여 이 활동으로 경험한 것을 나누는 시간을 가지라.

이런 방식으로 하나님께 나아갈 때 느낀 위로나 거북함을 이야기하는 시간을 꼭 마련하라.

음악으로 애통함과 연결되기

성경의 시편은 원래 노래로 부르려고 쓰였다. 따라서 수천 년 동안 사람들은 이 노래를 부르며 하나님께 생생한 감정을 그대로 표현했을 것이다. 음악은 감정 표현과 깊이 연결되어 있다. 십대의 경우에는 특히 그렇다. 좋아하는 음악을 들으며 표출하는 감정도 하나님께 드릴 수 있다는 것을 아이들에게 알려주라.

일대일로 하든 그룹으로 하든, 아이들이 좋아하는 슬픈 노래를 떠올려보게 하라. 이별 노래도 좋다. 분노나 상실감을 표현한 노래도 좋다. 노래를 들을 때 느끼는 모든 감정을 함께 이야기해보라.

아이들이 노골적인 가사가 포함된 노래 혹은 음악적 가치가 없어 보이는 노래를 언급한다고 판단하지 말고 들을 준비를 하라. 지금은 듣고 인정해줄 시간이다![8]

음악을 좋아하는 십대에게는 직접 애통의 노래를 만들어보도록 권하라. 이런 종류의 노래를 불러도 괜찮다고 말해주라. 이 노래를 다른 사람에게 들려주기가 부담스러워도 당신 앞에서는 편하게 불러도 된다고 말하라.

당신의 노래를 준비해서 들려주고, 그 노래가 당신의 슬픔이나 상처, 아픔을 표현하는 데 도움이 되는 이유를 설명해주어도 좋다. 특히, 힘든 시기에 이 노래가 왜 슬픔을 대변해주었는지, 또는 하나님의 선하심을 떠올리게 해주었는지 실제 사례를 말해주면 더욱 좋다. 인터넷에서 '시편의 애가'를 담은 찬송이나 노래를 찾아서 들려주면 아이들이 자신의 슬픔이나 두려움, 하나님에 대한 혼란스러운 감정을 나누는 데 도움이 된다. (미리 준비하라. 온라인에 좋은 자료가 많다.)

다른 성경 구절을 통해 애통함과 연결되기

애통의 시편 외에도 다음 구절은 묵상하거나 암송하거나 문자로 보내거나 소그룹 혹은 중고등부 교재로 만들기 딱 좋다.

- **창세기 16장 1-15절, 특히 13절:** 아브람과 하갈의 이야기에서 하나님은 아무도 관심을 두지 않았던 여종을 보셨다(구약에서 이 여종은 처음으로 하나님을 하나님으로 부른 인물이다. "나를 살피시는 하나님").
- **욥기(이 책 전체는 애통으로 가득하다), 특히 23장 1-12절:**

우리는 하나님을 볼 수 없지만, 하나님은 한시도 우리를 홀로 버려두신 적이 없다.

- **이사야 40장 25-31절, 특히 31절**: 하나님은 지친 자와 그분께 소망을 두는 자에게 힘을 주신다.
- **예레미야애가 3장 1-33절, 특히 22-23절**: 큰 상실을 당할지라도 하나님의 신실하심은 끝이 없고, 그분의 자비하심은 아침마다 새롭다.
- **요한복음 11장 1-44절, 특히 21-35절**: 친구 나사로가 죽었을 때 예수님은 그 누이들의 슬픔을 보고 우셨다. 예수님은 자신을 "부활이요 생명"(25절)으로 부르신다. 즉, 그분은 죽을 수밖에 없는 인간에게 궁극적인 소망이시다.

고난 속에서 예수님께 "네"라고 말하기

고난당하고 있는 아이들이 매일 예수님께 "네"라고 말하도록 도와주어야 한다. 우리의 목적은 그들이 고난의 끝에서 행복, 성공, 부, 안정을 얻게 하려는 것이 아니다.

우리의 목적은 아이들이 '번영'하도록 돕는 것이다.

우리는 모든 사람이 번영하도록 창조되었다고 믿는다. 이것이 인류를 지으신 하나님의 궁극적 목적이다. 우리는 정체성, 소속감, 목적을 찾는 십대들의 여정이 역경으로 가득하더라도 결국

> **은혜가 충만한 현실주의**
>
> 극심한 고통 속에 있는 십대와 동행하는 것이 너무 버겁게 느껴지는가? 그렇다면 그들에게 완벽한 돌봄을 제공할 필요가 없다는 점을 기억하라. 그들과 동행해주는 것 자체가 치유의 선물이 되는 경우가 많다.
>
> 목회적 돌봄을 연구하는 학자 에드워드 윔벌리(Edward Wimberly)는 우리가 다른 사람을 돌볼 때 느끼는 부담감에 대해 말한다. 그는 완벽한 기준에 도달하려고 하지 말고 '충분히 좋은 공감'을 보여주면 된다고 말한다. 우리는 '은혜가 충만한 현실주의'를 품어야 한다. 그럴 때 "우리는 완벽하지 않지만, 다른 사람의 삶에 기여할 수 있다. 그것은 도달할 수 없는 외적 기준이나 율법, 기대에 미치지 못할까 하는 두려움으로 하는 것이 아니다. 은혜가 충만한 현실주의는 초월적인 사랑으로 다른 사람을 돌보는 것이다."[a]
>
> ---
>
> [a] Edward P. Wimberly, *Recalling Our Own Stories: Spiritual Renewal for Religious Caregivers* (Minneapolis: Fortress, 2019), 11.

번영으로 이어지리라 믿는다. 번영이야말로 우리의 제자도가 지향하는 곳이다. 우리가 매일 예수님께 "네"라고 말씀드릴 때마다 세상을 향한 하나님의 복음에 동참하는 또 다른 발걸음이 된다.

우리 주변의 십대는 복음을 피상적으로만 아는 데서 더 나아가야 한다.[9] 극심한 시련 속에서도 흔들리지 않는, 예수님의 복음에 대한 확고한 비전이 필요하다. 우리가 그들의 제자도 여정에 동참하면서 힘든 순간에도 예수님께 "네"라고 말씀드리도록 격려하고, 그렇게 하는 것이 무엇인지 본을 보여주어야 한다.

계속해서 관심을 기울이라

카라와 나(브래드) 그리고 우리 인터뷰 팀 전체는 오랜 시간 이 책에서 소개한 십대들의 말을 들으면서 변화를 경험했다. 우리가 들은 것은 항상 예상 밖이었다.

그들의 말에 우리의 고정 관념이 깨졌다.

그들의 말은 통계에 언어와 이야기를 붙여주었다.

우리 인터뷰 팀원인 제니퍼 구에라 앨다나는 이 과정을 돌아보며 이렇게 말했다. "생판 모르는 사람에게 이런 이야기를 나누고 싶은 사람이 어디 있을까 하고 생각하며 이 프로젝트를 시작했지만, 마칠 때는 오히려 이런 이야기를 나누고 싶지 않은 사람이 어디 있을까 하는 생각을 하게 되었어요. 그래서 어느 날 밤, 인터뷰 대본을 펴고 이 프로젝트를 돌아보는 글을 쓰기 시작했어요. 마지막에는, 울음이 터져 나왔어요. 그리고 상담하다가 문득 이런 생각이 들었어요. '우리는 모두 먼저 자신을 위해 이 일을 해 봐야 해!'"

나(브래드)는 아르만도와의 인터뷰를 자주 떠올린다. 최근 고등학교를 졸업하고 할머니와 함께 살고 있는 그는, 청년이 된 지금도 어떻게 가족과 계속 함께 살 수 있을지를 고민한다. 그가 할머니와의 관계에 대해 했던 말을 절대 잊지 못할 것이다. 그는 할머니를 깊이 사랑하지만, "약간의 숨 쉴 틈이 있는 게 딱 좋아요"라고 말했다. 역시 어른이 되려고 애를 쓰고 있는 딸을 키우는 부모로서 그 말이 너무도 마음에 와닿았다.

나는 아르만도의 회복력에 깊이 감명받았다. 그는 멕시코에서 태어나 세 살 때 미국으로 건너왔고, 아버지를 한 번도 보지 못했다. 복잡한 가정사와 어머니의 이민자 신분 탓에 아르만도는 8년간, 그러니까 사춘기 시절 내내 어머니를 보지 못했다. 이렇게 어려운 상황에서도 그는 다른 사람을 돕는 일에 강한 열정이 있다. 아르만도는 언젠가 영웅으로 불리고 싶다고 했다. 우리가 만났을 때 그는 소방관을 꿈꾸고 있었고, 가문 최초의 대학 졸업자가 되고 싶었다. 아르만도는 이렇게 말했다. "정말 믿기지 않지만, 저는 이 세상에 소속감을 느껴요. 제 삶에 목적이 있다고 믿어요."

나는 아르만도의 신앙에도 크게 감명받았다. 그는 내게 하나님을 이렇게 묘사했다. "제가 볼 수 있든 없든 상관없이 사랑하고 믿는 분이에요. 하나님은 항상 저와 함께해주시는 분이에요. 저의 친구이시고 아버지시죠. 사실, 하나님은 저의 가장 좋은 친구세요. 하나님이 바로 옆에 계신 것처럼 제가 말을 걸면 들어주세요. 하나님 없이는 살 수 없어요."

아르만도가 겪은 모든 일을 생각하면, 하나님을 바라보는 그의 시각은 놀랍도록 성숙하다.

당신 주변의 십대와 시간을 보낼 때 계속 관심을 기울이라. 계속 경청하라. 주변의 십대에게 배우는 학생이 돼라. 그들은 세 가지 중요한 질문을 붙들고 어떻게 씨름해야 하는지를 우리에게 가르쳐줄 것이다.

이 질문들을 통해 우리의 십대는 분명히 변화될 것이다. 그리고 이 여정의 끝에서 당신도 변화될 것이다.

큰 질문	초점	설명	현재의 답	그리스도 중심의 답
나는 누구인가?	정체성	자신을 보는 시각	"나는 _____이다." · 다른 사람이 기대하는 모습 · 충분히 _____(하)지 않다. · 내가 만든 이미지 · 꼬리표를 뛰어넘는다.	나는 예수님으로 충분하다.
나는 어디에 어울리는가?	소속감	다른 사람과의 연결	"나는 _____에 어울린다." · 안심하고 진짜 모습을 보일 수 있는 곳 · _____을(를) 공유하는 곳 · 나를 필요로 하는 곳	나는 하나님의 백성에게 속했다.
나는 어떤 변화를 만들 수 있는가?	목적	세상에 대한 기여	"나는 _____할 때 변화를 만들 수 있다." · 다른 사람을 도울 때 · 대본을 따를 때 · 내 삶에 대한 선택권을 가질 때 · 좋은 미래를 향해 나아갈 때	나는 하나님의 더 큰 이야기 속으로 초대받았다.

숙고하고 적용하기

❶ 이번 장에서 소개한 대화나 애통함과 연결되는 방법 중 당신과 당신이 아는 십대에게 가장 유익한 것은 무엇인가?

❷ 이 책 전체를 돌아보고 당신과 십대와의 관계를 생각할 때 가장 기억에 남는 세 가지 통찰은 무엇인가?

❸ 이 책에서 얻은 아이디어를 실천하기 위해 바로 실행할 수 있는 한 가지를 선택하라. 이번 주부터 시작하도록 메모를 해놓거나 달력에 표시하라.

부록 A.
인터뷰 참가자

이름(가명)	성별	인종1	지역	학년	거주지	사회경제적 지위2
아르만도	남성	라틴계	서부 해안	졸업생	도심	저소득층
아서	남성	아시아계 미국인	서부 해안	고 3	도심	중산층
벤	남성	백인	중서부	중 3	교외	중산층
클라우디아	여성	라틴계	서부 해안	고 3	도심	알 수 없음
대니얼	남성	아프리카계 미국인/ 아시아계 미국인	서부 해안	고 2	도심	저소득층
가브리엘	남성	라틴계	서부 해안	고 3	도심	저소득층
헤일리	여성	백인	서부 해안	고 3	교외	저소득층
한나	여성	라틴계/ 아시아계 미국인	서부 해안	졸업생	교외	중산층
이사벨	여성	아시아계 미국인	서부 해안	졸업생	교외	중산층
자넬	여성	아프리카계 미국인	서부 해안	고 2	도심	저소득층
제이슨	남성	아프리카계 미국인	동부 해안	고 1	교외	중산층
제롬	남성	아프리카계 미국인	서부 해안	고 3	도심	알 수 없음
카리	여성	아프리카계 미국인	서부 해안	중 3	교외	중산층

이름(가명)	성별	인종	지역	학년	거주지	사회경제적 지위
케빈	남성	아시안계 미국인/ 아프리카계 미국인	서부 해안	고 3	교외	상위 중산층
레오	남성	아랍계 미국인	서부 해안	고 2	교외	저소득층
릴리	여성	아시아계 미국인	서부 해안	고 3	도심	알 수 없음
마이클	남성	백인	중서부	고 3	시골	상위 중산층
나탈리	여성	아프리카계 미국인/ 백인	남부	고 1	교외	중산층
닉	남성	백인	남부	고 2	교외	상위 중산층
리베카	여성	백인	남부	고 3	교외	상위 중산층
새뮤얼	남성	아시아계 미국인	서부 해안	고 3	교외	중산층
세바스티안	남성	라틴계	서부 해안	고 2	도심	저소득층
시몬	여성	아프리카계 미국인	동부 해안	고 1	교외	상위 중산층
소피아	여성	라틴계	서부 해안	고 3	도심	알 수 없음
스티브	남성	백인	남부	고 3	시골	저소득층
수	여성	아시아계 미국인	남부	고 2	교외	중산층
테일러	논바이너리	백인	서부 해안	고 2	교외	상위 중산층

부록 B.
십대에게 던질 수 있는 170개 질문

우리는 당신이 주변의 십대와 더 깊이 연결되도록 돕기 위해 우리가 인터뷰에 사용한 질문을 모두 제공하기로 했다.[1] 우리는 각 학생과 2시간씩 각각 세 번의 인터뷰를 진행했고, 인터뷰를 녹음하기 위해 (미성년자에 대한) 부모의 동의와 참여자의 동의를 얻고 가명을 사용하는 등 연구 프로토콜을 따랐다. 여기서는 인터뷰 대상자에 대한 지침, 구두 동의, 기억해야 할 것, 인터뷰 회차 사이의 차이점은 삭제하고 기본 질문만 담았다.

인터뷰 (1)

워밍업 질문

1. 너는 보통 하루를 어떻게 보내는지 말해줄래? 무엇을 하고, 어디에 가고, 누구와 어울리는지 같은 것 말이야.

2. 너의 소개서를 보니까 ○○○학교 △학년이더라. 학교 생활은 어떠니?

3. 학교 밖에서 특별히 하고 싶은 스포츠나 다른 활동이 있니?

4. 요즘 네가 많이 사용하는 소셜 미디어 플랫폼이나 게임 또는 앱은 무엇이니?

인생의 장(章)

5. 자기 인생을 여러 장으로 이루어진 책처럼 생각하는 사람들이 있어. 만약 네 인생에 대해 글을 쓰거나 누군가가 지금까지의 네 삶에 대해 책을 쓴다면 몇 장으로 나누고 싶니? 각 장의 내용을 자세히 이야기할 필요는 없어. 다만, 내가 그 책을 훑어보면서 지금까지의 네 삶을 엿본다고 상상해봐. 각 장에 대해 말해보렴. (참여자가 이 질문을 부담스러워하거나 쉽게 설명해달라고 말하면 이렇게 말하라. "정답이나 오답은 없어. 그냥 유치원, 초등학교 같은 식으로 인생의 단계에 따라 이야기해도 괜찮아. 가족의 이사나 동생의 출생처럼 네 삶을 크게 변화시킨 사건에 대해 이야기해도 좋아.")

6. 가장 기억에 남는 장이 있니? 아마도 그건 중요한 장일 거야. 그 시기에 대해 좀 더 말해주겠니?

종교 생활에 대한 개요

7. 교회를 다닌 지 얼마나 되었니?
8. 어떤 교회니? 너는 교회에서 어떤 활동을 하니?
   (괜찮다면 계속해서 참여 횟수를 알아보라. 예를 들어 "예배, 찬양, 자원봉사에 얼마나 자주 참여하니?")
9. 네가 속한 중고등부 그룹이나, 아니면 교회에서 네 또래를 위해 운영하는 프로그램에 대해 말해주겠니?
10. 가족 중에 누가 또 교회에 다니니? 그들은 교회에 얼마나 자주 참여하니?
11. 부모님은 이 교회에 다니시니?
12. 부모님 중 한 분이 다른 교회에 다니시니?
13. 궁금해서 물어보는데, 부모님은 결혼식을 올리셨니?
14. 지금까지 너의 삶을 돌아보면서 교회와 신앙에 대한 경험을 자세히 말해줄래? 너는 교회에서 '자랐다'고 말할 수 있니? 그것은 어떤 경험이었니?
15. 지금까지 신앙 생활을 해오면서 특별히 기억에 남는 중요한 순간이 있니?
16. 사람들은 교회에서 보낸 날들을 생각할 때 어떤 이야기를 떠올리기도 해. 긍정적인 추억도 있고, 부정적인 추억도 있지. 그냥 교회를 생각나게 하는 이야기도 좋아. 교회와 관련해 생각나는 이야기가 있니?

17. 가끔 교회와 상관없이 영적 경험을 하거나 하나님을 만나는 사람이 있어. 혹시 그런 경험을 해본 적이 있니?

(이 질문이 광범위한 것은 의도적이다. 하지만 참여자가 잘 이해하지 못하면, "교회 밖에서도 하나님을 만나는 방법이 있니?"라고 다시 질문할 수 있다.)

18. 네 신앙에 영향을 준 한두 사람에 대해 말해줄래? 그들이 네게 왜 중요하니?

19. 친구에게 하나님을 어떻게 설명할래?

(참여자가 잘 대답하지 못하면 이런 식으로 질문을 바꾸어보라. "우리는 주로 교회에서 한 경험이나 교회와 가정에서 하나님에 대해 배운 것을 바탕으로 하나님에 대한 생각이나 이미지를 얻어. 네가 하나님에 대해 품고 있는 특정한 생각이나 이미지가 있니?")

정체성

20. "나는 누구인가?"라고 스스로 물을 때, 어떤 단어나 표현이 떠오르니?

21. 친구들은 너에 대해 뭐라고 말할까? 내가 네 친구에게 "○○○는 어떤 사람이니?"라고 물으면 친구가 뭐라고 말할 것 같니?

22. 가족은 너에 대해 뭐라고 말할까?

23. 너의 옷이 너의 정체성을 보여준다고 생각하니? 어떻게

생각하니?

24. 다른 사람이 너에 대해 놓치고 있거나 오해하는 것은 무엇이라고 생각하니?

25. 너 자신이 누구인지를 정말 잘 안다고 느꼈던 순간이 있니? 그 경험에 대해 말해줄래?

26. 너 자신이 누구인지를 정말 모르겠다고 느꼈던 순간이 있니? 무슨 일로 그런 느낌이 들었니?

27. 네가 어떤 사람인지에 대해 얼마나 자주 생각하니? 너 자신을 생각할 때 자주 떠오르는 무언가가 있니? 가끔 떠오르는 것은? 아니면, 전혀 떠오르지 않니?

소속감

28. 이제 소속감에 대한 너의 경험을 이야기해보자. 스스로에게 "나는 어디에 속했을까?"라고 물으면 무엇이 떠오르니?

29. 네가 정말 소속감을 느꼈던 때를 생각해봐. 어떤 경험이었는지 말해줄래?

30. 배제되거나 소외감을 느꼈던 때는 언제였니? 그런 기분을 느낀 이유는 무엇이니?

31. 네가 어디에 속해 있는지 또는 특정한 그룹에 속해 있는지에 대해 얼마나 자주 생각하니? 그런 생각이

자주 떠오르니? 가끔씩 떠오르니? 아니면, 전혀 생각한 적이 없니?

32. 네가 무슨 말이나 행동을 해도 상관없이 정말 소속감을 느끼는 곳은 어디니?

    [인터뷰 대상자가 "아무 데도 없다"라고 대답하면 "네가 속한 곳이 없다고 느끼는 이유가 궁금해"라는 후속 질문을 던지라. 인터뷰 대상자가 특정한 곳을 말하면 "거기(장소나 그룹, 가족)에 대해 더 자세히 말해주렴. 거기에 소속감을 느끼는 이유는 무엇이니?"라고 말하라.]

목적

33. 이제부터 목적에 대해 몇 가지 질문을 할게. 목적의식이란 우리의 삶과 우리가 하는 일이 세상에서 왜 중요한지를 아는 거야. 그런 생각을 자주 하니? 아니면 가끔? 아니면 전혀 생각하지 않니?

34. 어떤 일을 하다가 그 일이 네가 진정 해야 할 일이라고 느꼈던 적이 있니? 네가 특별히 잘하거나 관심이 많거나 열정을 품고 있는 분야일 수도 있어. 너는 무슨 일을 할 때 그렇게 느꼈니? 그 경험은 어땠니?

35. 목적의식이 별로 없다고 느꼈던 때가 있었니? 그때 기분이 어땠니?

36. 누군가가 "앞으로 무엇을 하고 싶니?" 또는 "커서 무엇이 되고 싶니?"라고 물으면 뭐라고 말할래? 어떤 느낌이나 생각이 드니?

37. 미래에 대해 걱정하거나 불안해하고 있니? 무엇 때문에 불안하거나 걱정되니?

사진 촬영 지침

네가 소속감을 느끼는 곳이나 물건을 떠올려봐. 식탁, 자주 가는 공원이나 숲, 집 뒷마당, 교회, 너의 책상이나 의자 같은 것 말이야. 어디든 네가 시간을 보내는 곳을 생각해봐. 각 장소나 물건에 대해 한두 장의 사진을 찍어봐. 전문가 수준의 사진은 아니어도 괜찮아. 그냥 그 장소나 물건의 느낌을 담아 가볍게 찍은 사진이면 돼. 최소한 대여섯 곳의 장소나 물건을 사진으로 찍어봐. 그것에 대해 나중에 이야기를 나누자.

마치는 질문

38. 너의 삶을 나누어보니 어땠니? 생각하지 못했거나 어려운 점이 있었니? 도움이 되었던 점이 있니?

39. 혹시 더 말하고 싶은 것이 있니? 빠트린 사항이 있을까?

묻지 않은 것이 있을까?

인터뷰 (2)

워밍업 질문

1. 오늘 질문을 시작하기 전에, 이전에 나눈 이야기 중에서 좀 더 말하고 싶거나 궁금한 점이 있니?

인생의 단계

지난번에 우리는 인생이 여러 장으로 구성된 책과 같다고 이야기했어(이전 인터뷰에서 참가자가 정의한 인생의 장을 간단히 언급하라). 지난번에 우리가 만난 뒤로 대화 내용에 대해 더 생각을 해봤니? 이 시간에는 네 인생의 여러 시기에 대해 좀 더 구체적인 질문을 하려고 해.

가족 배경

2. 가정에 대한 질문부터 시작해보자. 가족의 문화적 배경을 설명해줄래? 너희 가족이 다른 나라에서 미국으로 이주했다면, 너희 가족은 그 일에 대해 어떻게

이야기하니?
3. 너희 가정은 인종에 대해 어떤 식으로 이야기하니?
4. 너희 가족의 종교적 혹은 신앙적 배경을 이야기해줄래?
5. 네가 태어나기 전에 가족에게 영향을 미친 큰 어려움이나 삶의 변화는 무엇이니?

어린 시절

6. 너의 어린 시절은 어땠니?
7. 어린 시절에 주로 누가 너를 돌봐주었니? 그 사람과의 관계는 어땠니?
8. 너의 부모님이나 보호자는 어떤 분이니? 그분들을 한마디로 표현하면 뭐라고 하겠니? 그 단어와 관련된 이야기가 있니?
9. 형제나 자매에 대해 이야기해보렴. 그들과의 관계는 어떠니?
10. 네가 어릴 적에 너나 너희 가족이 큰 변화나 어려움을 겪은 적이 있니? 그 일에 대해 말해줄래?

십대 초기(중학교 시절)

11. 중학교 시절은 어땠니?
12. 친구 관계는 어땠니?
13. 중학교에서 받아들여진 경험이나 거부당한 경험이

있니? 어떤 이야기가 떠오르니?

14. 중학교 시절, 너희 가족의 관계는 어땠니?
15. 그 당시 네가 가족에게 품고 있었던 전반적인 감정을 보여주는 구체적인 일이 있니? 어떤 일이 기억나니?
16. 그때는 커서 무엇을 하거나 무엇이 되고 싶었니?

십대 후기(고등학교 시절)

친구

17. 고등학교 시절 너의 친구 관계는 어땠니? 친한 친구들은 누구이고, 어떤 아이들이니?
18. 친구들의 공통점은 무엇이니? 또 서로 어떻게 다르니?
19. 어떤 친구들과 신앙에 대해 이야기를 나누니? 그럴 때 너는 무슨 이야기를 하니?
20. 너의 친구들은 네가 소속감을 느끼도록 어떤 행동을 하니? 혹은 어떤 행동을 하지 않니?
21. 너와 네 친구들을 주제로 영화를 제작한다면, 그 영화에 어떤 감동적인 장면을 담으면 좋을까? 너의 우정에 대해 말해주는 장면이니? 한번 묘사를 해보렴. 누가 그 장면에 출연할까? 너는 어디에 있니? 무슨 일이 일어났니?

학교

22. 너희 학교가 어디에 있는지 말해줄래?

23. 학교가 얼마나 크니? 혹은 얼마나 작니?

24. 학교에서 가장 마음에 드는 점과 가장 마음에 들지 않는 점은 무엇이니?

25. 학교에서 인종이나 문화에 대해 어떤 경험을 했니? 그것에 대해 해줄 이야기가 있니?

26. 너 자신이나 부모님이 기대하는 성적을 받고 있니? 부모님의 기대를 채우는 성적을 받으면 어떤 일이 생기니? 그렇지 못할 때는?

27. 대학 진학과 학교 선택 또는 다른 진로에 대한 결정을 어떻게 내렸니(혹은 내릴 거니)?

28. 그런 식으로 결정한(혹은 결정하려는) 이유는 무엇이니?

졸업 이후의 삶

29. 학교 밖에서는 어떤 활동(스포츠, 자원봉사, 예술 등)을 하니?

30. 너는 하루를 주로 어떻게(스포츠 경기, 자원봉사 등) 보내니?

31. 이런 활동이 정체성, 소속감, 목적과 어떤 관련이 있을까? 아니면 전혀 관련이 없을까?

32. 네가 가장 자주 시청하는 텔레비전 프로그램이나 유튜브 동영상, 인터넷 방송 프로그램은 무엇이니?

33. 드라마나 동영상에서 네가 좋아하는 인물은 누구니? 그 인물에 대해 말해줄래?

34. 너는 디지털 기기와 소셜 미디어를 어떻게 사용하고

있니? 네가 주로 사용하는 전자 기기와 소셜 미디어 플랫폼을 말해줄래?

35. 이런 기기와 소셜 미디어 플랫폼을 하루에 몇 시간 정도 사용하니? 그 시간을 어떻게 보내니?

36. 소셜 미디어가 친구 관계에 어떤 영향을 미친다고 생각하니?

37. 소셜 미디어로 친구들과 소통하는 것은 어려움이 없니?

38. 네가 소셜 미디어에서 소통하는 사람들, 또는 네가 팔로우하는 단체나 브랜드에 대해 말해줄래? 네가 존경하는 사람이나 단체가 있니? 그 이유는 무엇이니?

39. 온라인에서 강조하거나 보여주고 싶은 너만의 모습이 있니? 그것은 어떤 모습이니? 온라인에서 보여주고 싶지 않은 모습도 있니?

40. 현재 아르바이트를 하고 있니? 그렇다면 그 일에 대해 말해볼래?

41. 그 일에서 만족감을 느꼈던 때가 있니?

42. 그 일에서 좌절감을 느꼈던 때가 있니?

43. 대부분 사람은 때때로 스트레스나 불안감을 느껴. 너는 요즘 얼마나 자주 스트레스를 받니?

44. 네게 가장 스트레스를 주거나 걱정하게 하는 것은 무엇이니?

45. 이제 가족을 떠올려보자. 고등학교 시절에 너나 가족이

큰 변화나 어려움을 겪은 적이 있니?

46. 네가 어릴 적에 비해 부모님과의 관계가 어떻게 변했니?

사진을 보며 나누는 이야기

47. 이 사진의 배경 이야기는 무엇이니? 너는 어디에 있었고, 이 물건은 무엇인지 말해줄래?

48. 이 장소나 물건이 네게 왜 중요하니?

49. 이 장소나 물건이 어떻게 네게 소속감을 주니? 혹은 이 장소나 물건이 소속감을 주는 무언가를 떠올리게 해주니?

50. 사진을 찍고 싶었지만, 근처에 없어서 혹은 다른 이유로 찍지 못한 장소나 물건이 있니? 그것에 대해 말해줄래? 이번 인터뷰와 다음 인터뷰 사이에 더 많은 사진을 찍고 싶다면 다음번에 살펴보자. 소속감을 주는 사진을 더 찍어보렴. 혹은 너의 정체성이나 삶의 목적이 담긴 사진을 찍어봐.

종교 생활, 신앙, 영성

51. 보통 교회에 가면 어떻게 시간을 보내니? 교회에 가면 무엇이 가장 좋니?

52. 너희 교회에 강한 소속감을 느끼니?

53. 너희 교회의 목사님이나 중요한 리더가 얼마나 가깝게 느껴지니?

54. 교회 중고등부나 비슷한 또래가 참여하는 다른 모임에 얼마나 소속감을 느끼니?

55. 만약 네가 교회의 리더라면 교회의 무엇을 바꾸고 싶니?

56. 너희 교회에 네가 동의할 수 없는 것, 심지어 화나게 하는 것이 있니? 그것에 대해 말해주렴.

57. 너희 집에서는 신앙이나 영성에 대해 어떻게 이야기하고 실천해왔니? 이와 관련해 생각나는 경험이 있니?

58. 그리스도인이 된다는 것은 너에게 어떤 의미니?

59. 자신이 그리스도인이라고 생각하니? 왜 그렇니? 또는 왜 그렇지 않니?

60. 네가 그리스도인이라는 사실이 너의 정체성에 어떤 영향을 미치니?

61. 네가 그리스도인이라는 사실이 매일 네가 하는 행동이나 선택에 어떤 영향을 미치니? 그 영향을 설명해주는 사건이 있니?

62. 너는 학교에서 기독교 신앙을 공개적으로 표현하는 경우가 있니? 있다면 얼마나 자주 그렇게 하니?

63. 학교 친구들에게 네 신앙에 대해 이야기하거나 함께 교회에 가자고 말해본 적이 있니? 그래서 어떻게

되었니?

64. 너는 얼마나 자주 기도하니?
65. 어떤 식으로 기도하니? 기도하는 다른 방식에는 어떤 것이 있니?
66. 너희 가족은 어떻게 기도하니? 함께 모여서 하니? 아니면 각자 따로 하니?
67. 치유나 영적 변화를 경험해본 적이 있니? 그렇다면 좀 더 자세히 말해주렴.
68. 너는 그리스도인으로서 성경을 어떻게 활용해왔니?
69. 혼자서 성경을 얼마나 자주 읽니? 그런 시간이 어떠니?
70. 성경을 읽으면 어떤 감정이 느껴지거나, 어떤 질문이 떠오르니?
71. 지난 시간에 우리는 네가 하나님을 어떤 분으로 생각하는지에 대해 이야기를 나누었어. 하나님이 누구이신지 또는 어떤 분인지에 대해 떠오르는 다른 생각이 있니?
72. 특별히 기억하는 하나님에 대한 이야기가 있니?
73. 하나님에 대해 다른 경험을 한 적이 있니? 의미 있는 다른 영적 경험을 해본 적이 있니?
74. 이런 경험이 너의 정체성에 어떤 영향을 미쳤니?

인터뷰 (3)

정체성

지난번에 이야기를 나누었을 때 너는 "나는 누구인가?"라는 질문에 이런 단어나 문구를 사용했어(단어나 문구를 말해주거나 보여주라).

1. 지금은 이 답이 어떻게 느껴지니? 이 답의 어떤 부분이 마음에 드니? 어떤 부분을 바꾸거나 추가하고 싶니?
2. 지금까지 살면서 너의 답변이 어떻게 변했다고 생각하니?
3. 친구가 원하기 때문에 특정한 방식으로 행동해야 한다고 생각했던 적이 있니? 그 상황에 대해 더 자세히 말해줄래?
4. 이와 비슷하게, 부모님의 기대가 너의 정체성에 어떤 영향을 미쳤니? 부모님은 너를 어떻게 보시니? 혹은 네가 어떤 사람이 되기를 바라시니? 그리고 그것이 네가 자신을 바라보는 시각에 어떤 영향을 미쳤니?
5. 교회 사람들의 기대는 어떠니? 그분들의 기대 때문에 특정한 방식으로 행동해야 한다고 생각한 적이 있니? 이와 관련해서 생각나는 이야기가 있니?

6. 너의 신앙이 정체성에 어떤 영향을 미쳤다고 생각하니?
7. 자신에 대해 기분이 좋을 때는 언제니?
8. 자신에 대해 나쁘게 느껴지는 때는 언제니?
9. 때때로 십대는 모든 일에서 높은 수준, 심지어 완벽해야 한다는 압박감을 느끼기도 해. 너도 그런 압박감을 느낀 적이 있니? 그 기분이 어떠니?

정체성의 다른 측면

성(性), 문화, 민족, 인종은 우리의 정체성을 형성하는 중요한 요소야. 이번에는 이 주제에 대해 이야기를 해보자. 많은 사람이 인종이나 성 정체성에 대한 토론을 어려워해. 범위를 좁혀서 일단 인종과 성에 대해 생각해보자.

10. 인종이나 인종 차별에 대한 이야기를 주로 어디서 듣니? 혹은 그런 대화를 어디에서 주로 하니? 주로 어떤 기분이 들거나 어떻게 반응하니?
11. 인종, 민족, 혹은 네가 이민 온 과정이 너의 정체성에 어떤 영향을 미치니?
12. 인종이나 민족이 지금까지 너의 삶을 어떻게 형성했는지 예를 들어 설명해줄래?
13. 이제 성에 관한 이야기로 넘어가서, 너와 친구들은 성

정체성이나 성 소수자 문제에 대해 어떻게 이야기하니?

(인터뷰 대상자가 단어의 의미를 분명히 알고 싶어 할 수 있다. 먼저, 그들에게 물어보라. "사람들이 그 단어를 사용할 때 무슨 뜻이라고 생각하니? 네가 들은 다른 단어는 무엇이니? 우리의 목표는 너에게 '옳은' 답을 제시하는 것이 아니야. 우리는 너와 네 친구들이 혼란스러운 감정을 포함해 이런 문제에 대해 어떻게 생각하는지에 더 관심이 있어.")

14. 이런 이야기를 얼마나 자주 하니?
15. 이 주제는 대화 중에 주로 언제 나오니?
16. 성에 대한 너의 생각이 너의 정체성에 어떤 영향을 미쳤다고 생각하니?
17. 하나님은 인종, 민족, 성 정체성에 대해 어떻게 생각하실까? 하나님은 사람들이 이런 영역에서 서로에게 어떻게 반응하기를 원하실 것 같니?
18. 너는 교회에서 이런 주제에 대해 다른 사람보다 자주 이야기하는 편이니? 이 중에서 너희 교회 사람들이 '절대' 이야기하지 않는 주제가 있니?
19. 이런 문제에 대한 너의 생각은 교회의 관점과 어떻게 다르니? 이 차이점에 대해 다른 사람과 이야기하니? 그 대화는 주로 어떤 내용이니?

소속감

이제 소속감에 대해 몇 가지 질문을 할 거야. 우리가 처음 이야기를 나누었을 때 "나는 어디에 어울리는가?"라는 질문에 너는 이런 단어 혹은 문구를 사용했어(단어나 문구를 말해주거나 보여주라).

20. 지금은 이 답이 어떻게 느껴지니? 이 답의 어떤 부분이 마음에 드니? 어떤 부분을 바꾸거나 추가하고 싶니?
21. 지금까지 살아오면서 너의 답이 어떻게 변했다고 생각하니?
22. 가족은 네가 소속감에 대해 이야기할 때 어떤 단어나 표현을 사용하길 원하니?
23. 이런 단어를 말하거나 들으면 어떤 기분이 드니?
    (대상자가 어린 시절 미국 이민이나 잦은 이사, 가족의 죽음처럼 특히 혼란스러웠던 사건을 이야기하면 24번 질문을 던지라.)
24. 그 경험이 너의 소속감에 어떤 영향을 미쳤니? 그 경험이 다른 상황에서 소속감을 느끼는 데 도움이 되니? 아니면 방해가 되니?
25. 주변 사람에게 잘 보이려고 무언가를 해본 적이 있니? 어떤 이야기가 떠오르니?
26. 네가 교회의 중요한 일원이라는 느낌이 드니? 너는

교회에 소속감을 느끼니?

27. 때때로 사람들은 안전함이라는 측면에서 소속감을 생각해. 즉, 누가 함께 어울려도 안전한 사람인가, 어디가 안전함이 느껴지는 곳인가를 생각하지. 너는 그러한 소속감을 어떻게 생각하니?

28. 너는 언제 가장 외로움을 느끼니?

29. 소속감의 또 다른 측면은 연인 관계야. 너희 가정과 교회, 학교에서는 남녀 관계에 대해 무엇을 기대하고, 어떤 시각을 갖고 있니? 그 기대나 시각은 서로 어떻게 다르니?

30. 연인 관계에 대해 너는 어떤 생각을 가지고 있니?

31. 이성 친구를 사귀어본 적이 있니?

32. 어땠니?

33. 이성을 사귀면서 너 자신에 대해 무엇을 배웠니?

목적

이제 목적에 대한 이야기를 나누어보자. 목적의식은 우리가 자신과 다른 사람들에게 중요한 무언가를 하고 있다는 의식이야. 우리가 처음 이야기를 나누었을 때 너는 목적에 대한 질문에 이런 단어나 문구를 사용했어(단어나 문구를 말해주거나 보여주라).

34. 지금은 이 답이 어떻게 느껴지니? 이 답의 어떤 부분이 마음에 드니? 어떤 부분을 바꾸거나 추가하고 싶니?
35. 지금까지 살아오면서 너의 답이 어떻게 변했다고 생각하니?
36. 또래 친구들에 대해 생각해봐. 목적에 대한 질문에 그 친구들은 너와 비슷하게 답할까? 아니면 어떻게 다르게 답할까?
37. 가족은 네 목적에 대해 어떻게 말하니? 혹은 그들은 네가 목적에 대해 어떻게 말하기를 바라니?
38. 교회나 신앙이 너의 목적의식에 영향을 미쳤다면 그것은 무엇이니?
39. 교회가 너의 목적의식에 어떤 영향을 미쳤다면 좋았을 거라고 생각하니?
40. 교회의 리더들은 네가 목적의식을 설명할 때 어떤 단어나 표현을 사용하기 원할까? 그것은 네가 사용하는 단어와 비슷하니? 아니면 어떻게 다르니?
41. 너는 '소명감'을 품고 살아왔다고 생각하니? 혹은 네가 하고 싶은 일을 설명할 때 그 단어를 사용한 적이 있니?
42. 어떤 면에서 네 삶의 목적이 너의 선택에 영향을 미친다고 생각하니?

43. 고등학교를 졸업하고 다음 단계로 나아갈 때 너의
 목표나 꿈은 무엇이니? 그것을 어떻게 이룰 계획이니?
44. 앞으로 너의 신앙과 교회는 너에게 어떤 영향을 미칠 것
 같니?

십대의 고민, 어려움, 세상 속 행동 탐구

네가 걱정하는 일, 특히 네가 사는 세상과 관련한 고민에
대해 더 많이 듣고 싶어. 앞서 우리는 인종, 문화, 성과
관련한 문제에 대해 이야기를 나누었어. 이제 범위를 넓혀,
이 세상에서 네가 관심을 두고 있는 문제를 생각해보자.

45. 너나 다른 친구들이 마주하고 있는 개인적 문제와
 사회적 문제에 대해 말해볼래? 너나 다른 아이들이
 이야기하거나 걱정하는 문제는 어떤 것이 있니?
46. 너의 학교나 지역 사회, 국가, 세상을 둘러보면 어떤
 종류의 문제가 눈에 들어오니? 무엇이 바뀌었으면
 좋겠니? 특별히 어떤 문제를 꼭 풀어야 할까?
47. 이런 문제를 해결하려고 네가 지금 하고 있는 일이
 있니? 어떤 일이니?
48. 너의 교회, 신앙, 하나님에 대한 이해가 너나 다른
 친구들이 관심을 두고 있는 문제를 이해하거나

파악하는 데 어떤 도움이 되니?

49. 너의 질문과 문제를 들고 찾아갈 사람들이 있니? (교회 리더나 친구 등 이야기를 나눌 사람이 있니?)

50. 하나님이 세상을 변화시키시거나 세상에 영향을 미치는 일로 너를 부르셨다는 느낌을 받은 적이 있니? 구체적으로 말해볼래?

행복

51. 너에게 행복 또는 행복한 삶이란 무슨 의미니?

52. 최근에 다른 사람을 행복하게 해주려고 무언가를 한 적이 있니? 있다면, 더 자세히 말해주렴.

53. 다른 사람의 고통을 덜어주려고 무언가를 한 적이 있니?

54. 다른 사람을 행복하게 해주거나 누군가의 고통을 덜어주겠다는 목적으로 무언가를 할 때가 얼마나 자주 있니?

55. 다른 사람을 행복하게 해주려다 보니 너 자신이 힘들어질 때가 있니? 구체적으로 말해볼래?

마치는 질문

56. 이번 인터뷰에서 너의 삶을 이렇게 이야기해보니

어땠니? 생각하지 못했거나 어려운 점이 있었니? 어떤 이야기를 나눈 것이 도움이 되었니?

57. 혹시 더 말하고 싶은 것이 있니? 빠뜨린 사항이 있을까? 묻지 않은 것이 있을까?

주

1장. 모든 십대가 던지고 있는 큰 질문들

1 Harvard Medical School, "Data Table 1: Lifetime Prevalence DSMIV/ WMH-CIDI Disorders by Sex and Cohort," "National Comorbidity Survey (NCS)," 2007, https://www.hcp.med.harvard.edu/ncs/index.php; and Borwin Bandelow와 Sophie Michaelis, "Epidemiology of Anxiety Disorders in the 21st Century," *Dialogues in Clinical Neuroscience* 17, no. 3 (2015년 9월): 327-35.

2 M. É. Czeisler 등, "Mental Health, Substance Use, and Suicidal Ideation during the COVID-19 Pandemic—United States, June 24-30, 2020," *Morbidity Mortality Weekly Report* 69, no 32 (2020년 8월 14일): 1049-57, http://dxdoiorg/1015585/mmwrmm6932a1.

3 Mathilde M. Husky 등, "Twelve-Month Suicidal Symptoms and Use of Services among Adolescents: Results from the National Comorbidity Survey," *Psychiatric Services* 63, no. 12 (2012년 10월), https://www.ncbi.nlm.nih.gov/pmc/articles/PMC5100004/. 10-24세 미국 아동과 청년의 자살률은 2007-2017년 사이 56퍼센트나 증가했다. Sally C. Curtin and Melonie Heron, "Death Rates Due to Suicide and Homicide among Persons Aged 10-24: United States, 2000-2017," National Center for Health Statistics Data Brief, no. 352, 2018년 10월, https://www.cdc.gov/nchs/data/databriefs/db352-h.pdf.

4 45퍼센트. Katherine Schaeffer, "Most U.S. Teens Who Use Cellphones Do It to Pass Time, Connect with Others, Learn New Things," Pew Research Center, 2019년 8월 23일, https://www.pewresearch.org/fact-tank/2019/08/23/most-u-s-teens-who-use-cellphones-do-it-to-pass-time-connect-with-others-learn-new-things/.

5 JingJing Jaing, "How Teens and Parents Navigate Screen Time and Device Distractions," Pew Research Center, 2018년 8월 20일, https://

www.pewresearch.org/internet/2018/08/22/how-teens-and-parents-navigate-screen-time-and-device-distractions.

6 Jaing, "How Teens and Parents Navigate Screen Time and Device Distractions."

7 Amanda Lenhart, "Chapter 4: Social Media and Friendships," Pew Research Center, 2015년 8월 4일, https://www.pewresearch.org/internet/2015/08/06/chapter-4-social-media-and-friendships/.

8 Covenant Eyes, Inc., "Porn Stats: 250+ Facts, Quotes, and Statistics about Pornography Use (2018 Edition)," 14-15, file:///C:/Users/mtimm/Downloads/covenant-eyes-porn-stats-2018-edition.pdf.

9 Centers for Disease Control and Prevention, "Youth Risk Behavior Survey: Data Summary and Trends Report 2017," 36, https://www.cdc.gov/healthyyouth/data/yrbs/pdf/trendsreport.pdf.

10 전문가들은 미국의 경우, 2060년까지 18세 이하 십대의 약 3분의 1이 히스패닉, 3분의 1이 백인이 되고, 아프리카계 미국인과 아시아계 미국인, 다민족 그룹이 나머지의 각각 10퍼센트를 차지할 것으로 전망한다. 이는 특히 다민족 십대의 비율이 두 배로 늘어난다는 뜻이다. 현재 모든 인구 조사에서 미국 인구 전체의 약 3분의 2가 백인이지만, 그 수치는 2060년까지 44퍼센트 아래로 떨어질 전망이다. Kara Powell과 Kat Armas, "America's 2020 Ethnic Reality—And What It Means For You"에서 발췌 수정, Fuller Youth Institute, 2020년 1월 16일, https://fulleryouthinstitute.org/blog/americas-2020-ethnic-reality. 이 자료는 다음 자료에서 수집한 데이터를 근거로 한다. S. L. Colby와 J. M. Ortman, "Projections of the Size and Composition of the US Population: 2014 to 2060: Population Estimates and Projections," 2015년, https://www.census.gov/content/dam/Census/library/publications/2015/demo /p25-1143.pdf 그리고 "Quick Facts," US Census Bureau, 2018년, https://www.census.gov /quickfacts/fact/table/US/PST045218.

11 Candice L. Odgers와 Michael B. Robb, *Tweens, Teens, Tech, and Mental Health* (San Francisco: Common Sense Media, 2020), 17; "Immigrant Children"의 통계 인용, *Child Trends*, 2018년, https://www.childtrends.org /?indicators=immigrant-children.

12 Gary J. Gates, "In U.S., More Adults Identifying as LGBT," Gallup, 2017년 1월 11일, https://news.gallup.com/poll/201731/lgbt-identification-rises.aspx.

13 Gates, "In U.S., More Adults Identifying as LGBT."

14 Jody L Herman 등, "Age of Individuals Who Identify as Transgender

in the United States," Williams Institute UCLA School of Law, 2017년, 2, https://
williamsinstitute.law.ucla.edu/wp-content/uploads/TransAgeReport.pdf;
and Michelle M. Johns 등, "Transgender Identity and Experiences of Violence
Victimization, Substance Use, Suicide Risk, and Sexual Risk Behaviors among
High School Students—19 States and Large Urban School Districts, 2017,"
Morbidity and Mortality Weekly Report 68, no. 3 (2019): 67-71.

15 Centers for Disease Control and Prevention, "Youth Risk Behavior
Survey: Data Summary and Trends Report 2017," 10-11.

16 "Spotlight on School Safety," YouthTruth Student Survey, 2018년,
https://youthtruthsurvey.org/spotlight-on-school-safety/.

17 히스패닉계 73퍼센트를 포함해 유색 인종 십대 중 거의 3분의 2(64퍼센트)는
학교 내 총기 난사 사건에 대해 "다소 불안하다"라고 말한다. 이는 백인 십대의
51퍼센트와 비교된다. Nikki Graf, "A Majority of U.S. Teens Fear a Shooting
Could Happen at Their School, and Most Parents Share Their Concern," Pew
Research Center, 2018년 4월 18일, https://www.pewresearch.org/fact-tank
/2018/04/18/a-majority-of-u-s-teens-fear-a-shooting-could-happen-at-
their-school-and-most-parents-share-their-concern/.

18 "Vaping of Marijuana on the Rise among Teens: NIH's 2019 Monitoring
the Future Survey Finds Continuing Declines in Prescription Opioid Misuse,
Tobacco Cigarettes, and Alcohol," National Institute on Drug Abuse, 2019년 12월
18일, https://www.drugabuse.gov/news-events/news-releases/2019/12/vaping-
marijuana-rise-among-teens.

19 University of Michigan Institute for Social Research, "National
Adolescent Drug Trends in 2019: Findings Released," 2019년 12월 18일, http://
www.monitoringthefuture.org/pressreleases/19drugpr.pdf.

20 "Vaping of Marijuana on the Rise among Teens."

21 고등학교 졸업생의 40-50퍼센트가 신앙을 끝까지 지키지 못할 것이라는
우리의 추정은 다음과 같은 여러 연구 자료를 종합한 결과다. 청년을 대상으로 한 2011년
연구에 따르면 기독교 배경을 가진 청년의 약 59퍼센트가 교회를 떠났다고 보고했다.
David Kinnaman과 Aly Hawkins, *You Lost Me* (Grand Rapids: Baker Books,
2011), 23. 갤럽 조사에 따르면 16세나 17세에 교회에 다녔던 18-29세 청년의 약
40퍼센트는 더 이상 교회에 다니지 않고 있다. George H. Gallup Jr., "The Religiosity
Cycle," Gallup, 2002년 6월 4일, https://news.gallup.com/poll/6124/religiosity-
cycle.aspx; Frank Newport, "A Look at Religious Switching in America Today,"
Gallup, 2006년 6월 23일, https://news.gallup.com/poll/23467/look-religious-

switching-america-today.aspx. 2007년 라이프웨이 리서치(LifeWay Research)에서 고등학교 때 1년 이상 교회에 다녔던 18-30세 청년 1,000명 이상을 설문 조사한 결과에 따르면, 고등학교 때 최소한 1년간 개신교 교회에 다녔던 청년의 65퍼센트 이상이 18-22세 사이에 1년 이상 정기적인 교회 출석을 중단한 것으로 나타났다. 이 연구에서 응답자는 교회 중고등부를 졸업한 3학년 학생들만이 아니었다. 또한 이 연구는 대학 시절 '교회' 출석에 대한 정의에서 교회 밖 사역 기관이나 캠퍼스 신앙 공동체 참석을 배제했다. 미국 청년과 종교 연구(National Study of Youth and Religion)의 자료에 따르면, 종교적이었던 로마 가톨릭과 개신교 십대의 20-35퍼센트는 청년이 되면 더 이상 종교가 없는 성인이 된다. Christian Smith와 Patricia Snell, *Souls in Transition: The Religious & Spiritual Lives of Emerging Adults* (New York: Oxford University Press, 2009), 109-10. 미국 성인의 종교적 변화에 관한 퓨 리서치(Pew Research)의 연구에서 미국 인구의 약 절반은 어느 시점에서 종교를 바꾸었다. "Faith in Flux," Pew Research Center, 2011년 2월, http://www.pewforum.org/2009/04/27/faith-in-flux/. 최근 연구에 따르면 2020년과 2050년 사이에 4,200만 명의 젊은이가 (로마 가톨릭, 주류 교회, 복음주의 교회를 포함한) 기독교 교회를 떠날 것으로 예상된다. "The Great Opportunity," Pinetops Foundation, 2018, www.greatopportunity.org.

22 "In US, Decline of Christianity Continues at Rapid Pace," Pew Research Center, 2019년 10월 17일, https://www.pewforum.org/2019/10/17/in-u-s-decline-of-christianity-continues-at-rapid-pace/. 밀레니얼 세대를 1980년에서 2000년 사이에 태어난 사람들로 규정한 것은 세대 이론가인 닐 하우(Neil Howe)와 윌리엄 스트라우스(William Strauss)로 알려져 있다. 밀레니얼 세대의 출생연도를 다르게 보는 이들도 있지만, 그것은 1980-2000년 사이의 출생 연도와 많은 부분이 겹친다. Neil Howe와 William Strauss, *Millennials Rising: The Next Great Generation* (New York: Vintage, 2000).

23 Martin B. Copenhaver, *Jesus Is the Question: The 307 Questions Jesus Asked and the 3 He Answered* (Nashville: Abingdon, 2014), xviii.

24 Kara E. Powell, Brad M. Griffin, Cheryl A. Crawford, *Sticky Faith Youth Worker Edition* (Grand Rapids: Zondervan, 2011), 143-44에 처음 소개.

2장. 답을 듣는 법 배우기

1 일반적으로 소수인종 십대는 백인 십대에 비해 정신 질환 치료를 잘 받지 않고, 남자아이가 여자아이보다 치료를 잘 받지 않는다. 나아가, 유색 인종이 정신 질환에 대한 편견에 더 시달린다는 증거가 있다. Janet R. Cummings와 Benjamin G. Druss, "Racial/Ethnic Differences in Mental Health Service Use among

Adolescents with Major Depression," *Journal of the American Academy of Child and Adolescent Psychiatry* 50, no. 2 (2011): 160-70; M. J. DuPont-Reyes, A. P. Villatoro, J. C. Phelan, K. Painter, B. G. Link, "Adolescent Views of Mental Illness Stigma: An Intersectional Lens," *American Journal of Orthopsychiatry* 90, no. 2 (2020): 201-11.

2   여기서 '교차성'은 개인이나 그룹이 경험할 수 있는 인종, 계급, 성 같은 사회적 범주가 서로 교차한 상태를 의미한다. 이 단어는 AAPF(African American Policy Forum)의 공동 설립자인 흑인 페미니스트 학자 킴벌리 윌리엄 크랜쇼(Kimberlé Williams Crenshaw)가 처음 만들었다. 이후 실천신학을 포함한 다양한 분야에서 널리 사용되고 있다.

3   내러티브 분석은 "이야기에 초점을 맞추고", "이야기라는 렌즈를 통해 인간의 삶을 탐구하며, 중요한 지식과 이해의 원천으로서 삶의 경험을 중시한다." Michael Quinn Patton, *Qualitative Research & Evaluation Methods: Integrating Theory and Practice*, 제4판. (Thousand Oaks, CA: SAGE Publications, 2014), 128. 내러티브 분석은 다양한 방법론과 분석 전략을 사용하는 유연한 접근법으로 여겨진다. D. Jean Clandinin과 F. Michael Connelly, *Narrative Inquiry: Experience and Story in Qualitative Research* (San Francisco: Jossey-Bass, 2004), 154; Sharan B. Merriam, *Qualitative Research: A Guide to Design and Implementation*, 제3판. (San Francisco: Jossey-Bass, 2009), 32-34, 202-3. 우리는 다음 자료도 참고했다. Nancy Tatom Ammerman, *Sacred Stories, Spiritual Tribes: Finding Religion in Everyday Life* (New York: Oxford University Press, 2013); Jenny Pak, *Korean American Women: Stories of Acculturation and Changing Selves* (New York: Routledge, 2012); Dan P. McAdams와 Erika Manczak, "Personality and the Life Story," *APA Handbook of Personality and Social Psychology*, vol. 4, *Personality Processes and Individual Differences*, Mario Mikulincer와 Phillip R. Shaver 편집 (Washington, DC: American Psychological Association, 2015), 425-46, https://doi.org/10.1037/14343-019; Christian Smith와 Melinda Lundquist Denton, "Methodological Design and Procedures for the National Survey of Youth and Religion (NSYR) Personal Interviews," University of North Carolina at Chapel Hill, 2003년, https://youthandreligion.nd.edu/assets/102495/personalivmethods.pdf; Almeda Wright, *The Spiritual Lives of Young African Americans* (New York: Oxford University Press, 2017).

4   우리의 인종적/민족적 배경에는 아프리카계 미국인(1명), 라틴계(2명), 아시아계 미국인(3명), 백인(4명)이 포함된다. 인터뷰는 2019년 여름에서 2020년 여름까지 진행했다.

5 인터뷰 대상자들이 사는 주는 18명이 캘리포니아(로스앤젤레스시와 LA 및 오렌지 카운티 내의 5개 도시), 2명이 미시건(그랜드래피즈 지역과 시골), 4명이 노스캐롤라이나(주 전역의 4개 지역), 한 명이 텍사스(댈러스 지역), 2명이 메릴랜드(워싱턴 D. C. 교외 지역)다. 이후에 우리의 표본은 자신의 경험과 세 가지 중요한 질문에 대해 돌아볼 능력을 발달적으로 더 갖춘 십대의 목소리를 듣기 위해 고등학생을 중심으로 이루어졌다.

6 녹취록으로 다양한 분석을 해준 가브리엘라 실바, 그리고 우리 프로젝트에 전문적인 자문을 해준 스티븐 아규, 스콧 코모드, 조이 프리먼, 제니 팩, 몽태규 윌리엄스, 알메다 라이트에게 감사한다. 제이크 멀더는 '더 나은 이야기로 살기'(Living a Better Story, LABS) 프로젝트의 리더십과 프로토콜을 구축하는 데 추가 의견을 제공해주었다.

7 12개 표적 집단은 의견을 듣고 내러티브의 문구를 명료하게 하려고 35명의 십대를 대상으로 진행했으며, 캘리포니아주, 노스캐롤라이나주, 미시건주에서 진행되었다. 참여자에는 백인 15명, 라틴계 7명, 아시아계 미국인(중국계, 필리핀계, 인도네시아계, 일본계, 한국계) 8명, 아프리카계 미국인 3명이 포함되어 있다.

8 문서 검토 팀은 애런 예니가 이끌었으며, 팀원은 캐트 아마스, 로슬린 에르난데스, 헬렌 준, 카네사 무어, 가브리엘라 실바, 샘 챙 닝이다.

9 '견고한 신앙 혁신'(Sticky Faith Innovation) 프로젝트는 릴리 인도우먼트사(Lilly Endowment, Inc)의 자금 지원을 받아 전국 교회와 함께 코호트 기반의 혁신 프로세스를 개발해왔다. 이 책 곳곳에 이 프로젝트에서 얻은 통찰이 담겨있다. 이것은 스티브 아규가 이끌고 칼렙 루스(Caleb Roose)가 관리하는 프로젝트팀의 수고 덕분이다. 스티브와 칼렙은 '견고한 신앙 혁신'에서 이 프로세스를 소개했다(이 책에 대해 더 알고, 나아가 구매하고 싶다면 fulleryouthinstitute.org를 방문하라). 타일러 그린웨이는 2,092명의 참여자가 내놓은 답변에 대해 텍스트 분석과 단어 개수 분석을 했다. 그 분석 결과는 가끔 이 책에서 우리의 인터뷰 분석 결과와 함께 소개된다.

10 프라이버시를 보호하기 위해 모든 참여자의 이름은 변경했고, 때로는 이야기의 세부 내용도 바꾸었다. 참여자가 한 말을 최대한 그대로 쓰려고 했지만, 가독성을 위해 편집하기도 했으며, 때로 진술을 합치는 식으로 다듬었다("그러니까", "음…" 같은 표현은 생략했다). 당신이 읽고 있는 글이 인터뷰 대상자들과 표적 집단의 생각과 시각을 그대로 담고 있다고 믿는다.

11 Dietrich Bonhoeffer, *Life Together*, John W. Doberstein 번역, 개정판. (1949; repr., New York: HarperCollins, 1954), 97-98. (『성도의 공동생활』 복있는 사람 역간).

12 Kara Powell, Jake Mulder, Brad M. Griffin, *Growing Young: Six Essential Strategies to Help Young People Discover and Love Your Church* (Grand Rapids: Baker Books, 2016), 91-92. (『Growing Young』 다세연 역간).

13 이 정의와 이어지는 통찰은 주로 M. H. Davis, *Empathy: A Social Psychological Approach* (New York: Routledge, 1994)에서 발췌했다.

14 '견고한 신앙 혁신' 프로젝트에서 얻은 이런 통찰은 원래 풀러 청소년 연구소의 동료들인 스티븐 아규와 타일러 그린웨이가 발표한 것이다. 그들의 "Empathy with Emerging Generations as a Foundation for Ministry," *Christian Education Journal* 17, no. 1 (2020): 110-29를 보라.

15 풀러 신학교 교수 David W. Augsburger, *Caring Enough to Hear and Be Heard* (Ventura, CA: Regal Books, 1982), 12에서 발췌 수정.

3장. 예수님은 더 나은 답을 제시하신다

1 우리는 이 책에서 주로 '제자도'라는 단어를 사용한다. 하지만 당신이 속한 교단에 따라 '형성'(formation)이나 '영적 형성'이라는 표현이 더 편할 수도 있다.

2 '믿음'(trust)이라는 단어는 그 용례가 관계보다 신앙 쪽을 가리킨다고 판단하여 포함했다.

3 예를 들어, 마태복음 4:19, 마가복음 1:17, 누가복음 5:27, 요한복음 1:43.

4 하나님께 우리가 "네"라고 하는 것은 하나님이 예수 그리스도를 통해 인류에게 "그래"라고 해주신 것에 대한 반응이다(고후 1:19-20). E. Stanley Jones, *The Divine Yes* (Nashville: Abingdon, 1975), 13, 15, 22도 보라. 신학자 칼 바르트(Karl Barth)에 따르면 하나님의 "처음이자 마지막 말씀은 '아니'가 아니라 '그래'다." Karl Barth, *Church Dogmatics*, vol. 2, part 2, G. W. Bromiley와 T. F. Torrance 편집 (Edinburgh: T&T Clark, 1957).

5 "내가 이미 얻었다 함도 아니요 온전히 이루었다 함도 아니라 오직 내가 그리스도 예수께 잡힌 바 된 그것을 잡으려고 달려가노라"(빌 3:12, 참조. 빌 2:12, 롬 12:1-2).

6 N. T. 라이트(Wright)는 그리스도인에게 인격이란 "지금은 무엇을 해야 하는가?"라는 뜻이라고 말한다. 십대의 경우에는 "오늘은 무슨 일을 해야 하지? 내 신앙은 오늘 내 앞에 놓인 일과 어떤 상관이 있지?"라고 물어야 한다. N. T. Wright, *After You Believe: Why Christian Character Matters* (San Francisco: Harper-One, 2012)를 보라. (『그리스도인의 미덕』 포이에마 역간).

7 마태복음 22:37-40, 마가복음 12:29-31, 누가복음 10:25-37.

8 미가서 6:8.

9 누가복음 14:27, 참고. 마가복음 8:34-35.

10 Dietrich Bonhoeffer, *The Cost of Discipleship*, Reginald H. Fuller 번역(New York: Macmillan, 1959)을 보라. 유색 인종에게는 하나님을 위한 고난이라는 주제가 억압의 또 다른 수단이 될 수 있음을 유의해야 한다. '종'(servant)이라는 단어가

함축하는 유색 인종(특히 여성)의 어두운 과거와 현실로 인해 재클린 그랜트(Jacquelyn Grant)는 아프리카계 미국인에게 '섬김의 죄'(the sin of servanthood)라는 개념을 적용하는 것에 반대한다. Jacquelyn Grant, "The Sin of Servanthood and the Deliverance of Discipleship," *Troubling in My Soul: Womanist Perspectives on Evil and Suffering*, Emilie Townes 편집 (Maryknoll, NY: Orbis Books, 1993)을 보라.

11 이 틀은 다음 책에서 실천신학의 방식을 다듬어 처음 소개한 것과 비슷하다. Chap Clark와 Kara Powell, *Deep Ministry in a Shallow World: Not-So-Secret Findings about Youth Ministry* (Grand Rapids: Zondervan, 2006).

4장. 정체성에 대한 큰 질문

1 Steven Levenson, Benji Pasek, Justin Paul, *Dear Evan Hanson* (New York: Theatre Communications Group, 2017), 8. (『디어 에번 핸슨』 현대문학 역간).

2 Kelby Clark, "How Gen Z Is Changing the Face of Modern Beauty," ViacomCBS, 2019년 3월 7일, https://www.viacom.com /news/how-gen-z-is-changing-the-face-of-modern-beauty.

3 우리가 이번 장뿐 아니라 6장과 8장에서 소개하는 현재의 답들은 대개 우리의 문서를 검토하고 인터뷰를 종합한 것이다. 드물게 우리의 이전 연구와 인터뷰 결과가 일치하지 않을 때는 주로 인터뷰 결과를 선택했다(오늘날의 다양한 십대와 얼굴을 맞대고 상호작용한 결과물이기 때문이다).

4 Andrew Root, *The End of Youth Ministry? Why Parents Don't Really Care about Youth Groups and What Youth Workers Should Do about It* (Grand Rapids: Baker Academic, 2020), 183.

5 여기서 클라우디아는 상대방에 따라 다른 언어나 다른 화법을 사용하는 '코드 스위칭'(code switching)을 말하고 있다.

6 Alice E. Marwick, *Status Update: Celebrity, Publicity, and Branding in the Social Media Age* (New Haven: Yale University Press, 2013), 191-94.

7 Sarah Weise, *InstaBrain: The New Rules for Marketing to Generation Z* (Independently Published, 2019), 39.

8 Malcolm Harris, *Kids These Days: Human Capital and the Making of Millennials* (New York: Little, Brown, 2017), 3-12.

9 Joi Freeman, 저자(브래드 그리핀)와의 대화, 2020년 7월 16일. remnantstrategy.com을 방문하면 Z세대에 대한 조이의 자료를 더 볼 수 있다.

10 Jennifer D. Rubin과 Sara I. McClelland, "'Even Though It's a Small

Checkbox, It's a Big Deal': Stresses and Strains of Managing Sexual Identity(s) on Facebook," *Culture, Health & Sexuality* 17, no. 4 (2015년 1월 14일): 512-26.

5장. 충분하다: 예수님의 더 나은 답

1 단테(가명)는 표적 집단의 참여자였다. 따라서 그의 프로필은 인터뷰 참여자를 소개하는 '부록 A'에 나오지 않는다.

2 Marianne Meye-Thompson, *John: A Commentary*, New Testament Library Series (Louisville: Westminster John Knox, 2015년), 141.

3 초기 교부 크리소스토모스(Chrystostom)는 안드레의 반응이 예수님이 그토록 빈약한 헌물로 역사하실 수 있다고 믿지 못한 것이라고 주장한다. *Saint Chrysostom: Homilies on the Gospel of St. John and the Epistles to the Hebrews: Nicene and Post-Nicene Fathers of the Christian Church*, part 14, Philip Schaff 편집 (Whitefish, MT: Kessinger Publishing, 2004), 150.

4 요한복음 6장 10절에 따르면 약 5천 명이 모여 있었다고 한다. 여기에 여성과 아동을 더하면(언제나 이렇게 해야 옳다!) 전체 무리는 만 명에서 만 5천 명이었을 것으로 추정된다. Craig S. Keener, *The IVP Bible Background Commentary: New Testament* (Downers Grove, IL: InterVarsity, 2014), 265.

5 Marva J. Dawn, *In the Beginning, GOD: Creation, Culture, and the Spiritual Life* (Downers Grove, IL: InterVarsity, 2009), 44.

6 헬라어 단어는 παιδάριον(혹은 paidarion, 'pah-ee-DAR-ee-on'으로 발음)이다. 이것은 성별이 없는 중성명사다.

7 Devin English, Sharon F. Lambert, Brendesha M. Tynes, Lisa Bowleg 등, "Daily Multidimensional Racial Discrimination among Black U.S. American Adolescents," *Journal of Applied Developmental Psychology* 66 (2020년 1월-2월): 8.

8 Brenda Salter McNeil과 Rick Richardson, *The Heart of Racial Justice* (Downers Grove, IL: InterVarsity, 2004), 88.

9 Walter Brueggemann, *Sabbath as Resistance: Saying No to the Culture of Now* (Louisville: Westminster John Knox, 2014), 6. (『안식일은 저항이다』 복있는사람 역간).

10 이 훈련들은 예시일 뿐, 전체를 아우르지는 않는다.

11 Nathan T. Stucky, *Wrestling with Rest* (Grand Rapids: Eerdmans, 2020), 7.

12 Eugene H. Peterson, *Working the Angles: The Shape of Pastoral Integrity* (Grand Rapids: Eerdmans, 1987), 52. (『균형, 그 조용한 목회 혁명』 좋은씨앗 역간).

6장. 소속감에 대한 큰 질문

1 David Arnold, *The Strange Fascinations of Noah Hypnotik* (New York: Viking, 2018), 394.

2 Douglas Nemecek, "Cigna U.S. Loneliness Index," Cigna, 2018년 5월, https://www.multivu.com/players/English/8294451-cigna-us-loneliness-survey/docs/IndexReport-1524069371598-173525450.pdf. 이 연구에 따르면 외로움은 '유행병 수준'에 이르렀다.

3 Julianne Holt-Lunstad 등, "Loneliness and Social Isolation as Risk Factors for Mortality: A Meta-Analytic Review," *Perspectives on Psychological Science* 10, no. 2 (2015년 3월 1일): 227-37.

4 Eric Klinenberg, "Is Loneliness a Health Epidemic?," *New York Times*, 2018년 2월 9일, https://www.nytimes.com/2018/02/09/opinion/sunday/loneliness-health.html.

5 Claudia Hammond, "The Surprising Truth about Loneliness," *BBC*, 2018년 9월 30일, https://www.bbc.com/future/article /20180928-the-surprising-truth-about-loneliness. 전 세계 55,000명을 대상으로 한 2018년 설문조사를 분석한 Hammond의 보고서.

6 Nemecek, "Cigna U.S. Loneliness Index."

7 D. Anderson-Butcher와 D. E. Conroy, "Factorial and Criterion Validity of Scores of a Measure of Belonging in Youth Development Programs," *Educational and Psychological Measurement* 62, no. 5 (2002): 857-76.

8 Benjamin Hanckel과 Alan Morris, "Finding Community and Contesting Heteronormativity: Queer Young People's Engagement in an Australian Online Community," *Journal of Youth Studies* 17, no. 7 (2014년 8월): 872-86; Yvette Taylor, Emily Falconer, Ria Snowdon, "Queer Youth, Facebook and Faith: Facebook Methodologies and Online Identities," *New Media & Society* 16, no. 7 (2014년 11월 1일): 1138-53.

9 Bonnie Hagerty 등, "Sense of Belonging: A Vital Mental Health Concept," *Archives of Psychiatric Nursing* 6, no. 3 (1992년): 172-77; Bonnie Hagerty 등, "An Emerging Theory of Human Relatedness," *Image: The Journal of Nursing Scholarship* 25, no. 4 (1993년): 291-96.

7장. 함께: 예수님의 더 나은 답

1 Brené Brown, *Braving the Wilderness: The Quest for True Belonging* and the Courage to Stand Alone (New York: Penguin Random House, 2017), 158. (『진정한 나로 살아갈 용기』 북라이프 역간).

2   Tommy Givens, "Reimagining the Gospel in Relationship: What Does the Gospel Mean for Teenagers and Friendship?," Fuller Youth Institute, 2014년 1월 4일, https://fulleryouthinstitute.org/articles/reimagining-the-gospel-in-relationship-part-1.

3   앤드류 루트는 이렇게 말했다. "제자의 삶에서 우정은 너무도 좋은 것이다… 우리는 이것을 위해, 즉 하나님의 친구가 되도록 창조되었다." Andrew Root, *The End of Youth Ministry? Why Parents Don't Really Care about Youth Groups and What Youth Workers Should Do about It* (Grand Rapids: Baker Academic, 2020), 224.

4   Christine Pohl, *Living into Community: Cultivating Practices That Sustain Us* (Grand Rapids: Eerdmans, 2011), 2. (『공동체로 산다는 것』 죠이선교회 역간).

5   Willie James Jennings, *Acts, Belief: A Theological Commentary on the Bible* (Louisville: Westminster John Knox, 2017), 8.

6   Carl McColman, *The Big Book of Christian Mysticism: The Essential Guide to Contemplative Spirituality* (Charlottesville, VA: Hampton Roads Publishing, 2010), 165-66.

7   Dietrich Bonhoeffer, *Life Together*, John W. Doberstein 번역, 개정판 (1949; repr., New York: HarperCollins, 1954), 35, 116. (『성도의 공동생활』 복있는 사람 역간).

8   게르하르트 로핑크(Gerhard Lohfink)는 이것을 '대조되는 사회'(contrast-society)로 부른다. Gerhard Lohfink, *Jesus and Community: The Social Dimension of Christian Faith*, John P. Calvin 번역 (Philadelphia: Fortress, 1982), 56, 62.

9   이것이 다인종 청소년 사역에서 이루어지는 것에 대한 유용한 글을 원한다면 다음 자료를 보라. Trey Clark, "Unity Does Not Equal Uniformity: Lessons Learned in Multiethnic Youth Ministry," Fuller Youth Institute, 2017년 10월 6일, https://fulleryouthinstitute.org/articles/unity-uniformity. Christena Cleveland, *Disunity in Christ: Uncovering the Hidden Forces That Keep Us Apart* (Downers Grove, IL: InterVarsity, 2013)도 보라.

10   Kathy Khang, *Raise Your Voice: Why We Stay Silent and How to Speak Up* (Downers Grove, IL: InterVarsity, 2018), 41.

11   Mitzi J. Smith와 Yung Suk Kim, *Toward Decentering the New Testament: A Reintroduction* (Eugene, OR: Cascade Books, 2018).

12   Gregory Boyle, *Barking at the Choir: The Power of Radical Kinship*

(New York: Simon & Schuster, 2017), 3.

13 Mother Teresa, *Where There Is Love, There Is God: Her Path to Closer Union with God and Greater Love for Others*, Brian Kolodiekchuk 편집 (New York: Image, 2012), 330.

14 Smith와 Kim, *Toward Decentering the New Testament*, 177.

15 Pohl, *Living into Community*, 4.

16 스콧 코모드는 풀러 청소년 연구소의 '견고한 신앙 혁신' 프로젝트의 일환으로 환대에 관한 이 내용의 기본 콘텐츠를 개발했다.

17 Miroslav Volf, *Exclusion and Embrace: A Theological Exploration of Identity, Otherness, and Reconciliation* (Nashville: Abingdon, 1996), 129. (『배제와 포용』 IVP 역간).

18 '그로잉 영' 연구에서 우리는 교회에서 십대에게 중요한 책임을 맡기고 영향력을 발휘하도록 하는 '열쇠 꾸러미 리더십'의 방식을 발견했다. Kara Powell, Jake Mulder, Brad M. Griffin, *Growing Young: Six Essential Strategies to Help Young People Discover and Love Your Church* (Grand Rapids: Baker Books, 2016)을 보라. (『Growing Young』 다세연 역간).

8장. 목적에 대한 큰 질문

1 "항상 북쪽을 가리키는 나침반처럼 인생의 목적은 계속해서 우리를 개인적으로 중요한 목표로 나아가게 한다." Kendall Cotton Bronk, *Purpose in Life: A Critical Component of Optimal Youth Development* (Dordrecht, Netherlands: Springer Science & Business Media, 2014), 6. 목적이 십대와 청년에게 미치는 긍정적 효과 중 하나는 자기 파괴적인 행동에 빠질 위험을 줄여주고, 긍정적 태도를 품고 세상에 대해 적극적으로 배우게 하는 것이다. William Damon, *The Path to Purpose: Helping Our Children Find Their Calling in Life* (New York: Simon & Schuster, 2008), 31.

2 Emily Esfahani Smith, *The Power of Meaning: Crafting a Life That Matters* (New York: Penguin Random House, 2017), 24. (『어떻게 나답게 살 것인가』 알에이치코리아 역간).

3 William Damon, *Noble Purpose: The Joy of Living a Meaningful Life* (West Conshohocken, PA: Templeton Foundation Press, 2003)를 보라.

4 Bronk, *Purpose in Life*, 7.

5 Roberta Katz, "How Gen Z Is Different, According to Social Scientists," *Pacific Standard*, 2019년 4월 2일, https://psmag.com/ideas/how-gen-z-is-different-according-to-social-scientists.

6　Martin E. P. Seligman 등, "Positive Education: Positive Psychology and Classroom Interventions," *Oxford Review of Education* 35, no. 3 (2009): 301.

7　주체성에 관한 이 정의는 Kara Powell과 Steven Argue, *Growing With: Every Parent's Guide to Helping Teenagers and Young Adults Thrive in Their Faith, Family, and Future* (Grand Rapids: Baker Books, 2019), 136에서 발췌했다.

8　Corey Seemiller와 Meghan Grace, *Generation Z: A Century in the Making* (New York: Routledge, 2018), 32-33.

9　Sophia Pink, "I Drove across America to Find Out What Makes Gen Z Tick," *Pacific Standard*, 2019년 4월 8일, https://psmag.com/ideas/road-tripping-to-understand-gen-z.

9장. 이야기: 예수님의 더 나은 답

1　Kevin J. Vanhoozer, *Faith Speaking Understanding: Performing the Drama of Doctrine* (Louisville: Westminster John Knox, 2014), 59. (『이해를 이야기하는 믿음』 부흥과개혁사 역간).

2　Dan P. McAdams, *The Art and Science of Personality Development* (New York: Guilford Press, 2015), 240, 강조체 원저자.

3　Alasdair MacIntyre, *After Virtue* (Notre Dame, IN: University of Notre Dame Press, 1981), 216. (『덕의 상실』 문예출판사 역간).

4　Eugene H. Peterson, *Eat This Book: A Conversation in the Art of Spiritual Reading* (Grand Rapids: Eerdmans, 2009), 44. (『이 책을 먹으라』 IVP 역간).

5　가장 엄격한 유대인 신자들은 바울을 따랐다. 지적으로 수준이 더 높은 사람들은 헬라 문화를 수용한 유대인인 아볼로를 중심으로 모였다. 아볼로는 자신의 멘토들인 브리스길라, 아굴라와 함께 에베소 교회 설립을 도운 것으로 보인다. Michael J. Gorman, *Apostle of the Crucified Lord: A Theological Introduction to Paul & His Letters*, 재판 (Grand Rapids: Eerdmans, 2017), 234; L. M. McDonald, "Ephesus," *Dictionary of New Testament Background: A Compendium of Contemporary Biblical Scholarship*, Craig A. Evans와 Stanley E. Porter Jr. 편집 (Downers Grove, IL: InterVarsity, 2010), 319.

6　Craig G. Bartholomew와 Michael W. Goheen, *The Drama of Scripture: Finding Our Place in the Biblical Story* (Grand Rapids: Baker Academic, 2014), 22-23; N. T. Wright, "How Can the Bible Be Authoritative?," *Vox Evangelica* 21 (1991년): 7-32, https://ntwrightpage.com/2016/07/12/how-can-the-bible-be-authoritative/.

7 단순하거나 복잡한 버전들이 있다. 가장 단순한 버전은 창조와 타락과 새로운 창조다. Michael Novelli, *Shaped by the Story: Helping Students Encounter God in a New Way* (Grand Rapids: Zondervan, 2008)에도 감사한다.

8 Samuel Wells, *Improvisation: The Drama of Christian Ethics* (Grand Rapids: Brazos, 2004), 65.

9 '라이프 스토리 인터뷰'(Life Story Interview) 접근법은 주로 댄 P. 맥애덤스가 개발한 것이다. 이 접근법은 널리 사용되었고, 비판받았으며, 수정되었다. Dan P. McAdams와 Kate C. McLean, "Narrative Identity," *Current Directions in Psychological Science* 22, no. 3 (2013): 233-38을 보라. https://doi.org/10.1177/0963721413475622. Daniel Taylor, *Tell Me a Story: The Life-Shaping Power of Our Stories* (St. Paul: Bog Walk Press, 2001), 165도 보라. (『왜 스토리가 중요한가』 정연 역간).

10 샬롬('shah-LOME'으로 발음)은 '평화'로 자주 번역되는 구약의 히브리어 단어다. 하지만 원래는 전체적인 번영을 의미한다. "분명 정의는 모든 인간 피조물을 향한 하나님의 사랑이 모든 사람의 샬롬을 바라신다는 것과 관련이 있다." Nicholas Wolterstorff, "The Contours of Justice: An Ancient Call for Shalom," *God and the Victim: Theological Reflections on Evil, Victimization, Justice, and Forgiveness*, Lisa Barnes Lampman과 Michelle D. Shattuck 편집 (Grand Rapids: Eerdmans, 1999), 113.

11 정의를 이렇게 훌륭하게 정의 내린 제레미 델 리오(Jeremy Del Rio)에게 감사한다. 우리는 이 정의를 챕 클라크(Chap Clark)와 카라 파월, *Deep Justice in a Broken World* (Grand Rapids: Zondervan, 2007), 10에서 발췌했다.

12 Martin Luther King Jr., "Beyond Vietnam: A Time to Break Silence" (New York, NY, 1967년 4월 4일 연설).

13 Frederick Buechner, *Wishful Thinking: A Seeker's ABC* (San Francisco: HarperOne, 1993), 118-19. (『통쾌한 희망사전』 복있는사람 역간).

14 Kurt Ver Beek, "The Impact of Short-Term Missions: A Case Study of House Construction in Honduras after Hurricane Mitch," *Missiology* 34, no. 4 (2006년 10월): 485.

15 이 모델을 개발하도록 우리를 도와준 문화 지능 센터(Cultural Intelligence Center)의 리더 데이비드 리버모어(David Livermore)와 베델 대학교(Bethel College, 인디애나주)의 테리 린하트(Terry Linhart)에게 깊이 감사한다. Kara Powell과 Brad M. Griffin, *Sticky Faith Service Guide* (Grand Rapids: Zondervan, 2016), 19를 보라.

16 P. A. Fry, "The Development of Personal Meaning and Wisdom in Adolescence: A Reexamination of Moderating and Consolidating Factors and

Influences," *The Human Quest for Meaning: A Handbook of Psychological Research and Clinical Applications*, 재판, P. T. P. Wong 편집 (New York: Routledge, 1998), 91-10. Kendall Cotton Bronk, *Purpose in Life: A Critical Component of Optimal Youth Development* (Dordrecht, Netherlands: Springer Science & Business Media, 2014), 95에 인용.

    17 MacIntyre, *After Virtue*, 216.
    18 Peterson, *Eat This Book*, 44.
    19 Buechner, *Wishful Thinking*, 118-19.

10장. 힘든 시기에 나누는 대화와 연결

    1 Margaret Renkl, "These Kids Are Done Waiting for Change," *New York Times*, 2020년 6월 15일, https://www.nytimes.com/2020/06/15/opinion/nashville-teens-protests.html.

    2 이에 대한 우리의 생각은 십대의 회복력을 연구하는 학자들, 특히 풀러 청소년 연구소의 동료들인 파멜라 엡스틴 킹(Pamela Ebstyne King)과 리세스 러자스 플로어(Lisseth Rojas-Flores) 그리고 인간 개발 번영 센터(Thrive Center for Human Development)의 연구에 영향을 받았다. 그들을 비롯한 여러 사람의 연구에 대해 더 알고 싶다면 thrivecenter.org를 방문하라.

    3 한 종적 연구에서, 고등학교 시절의 힘든 전환점에서 의미를 찾을 수 있었던 고등학교 3학년 학생은 의미를 찾지 못한 학생보다 심리적 행복지수가 더 높았다. 심지어 고등학교에 입학하기 3년 전의 행복지수를 비교해도 결과는 같았다. Royette Tavernier와 Teena Willoughby, "Adolescent Turning Points: The Association Between Meaning-Making and Psychological Well-Being," *Developmental Psychology* 48, no. 4 (2012): 1058-68, https://doi.apa.org/doiLanding?doi=10.1037%2Fa0026326.

    4 물론 당신이 답을 알 수도 있다. 하지만 그렇다 해도, '옳은' 답을 말하기 전에 한 걸음 뒤로 물러나 좀 더 탐구하는 편이 지혜롭다. 최소한 그 순간에는 답 자체보다 상대방이 자신의 말을 들어준다는 느낌이 더 중요하다.

    5 이 인용문과 이 부분의 내용은 Kara Powell, "Processing the Tragedy of School Shootings," Fuller Youth Institute, 2018년 2월 15일, https://fulleryouthinstitute.org/blog/processing-the-tragedy-of-school-shootings에서 발췌했다. 더 많은 자료를 원한다면 https://childmind.org/topics/concerns/trauma-and-grief/에서 트라우마와 슬픔에 대한 차일드 마인드 연구소(Child Mind Institute)의 자료와 https://www.ictg.org/에서 집단 트라우마와 성장 연구소(Institute for Collective Trauma and Growth)의 자료, 특히 신앙 자료를 보라.

6 이 부분의 일부는 스콧 코모드가 '견고한 신앙 혁신' 프로젝트를 위해 만든 자료에서 발췌하고 수정했다.

7 월터 브루그만은 시편이 '정립'(orientation)에서 '혼란'(disorientation)을 거쳐 '재정립'(reorientation)이라는 리듬으로 구성되어 있다고 생각한다. 때로 애통의 시편에는 이 세 가지가 모두 포함된다. 혼란에서 시작하여 혼란으로 끝나는 시편도 있다. Walter Brueggemann, *The Psalms and the Life of Faith* (Minneapolis: Fortress, 1995); Walter Brueggemann, *Spirituality of the Psalms* (Minneapolis: Augsburg Fortress, 2002)를 보라.

8 여기서 한 가지 주의할 점은 고통의 탈출구로 죽음을 미화하거나, 자살을 권장하는 노래를 주의하는 것이다. 이런 문제에 빠진 학생을 도와야 한다. 혹시 학생의 안전이 걱정된다면 부모나 보호자에게 연락하라.

9 정의를 옹호하는 운동가 리사 샤론 하퍼(Lisa Sharon Harper)는 이렇게 말한다. "샬롬은 하나님 나라의 것이다. 그것은 하나님 나라가 실제 상황에서 나타나는 모습이다…하나님 나라 안에서, 샬롬의 방식으로 살려면 복음에 대한 피상적인 이해를 버려야 한다." Lisa Sharon Harper, *The Very Good Gospel: How Everything Wrong Can Be Made Right* (Colorado Springs: WaterBrook, 2016), 13-14.

부록 A. 인터뷰 참가자

1 아시아계 미국인 참가자(1세대 이민자 가정에서 4세대 이민자 가정까지 다양한 배경)에는 중국계, 필리핀계, 일본계, 한국계가 포함되었다. 한 아프리카계 미국인 학생은 카리브해 사람의 혈통도 섞여 있었다. 우리는 아랍계 미국인이라는 용어를 사용했지만, 이 용어는 현재 미국 통계 조사 자료에서 사용되지 않는다. 백인이라는 용어는 유럽계 참가자들에 대해 광범위하게 사용했다. 인종은 참가자가 스스로 밝힌 그대로 사용했다. 어떤 학생은 선조의 유산을 다른 학생보다 더 잘 알고 있었다.

2 사회경제적 지위는 다음과 같은 질문에 따라 스스로 밝힌 것이다. "너희 가정의 재정 상태는 어떠니?" 답변에는 이런 내용이 있었다. "돈이 아주 많아요", "돈이 충분해요", "매달 살기에 급급해요", "잘 모르겠어요." 우리는 이런 답변에 따라 대략 중상층, 상위 중산층, 저소득층, 알 수 없음으로 분류했다.

부록 B. 십대에게 던질 수 있는 170개 질문

1 우리의 질문 프로토콜은 낸시 애머맨(Nancy Ammerman), 제니 팩, 댄 맥애덤스, 에리카 맥잭(Erika Manczak), 크리스천 스미스와 멜린다 런드퀴스트 덴튼 부부(Christian Smith and Melinda Lundquist Denton), 알메다 라이트의 연구를

참고했다. 제니 팩과 알메다 라이트는 프로토콜 개발에서 직접 자문자 역할을 했다. 초기 프로토콜은 질문을 명확하게 다듬고 길이를 정하려고 지역의 십대를 대상으로 실험했다. 그런 다음, 네 명의 임시 참가자와 함께 인터뷰 전체를 진행한 뒤 프로토콜을 최종 확정했다. 우리가 참고한 연구와 질문 목록에는 다음이 포함된다. Nancy Tatom Ammerman, *Sacred Stories, Spiritual Tribes: Finding Religion in Everyday Life* (New York: Oxford University Press, 2013); Jenny Pak, *Korean American Women: Stories of Acculturation and Changing Selves* (New York: Routledge, 2012); Dan P. McAdams와 Erika Manczak, "Personality and the Life Story," in *APA Handbook of Personality and Social Psychology*, vol. 4, *Personality Processes and Individual Differences*, Mario Mikulincer와 Phillip R. Shaver 편집 (Washington, DC: American Psychological Association, 2015), 425-46, https://doi.org/10.1037/14343-019; Christian Smith와 Melinda Lundquist Denton, "Methodological Design and Procedures for the National Survey of Youth and Religion (NSYR) Personal Interviews," University of North Carolina at Chapel Hill, 2003년, https://youthandreligion.nd.edu/assets/102495/personalivmethods.pdf; Almeda Wright, *The Spiritual Lives of Young African Americans* (New York: Oxford University Press, 2017).